内蒙古师范大学学术出版基金
内蒙古师范大学非物质文化遗产研究院
资助出版

民俗学视野下的《蒙古秘史》研究

双金 著

中国社会科学出版社

图书在版编目（CIP）数据

民俗学视野下的《蒙古秘史》研究／双金著 . —北京：中国社会科学
出版社，2018.10

ISBN 978 – 7 – 5203 – 1972 – 0

Ⅰ . ①民…　Ⅱ . ①双…　Ⅲ . ①蒙古族—民族历史—研究—中国
Ⅳ . ①K281.2

中国版本图书馆 CIP 数据核字（2018）第 015726 号

出 版 人	赵剑英
责任编辑	吴丽平
责任校对	周　昊
责任印制	李寡寡

出　　版	中国社会科学出版社
社　　址	北京鼓楼西大街甲 158 号
邮　　编	100720
网　　址	http://www.csspw.cn
发 行 部	010 – 84083685
门 市 部	010 – 84029450
经　　销	新华书店及其他书店

印刷装订	环球东方（北京）印务有限公司
版　　次	2018 年 10 月第 1 版
印　　次	2018 年 10 月第 1 次印刷

开　　本	710 × 1000　1/16
印　　张	16.25
插　　页	2
字　　数	218 千字
定　　价	75.00 元

目　　录

绪　　论

一　研究对象与范围界定

本书以蒙古民族的历史文化经典《蒙古秘史》① （以下简称《秘史》）为研究对象，挖掘和整理《秘史》当中所记载的民俗事象和民俗信息，以民俗学理论作为指导，梳理、解释与研究这些民俗事象，力图较全面呈现13世纪中叶蒙古帝国时期（《秘史》成书年代②）蒙古民族民众日常的"生活世界"③。

《秘史》最初的畏兀儿体蒙古文原文早已散失，现在我们看到的是使用"五百六十三个汉字标音（译音）"④拼写的蒙古语本。全书由汉字标音的蒙古语本，汉字直译的词汇旁译和节后总译三个部分构成，总字数达30万字左右，可谓是一部大部头巨作。书的

---

①　明代汉字译音本称作《元朝秘史》，而实际上该书第一页下标注有"忙豁仑·纽察·脱察安"几个字，即"蒙古秘史"。所以笔者认为还是用"蒙古秘史"这一名称较为妥当。

②　有关《蒙古秘史》的成书年代学界意见尚不统一。书的最后一节282节："既聚大会，于子年之七月，安置诸宫于客鲁涟河阔迭额阿剌勒之朵罗安孛字勒答克与失勒斤扯克二地之间时，书毕矣"（翻译引用道润梯步新译简注《蒙古秘史》）。大多学者认为这个鼠年是指1240年庚子年，也有学者指出是1228年戊子年、1252年壬子年以及1264年甲子年，等等。1989年6月，联合国教科文组织执委会第131次巴黎会议上将《蒙古秘史》列为"世界名著"，并号召成员国于1990年《蒙古秘史》成书750周年之际举行广泛的纪念活动，纪念它在世界文化史中享有的崇高地位。本书将《秘史》成书年代默认为1240年，在没有新的历史证据的情况下也只有如此了。

③　［奥地利］埃德蒙德·胡塞尔：《生活世界现象学》，倪梁康、张廷国译，上海译文出版社2005年版，第210—263页。

④　额尔登泰、乌云达赉：《蒙古秘史校勘本》，内蒙古人民出版社1980年版，"序言"部分。

内容涉猎广泛且丰满，语言简洁而饱含诗韵，行文流畅又寓意深邃。书中主要讲述了以战争手段变革社会制度的历程，以及与此相应的游牧生产生活方式、社会组织、军事组织和风俗文化的变迁等内容。无怪各国学者对《秘史》的价值评价上毫不吝惜赞美之词。

苏联学者乌拉基米索夫在其所撰《蒙古社会制度史》中说："如果可以说在中世纪没有一个民族像蒙古人那样吸引历史学家们的注意，那么也就应该指出，没有一个游牧民族保留像《蒙古秘史》那样形象地、详尽地刻画出现实生活的纪念作品。"[①]

美籍华裔学者洪业（洪煨莲）在其所撰《漫谈〈元朝秘史〉》中说："元朝秘史不仅是很特别的书，也是一部很难得的书。"[②]

日本学者村上正二在其《蒙古秘史》译注本《解说》中说，《蒙古秘史》具有"作为历史文学先驱的第一流作品的地位"。[③]

法国学者伯希和在所撰《论〈元朝秘史〉中的蒙文原文》中说，《蒙古秘史》是"第一流文献"。[④]

蒙古国科学院院士策·达木丁苏荣在其所译《蒙古秘史》"序言"当中谈道："《秘史》是十三世纪大蒙古国兴起时，真实记载蒙古国事的独一无二的历史巨著。……《秘史》是蒙古人在蒙古地写作完成的，因此比起外国史学家的著作其特征明显，意义重大。……《秘史》一书把那时蒙古众生相真实而详细地记录下来了。"[⑤]

《秘史》主要记述的是成吉思汗和斡哥歹合罕两代帝王的故事，全书分12卷，282节（关于版本卷数情况有专门论述）。前11卷内容主要围绕成吉思汗事迹展开，包括成吉思汗前22代先祖族系族谱，成吉思汗的诞生以及9岁时父亲也速该·把阿秃儿被塔塔尔

① ［苏］乌拉基米索夫：《蒙古社会制度史》，瑞永译，《亚洲民族考古丛刊第六辑》，第2页。

② 札奇斯钦：《〈蒙古秘史〉新译并注释》，联经出版事业公司1979年版，第3页。

③ 余大钧译注：《蒙古秘史》，河北人民出版社2007年版，第1页。

④ 同上。

⑤ ［蒙古］策·达木丁苏荣译：《蒙古秘史》，内蒙古人民出版社2007年版，第6—8页。

人毒死；孤儿寡母被族人遗弃到几次从泰乞兀惕和篾儿乞惕人的追杀中逃生；战胜和消灭世仇塔塔尔部以及与强大的札答阑部、客列亦惕部的联盟结义；成吉思汗的初次称帝与札答阑部札木合之间的关系破裂，导致十三翼战争和最后的阔亦田大决战；征服了客列亦惕、乃蛮、篾儿乞惕部，再招降了合儿鲁兀惕、畏兀儿、豁里秃马惕以及林中百姓；平定毡帐百姓，斡难河源头竖起九脚白旄纛被尊为成吉思汗；论功行赏，赐封九十五千户并扩建和完善了护卫军制度；两度征讨金国，降招西夏（唐兀惕）又征回回国；征服了康邻等十一部落，再度讨伐唐兀惕百姓到成吉思汗的升天。接下来的最后一卷讲述的是斡哥歹继承汗位之后的所作所为。包括派遣史上称作"长子西征军"的军队增援速别额台将军征讨康邻、乞卜察兀惕、斡鲁速惕等国，以及斡哥歹亲自带兵再度南征讨伐金国；斡哥歹汗自我评价四功四过以及著者交代《秘史》成书年代和地址之后全书结束。

　　《秘史》是研究成吉思汗以及他的继任者斡哥歹汗历史的宝贵的第一手史料，同时也是研究和了解大蒙古国建国时期社会制度和社会生活的第一手史料。书中记载了成吉思汗的诞生以及年轻时的艰辛经历、随着实力的壮大逐渐战胜众多强敌、统一蒙古高原毡帐百姓到建立蒙古国，制定法律、巩固中央集权政治，分封四大汗国和四个秃马惕（万户），其非凡卓越的军事才能和政治思想，个人人格魅力、性格等在书中都得到了充分的展现。至于斡哥歹汗，《秘史》当中也是以一位有血有肉的帝王形象出现。书中描述他是如何教育训诫自己的儿子古余克，以及检讨了自己执掌蒙古国以来的四功四过等，这些记载是其他史书上看不到的。

　　《秘史》也是研究我国古代北方诸多游牧民族的第一手史料。在古代中国的北方草原上，曾经出现过为数众多的游牧民族，他们或昙花一现，或进驻中原，与中原民族和北方各民族发生着错综复杂的往来联系。如古羌、戎、狄、东胡、乌桓、鲜卑、匈奴和契丹等，大都没有本民族的通用文字，或者有但没有留下直接记述游牧生产生活方式、政治军事制度和历史文化的文献记载。如建立辽国的契丹人，他们虽然创立了契丹大字、契丹小字，但是只留传下一些碑铭，且"流传至今的契丹碑铭目前尚未释读出来"①。这对研究他们的历史文化带来了诸多不便，而《秘史》则是蒙古人用自己的文字直接记录当时的政治、经济、军事和历史、文化现状的宝贵的第一手史料，为史学家和文化学家提供了了解北方诸多游牧民族的丰富史料。

　　《秘史》更是研究蒙古帝国时期蒙古民俗不可多得的第一手史料。《秘史》中记载了成吉思汗先祖 22 代的族系传说、故事，而常用的史料像《元史·太祖纪》② 和波斯人拉施特《史集·成吉思汗列祖纪》③ 等史料文献记载一般从前成吉思汗十世祖孛端察儿或十一世先祖朵奔·篾儿干与阿阑·豁阿开始。这是一个很有趣的现象，在一个没有文字或者很少人掌握文字的时代，他们是如何去记忆祖先传说的呢？而且追溯了近 400 年，不可思议。当然，也有学者认为当时一定有文献记载，只是我们还没有发现罢了④。蒙古国学者策·达木丁苏荣也曾提出过相似的意见，认为"荒漠里不会长出参天松柏，高大的松柏只有在广袤的森林里生长一样，《秘史》这棵参天大树也是先前那个时代众多优美文献当中的一株"。⑤ 除此之外，在《秘史》中还记载了蒙古游牧狩猎生产方式、生活饮食物类、民俗信仰以及相当数量的韵文和谚语等，在此不一一列举，本书中均有体现。

　　《秘史》在表现手法上大量运用口头传说、民间故事、诗歌、

---

　　① ［苏］莉·列·维克托罗娃：《蒙古民族形成史》，陈弘法译，内蒙古教育出版社 2008 年版，第 76 页。

　　② 参见（明）宋濂等《元史》，中华书局 1976 年版。

　　③ 参见［波斯］拉施特《史集》，商务印书馆 1997 年版。

　　④ 参见［日］吉田顺一《〈蒙古秘史〉研究》，青格力等译，民族出版社 2005 年版。吉田在第 306 页"《关于〈金册〉》"一文中认为在蒙古黄金家族里藏有《金册》，内容类似于《秘史》，但该《金册》至今未发现。

　　⑤ ［蒙古］策·达木丁苏荣译著：《蒙古秘史》，内蒙古人民出版社 2007 年版，第 7 页。

韵文和散文，结合历史记事，巧妙地构思撰写而成。文章中文学的语言，编年的体例，文史结合的传记手法和韵散呼应的文学技巧均得到了淋漓尽致的体现。同时也体现出了作者金丝串珠般的表现技巧，融会贯通的非凡才华。

它又是一部游牧蒙古民族用自己的语言文字书写的历史，文中常用第一人称"我"或者"我们"（《秘史》中出现 13 次之多）来叙述故事本身，如：

1. 泰亦赤兀惕，别速惕之营地中，遗一名阔阔出之小子，我方（余大钧本：我们的人①119 节）获于其营地，将来与诃额仑母，诃额仑母养焉。②

2. 是筵也，我有别勒古台治之。（余大钧本：我们这边由别勒古台整治 131 节）③

3. 在劫塔塔尔立寨之纳剌秃失秃延营地时，我军自其营地得一小儿④。（余大钧本：我们的军队 135 节）

这表明了《秘史》的写作者是以主位身份出现，或者说《秘史》故事的讲述者的民族身份。

前述内容已基本谈到《秘史》的属性、内容、特点、重要性以及写作手法等相关问题，《秘史》研究也是在上述相关问题领域开展，至今已有几百年历史。《秘史》自问世以来，中国学者就把它作为研究的对象，例如，明初洪武年间（1368—1398 年）对《秘史》进行的汉字音写工作就是一种传播性研究；而国外学者从 19 世纪开始研究《秘史》，1866 年俄国学者帕拉狄由斯

---

① 余大钧译注：《蒙古秘史》，河北人民出版社 2007 年版。
② 道润梯步新译简注：《蒙古秘史》，内蒙古人民出版社 1979 年版。
③ 同上。
④ 道润梯步新译简注：《蒙古秘史》，内蒙古人民出版社 1979 年版。

（A. Palladius）刊布了俄文注本①，此后，许多西方国家的学者都在关注。20世纪初日本学界也加入这一行列，因而形成了一门单独的国际性学术领域——"蒙古秘史学"。

本书的研究只限于在民俗考察范围内进行。至于《秘史》的主要叙事脉络——军事行动和战略战术思想，因研究目的所限，不在本书的研究范围内。再者是政治制度、哲学思想也不在本书的考察范围内，原因与前述内容一样。

本书在具体工作方法上，首先将对《秘史》文本进行梳理，将所有涉及民俗的词汇、语句和段落选择出来；其次是根据民俗学分类理论对《秘史》当中出现过的民俗事象进行归类整合；最后是利用民俗学、文化人类学、民间文学、社会学和历史学考证相结合的方法进行理论阐释，意在呈现《秘史》写作时代的蒙古民族民俗生活。

当然，对一个远离我们七百七十多年的民众的生活世界进行探讨，实属一件非常艰难的工作。除了对涉及《秘史》的所有研究著作文章以及《秘史》文本的专项研究以外，还将进行一个横向的"历史揭幕"工作。这就像是在拉开帷幕，后面的演员出场亮相一样。让历史人物来讲述、表演自己的生活，即在具体研究工作中，还要重点运用与《秘史》同时代或稍晚些时候写成的内容相互关联的史料文献。如伊朗人志费尼的《世界征服者史》（约1252—1260年左右）、作者佚名的《圣武亲征录》（约1266—1273年）、波斯人拉施特的《史集》（1300—1310年）等。再加之正史《元史》（1370年）、罗布桑丹津《黄金史》（约1651—1655年）、《多桑蒙古史》（1824—1852年陆续出版）等文献和蒙元时期写作完成的游记、散记，如宋朝赵珙的《蒙鞑备录》（1221年）、彭大雅、徐霆的《黑鞑事略》（1237年）、李志常《长春真人西游记》（1228年），以及西方的《柏朗嘉宾蒙古行纪》（1245—1247年）、《鲁布

---

① 参见札奇斯钦《〈蒙古秘史〉新译并注释》，联经出版事业公司1979年版，第16页。

鲁克东行纪》（1253—1255 年）、《马可·波罗行纪》（1275—1291
年），元末陶宗仪的《南村辍耕录》、熊梦祥的《析津志辑佚》、忽
思慧的《饮膳正要》等文献的辅助旁证。

　　在横向的"历史帷幕"拉开之后，还要进行必要的搭建"历史
舞台"工作。我们将一个 770 多年前的"历史舞台剧"展现在
"观众"面前，那么演员与观众、历史与现实之间的互动就显得很
重要。即在文献研究的基础之上，作必要的田野实地调查，旨在考
证"秘史时代"所记录的这些蒙古民族民俗现象与当今蒙古人日常
生活中的民俗生活之间的内容与精神的关联问题。

二　选题意义

（一）呈现 13 世纪蒙古游牧部族的日常生活

　　通过本书的研究，探寻 13 世纪蒙古民族生活世界，揭示那个
时代的生活原有风貌。那么"秘史时代"又是一个什么样的时代
呢？为什么《秘史》成为国际学者共同研究的题目而成为国际性研
究课题——"蒙古秘史学"？为回答以上疑问，下面将简要回顾成
吉思汗以及他所创立的"世界王国"。13 世纪的蒙古高原曾经出现
过名震四海、惊厥亚欧大陆的著名历史人物——成吉思汗。他戎马
一生，祖孙三代鏖战六七十年，征服 700 多个民族、几十个国家。
虽各国史学家对他的评价褒贬不一，但就其本人的影响力来讲，将
是世界性的，这一点不容置疑。马克思在他的《印度史编年稿》一
文中，谈到成吉思汗时说：

　　　　成吉思汗在统一蒙古的过程中组建了一支军队，他依靠这
　　支军队征服了东蒙与华北，然后征服了阿姆河以北的地方与呼
　　罗珊，还征服了突厥族地区，即不花剌、花剌子模和波斯，并
　　且还侵入印度。他的帝国的疆土从里海一直延伸到北京，南面
　　伸展到印度洋和喜马拉雅山西面到阿斯特拉汗和嘉桑。他卒后
　　这个帝国分为钦察汗国、伊尔汗国、察合台汗国、蒙古和中

国；前三部分由汗分别统治；最后一部分作为帝国的主要部分，由大汗直接统治。①

成吉思汗所开创的事业前无古人，后无来者。他打通了东西方的交通与贸易壁垒，为东西方的商业与文化活动的开展铺平了道路。他是世界上最伟大的成功者之一，创建了世界上版图最大的帝国，最早建立了运输联络系统——驿站，实行政治民主和宗教信仰自由政策。②

《秘史》正是这样一位蒙古大汗征战事迹的记录，记录者（或口述者）以在场的主位身份，运用了大量的口头传说、民间故事与韵文诗歌，结合成吉思汗本人及继任者斡哥歹汗的具体征战行动作为主线，按照编年体历史写作方法写作完成。

抛开成吉思汗光芒璀璨的丰功伟业、世人世俗的猎奇之心，我们不禁想到曾经的蒙古高原上生活着的究竟是一些什么样的人？这些人又是如何生活？毕竟生活才是最具本真性的原点。对于历史上某类社会生活形态的研究，除了实物考证即考古学之外，余下的就只有文献研究了。我们通过"当时在场"人员的记录和描述，去复原当时的生活也不妨是个好的途径。钟敬文先生在其《建立中国民俗学派》一书中指出：

> 中国有丰富的民俗历史文献，不进行历史民俗学的研究是说不过去的。历史民俗学的对象有两个方面，一是中国民

---

① 卡尔·马克思：《印度史编年稿》，张之毅译，人民出版社 1957 年版，第 22 页。

② 参见巴拉吉尼玛等编《千年风云第一人》，民族出版社 2003 年版。笔者注：所谓政治民主是指蒙古氏族联合体或比其大的部族联合体，乃至封建国家首领的选定，均需要氏族长、部族长以及宗亲王召集大会，举行隆重的"忽剌儿台"，共同商议基础上推举而定。这一点在《蒙古秘史》第 123 节、202 节、269 节分别记载着帖木真与其子窝阔台当选蒙古可汗时的大会情形，之后的蒙古可汗古余克、蒙哥等依此"忽剌儿台"被推举为可汗。关于 13 世纪蒙古的宗教信仰自由政策的记载，可参考法兰西传教士鲁布鲁克、意大利人马可·波罗等人的游记，如鲁布鲁克记载着蒙哥可汗的宫廷内外可见到蒙古原有的宗教仪式之外，还有佛教、伊斯兰教、基督教教徒的活动情况。可以看出，当时的蒙古宗教信仰政策是自由和开放的。

俗史，一是中国民俗学史。我们在这两方面都要下功夫。当然，即便是民俗史，它的记录也不是没有内在的逻辑；而即便是民俗学史，它的谈论也离不开资料，两者的区分是相对的。①

钟先生的这段话结合本书的研究，可以理解为：（1）中国有丰富的民俗历史文献，需要做的工作很多；（2）历史文献所记录的民俗史，是有内在逻辑的。所以说，通过13世纪中期蒙古人自己的记录本《蒙古秘史》的研究，能否复原那个时代的民众生活原貌应该不存在什么疑虑了吧？

过去对《秘史》的研究多集中在文献版本的校注与考证、文字地理考证和哲学思想、军事理论方面，相对来说文化学、民俗学的著作较少见到。因此，对于《秘史》这样一部蒙古民族乃至有着世界性影响力的重要文献，进行专题性的民俗研究显得很有必要。

（二）深入《秘史》文献及相关内容研究

《秘史》自明洪武年间开始受到关注，转写成汉字音译本，之后清朝时期出现十五卷本《秘史》（钱大昕本）和十二卷本《秘史》（顾广圻本与叶德辉本）。对于三种不同版本，已故名师陈垣先生在其《元秘史译音用字考》②中分别有详细的考证，我们在后面的学术史里会专门谈及该内容。

姚从吾先生在其《漫谈〈元朝秘史〉》中指出：

　　实际上国际学者注意此书，是从一九零八年（清光绪三十四年）叶德辉刊行文廷式汉字蒙音本开始的。叶氏刻本出版以后，法国汉学家伯希和先生一九一三年即在"通报"（Toung

---

pao）中著文介绍。欧洲汉学家研究这部书的人，大都遵从叶氏的刊本。①

从那时期算起，《秘史》作为国际学科研究对象也已经走过了百年历程。这100多年来有关《秘史》研究所取得成就，限于学养，难以尽述。而只能依据现阶段笔者所掌握的信息资料，围绕自己选定的论文题目来做力所能及的阐释性工作。在这里暂且不谈《秘史》研究的其他学科成就，如文献版本、哲学、军事理论等方面，单独看看近年来与本论题相关的《秘史》研究，如在文化学、民间文学等方面的成果。

笔者收集到了近年来出版，专题研究《秘史》且为数不多的几部文化学与跨学科研究著作，如《〈蒙古秘史〉的多层次文化》（色音，内蒙古文化出版社1990年版，蒙文）、《〈蒙古秘史〉的世界》（［日］小泽重男著，内蒙古人民出版社1998年版，白音门德蒙译）、《〈蒙古秘史〉口承文学研究》（［日］莲见治雄著，内蒙古文化出版社1999年版，巴·旺楚格等蒙译）、《〈蒙古秘史〉的习俗研究》（［蒙古］阿·朋斯格著，乌兰巴托2010年版，基里尔蒙文）、《〈蒙古秘史〉跨学科文化研究》（杭爱著，内蒙古人民出版社2004年版，蒙文，论文集）、《〈蒙古秘史〉研究》（［日］吉田顺一著，民族出版社2005年版，青格力等蒙译，论文集）等，这里前四部为专著形式，后二部为专题研究论文集。

纵观上述著作，学者们主要从文化解释学的角度对《秘史》进行了专题研究。所覆盖的范围是全方位的，如《秘史》的文化类型、文化表现力载体、原文版本考释、著作者以及成书年代考证、语言学阐释和民间文学解读，以及《秘史》与《黄金史》《圣武亲征录》《史集》等历史文献的对比研究，如此等等。

① 姚从吾：《漫谈〈元朝秘史〉》，载札奇斯钦《〈蒙古秘史〉新译并注释》，联经出版事业公司1979年版，第9页。

以上所举不免有缺漏之处，但在某种意义上可以认为代表了近年来《秘史》专题研究的方向和水平。因此说，这些研究成果再次印证了《秘史》研究应该还有余地，而且纵深向研究还不够，需要挖掘的文化事象还很多，尤其在民俗学视角下的研究还有深挖潜力，笔者希望通过本书的探讨，为《秘史》专题研究贡献一份力量。

（三）追忆"秘史时代"以来蒙古民族民俗生活的变迁

历史民俗学者的任务，不仅要懂得历史上的民俗事象，还要搞清楚这些民俗事象的来龙去脉，以及发展到今天的形态。钟敬文先生在《建立中国民俗学派》一书中，从学科整体上谈到民俗学旨趣和目的时，指出民俗学者的任务之一是：

> 清理中国各民族的民俗文化财富的工作，包括清理历史上流传下来的各民族的民俗文化事象，历史文人学者对这些事象所作的一些记录（民俗志）及其考察、谈论民俗事象的理性认识资料（理论史）①。

这段话包含两层含义，一是民俗学的目的是清理各民族的民俗文化财富，包括历史遗留的民俗文化事项和历史文人学者的记录；二是清理更高层次的理论史资料。结合本书的研究对象来看，《秘史》恰恰也是蒙古民族宝贵的民俗文化财富，符合上述钟先生提出的前一项内容。

蒙古帝国时期和元朝时期，是一个重要的和有着广泛国际影响力的历史时段。《秘史》正是在这个历史时段为子孙后代、为全人类留下的宝贵的文化遗产之一。清理这样的历史文化财富，使其不仅要展现出原有的文化风貌，更要有对今天人们的认识文化历史，传承民族文明的现实意义，这是我们从事民俗学工作者义不容辞的

---

① 钟敬文：《建立中国民俗学派》，黑龙江教育出版社 1999 年版，第 35 页。

任务之一。

　　本书在研究思路上，也正是遵循了上述钟先生的宏观指导思想。一方面要清理历史上留给我们的民俗文化财富，清理归纳工作本身就是一种无声的语言，她会诉说本民族千百年来的民俗文化所发生的变化。另一方面，采集民众现实生活当中的民俗志调查资料，这样两方面资料面对面"对话"，从她们的"对话"当中我们可以"倾听"民俗文化所变迁的轨迹。

三　相关研究的学术史

（一）文献版本研究

1. 国内《秘史》文献版本研究

　　国内对《秘史》的关注应该说起源于明代。早在明洪武十五年（1382 年）至二十二年（1389 年）期间，翰林侍讲火原洁（蒙古人），翰林编修马沙亦黑（色目人）等编类《华夷译语》的同时，还进行了对《秘史》的汉译工作[①]（学界存争议，如秘史学家巴雅尔先生认为《秘史》的汉译应该在《华夷译语》编类之前，而且并非火原洁、马沙亦黑所译，而另有其人[②]；陈垣先生认为《秘史》之译，尚在《华夷译语》后[③]；甄金先生则认为二者难辨前后，应属同时期完成[④]），包括音译、旁译和总译，将书名定为《元朝秘史》。明代汉字译音本称作《元朝秘史》，而实际上该书第一页左下标注有"忙豁仑·纽察·脱察安"几个字，即"蒙古秘史"，这应该是书的本名。从书里所反映的内容上看，是在叙述元太祖成吉思汗和太宗斡哥歹汗事迹，均属于蒙古帝国统治时期，不是元朝时期的记录，因此笔者认为还是用《蒙古秘史》这一名称较

---

① 参见《明太祖实录》卷一四一载："洪武十五年春正月丙戌，命翰林院侍讲火原洁等编类《华夷译语》。……复取《元秘史》参考，纽切其字，以谐其声音。既成，诏刊行之。"

② 参见巴雅尔转写《蒙古秘史》第一册，内蒙古人民出版社 1980 年版，第 104—112 页。

③ 参见陈垣《陈垣集》，中国社会科学出版社 2000 年版，第 225 页。

④ 参见甄金《〈蒙古秘史〉汉译考》，《内蒙古师范大学学报》1983 年第 3 期，第 22—30 页。

为妥当。

关于《秘史》的名称问题，学者甄金在其《蒙古秘史学概论》一书中有较为详细的介绍。按照他的总结，一般西方和蒙古族学者采用《蒙古秘史》的名称，而相当多数的日本学者，以及国内元史学界大多用《元朝秘史》这个题名。除上述两种名称之外，也有其他不同名称使用的情况。如国内晚清学者沈曾植：海日楼《元秘史》补注，十五卷，《敬跻堂丛书》刊本，1945 年；那珂通世：《成吉思汗实录》，1907 年。二者均没有采用《蒙古秘史》作为题名，因此关于名称问题有待商榷之处。

支持前一个观点的，如法国的得罗·伯希和（P. Pelliot，1878—1945 年）《〈元朝秘史〉的蒙文标题》载《通报》第 14 卷，第 131—132 页，1913 年；德国海涅士（Haenisch, E.）《蒙古秘史》，共 142 页，1935 年，莱比锡；美国的柯立甫（Cleaves, F. W.）英译《蒙古秘史》，1982 年，剑桥；中国台湾蒙古族学者札奇斯钦《〈蒙古秘史〉新译并注释》，1979 年，台北；蒙古国策·达木丁苏荣译《蒙古秘史》，1947 年，乌兰巴托；国内蒙古族秘史学者巴雅尔、额尔登泰、乌云达赉和道润梯布等均采用了与上述一致的名称。

而国内元史学界和日本蒙古学学者们采用后一名称居多。如王国维著《元秘史山川地名索引》，一卷稿本，1925 年；陈彬龢的《〈元朝秘史〉选注》，《学生国学丛书》，1929 年；陈垣所著《元秘史译音用字考》，1934 年。日本学者白鸟库吉的《音译蒙文元朝秘史》十二卷，1942、1943 年；小林高四郎《元朝秘史研究》，第一册于 1954 年出版；服部四郎《元朝秘史中表蒙古语之汉字研究》，昭和二十一年（1946）。

上文只简要谈了谈《秘史》名称问题，随着秘史学的深入，笔者认为名称的问题也该有个定论了。言归正题，《秘史》版本文献的研究自明洪武年间启动之后在清朝中晚期又有所发展。这个时期的文献版本主要分为十五卷本和十二卷本两个支流，分别流传，各有归宿。十五卷本是由鲍廷博（1728—1814 年）从《永乐大典》中抄出，后从刻本补写，之后归韩泰华藏有。该本有清江苏嘉定人钱大昕（1728—1804 年）所写的"跋"，因此一般称作"钱本"《秘史》。钱大昕是最早肯定《秘史》史料价值的人①，也曾对《秘史》的写作者等问题进行过探讨，只可惜因其不懂蒙古文之故，误将"忙豁仑·纽察·脱察安"解释为作者名号（钱大昕《元朝秘史》跋文）。十二卷本有顾广圻本和叶德辉本两种：顾广圻本是嘉庆乙丑年（1805 年）从晋江张太守（张祥云）所藏旧抄本《秘史》为底本，参照当时流行的其他抄本校勘，后归盛世昱所有。此本又归上海涵芬楼所藏，之后纳入《四部丛刊》续编影出。叶德辉本是文廷式在光绪年间，从盛世昱所藏顾本抄出，后归叶德辉所有并刻印的《秘史》。② 因此叶德辉本属顾广圻本的抄出本，是顾本的子系。

　　上文介绍的是《秘史》的版本流传脉系，文献研究应以版本研究为先，只有版本情况清楚之后，其他领域的研究才能顺利进行。而到目前为止，汉译的明代版《秘史》还没有发现，上述介绍的两种版本的《秘史》均不是明代的原版本，而是以明版本为蓝本经许多人辗转抄出的本子。

　　这一时期的文献研究方面，还有李文田（1834—1895 年）、沈曾植（1850—1922 年）等几位学者。李文田，广东顺德均安上村人。咸丰九年（1859 年）进士，官至礼部侍郎。在公务之余，勤于治学，精于元史，他根据《永乐大典》本《元朝秘史》的总译部分，作《元朝秘史注》十五卷，后于 1896 年收入《浙西村舍汇刻》本。甄金在其《蒙古秘史学概论》中对此书的评价是：

---

① 参见甄金《蒙古秘史学概论》，内蒙古教育出版社 1996 年版，第 22 页。
② 以上所谈《秘史》的两种版本流传情况，参照了陈垣《元秘史译音用字考》（陈垣：《陈垣集》，中国社会科学出版社 2000 年版）和额尔登泰、乌云达赉《蒙古秘史校勘本》（额尔登泰、乌云达赉：《蒙古秘史校勘本》，内蒙古人民出版社 1980 年版）的"序言"部分。

所参照的史料，计：正史十一种；宋代六七种；金代一种；元代约七种；明、清各约十余种；元人碑碣文字约十余种。可谓是遍搜群籍的力作，也是最早的注释本。①

笔者以为，无论李文田史料如何丰富，考据多么周详，其依据的是《秘史》"总译部分"，说明还是存在天然的缺陷，与钱大昕有同样的不足。

清朝中晚期考据学家文献研究的技法精炼，历史、典籍考据功底扎实，唯觉遗憾的是缺乏蒙古语文的知识。研究元史和元代典籍考证，如果不懂蒙古语文，是很难得到科学结论的。且有时还会弄巧成拙，钱大昕误将书名当作者名，恰好说明了这一点。

民国时期的研究。这个时期的研究主要以元史学者为主，如王国维（1877—1927 年）的《蒙文元朝秘史跋》（1926 年）、《元朝秘史之主因亦儿坚考》（1927 年）载《观堂集林》卷十六，中华书局。王在"跋"文中，认定"忙豁仑·纽察·脱察安"不是作者名，而是书名。并进一步提出该书即《元朝秘史》，应当叫作"蒙古脱卜赤颜"的主张。"主因亦儿坚考"一文中，考订"主因亦儿坚"即纠军，说明了金代后期纠军的组织情况。②

元史学者陈垣（1880—1971 年），著有《元秘史译音用字考》③一文（1934 年 2 月印行，收入《陈垣学术论文集》第二集）。陈垣不仅本人收藏有文廷式抄本《元秘史》（六巨册），还对《秘史》的三种版本"叶刻底本""顾校本"以及"俄本"（十五卷本，也称钱本，笔者按）的流传情况做了详细的梳理，并对《秘史》的文献进行过精辟的考证。该文章多次被国内"秘史"学界和日本国"秘史"学界所引用，其影响力可见一斑。

以上所谈二位学者在中国近现代史学界的影响力，尤其在元史

---

① 甄金：《蒙古秘史学概论》，内蒙古教育出版社 1996 年版，第 23 页。
② 参见王国维《观堂集林》，中华书局 1961 年版，第 765—795 页。
③ 参见陈垣《陈垣集》，中国社会科学出版社 2000 年版，第 218—225 页。

治学方面的造诣，笔者想不必多做介绍。其实任何一位有志于蒙元史的学人都无法绕过《秘史》去谈蒙元史，二位也是处在同样境地。令人可敬可佩的是，他们迎难而上，并取得了很高成就。

20世纪40年代，在《秘史》即将迎来700周年华诞之际，几位蒙古族知识分子、学者努力将其转译成蒙古文版《秘史》，付出过辛勤的汗水。他们是格什克巴图译写《格什克巴图译元朝秘史》、① 卜和克什克转写《蒙古秘史》②（1941年，蒙文学会刊，开鲁）和阿拉坦瓦齐尔现代蒙古语译写《蒙古秘史》③（一卷，1942年）。格氏译写本《元朝秘史》基本改写成了故事本，有通俗读本的意味。卜氏与阿氏蒙古文《秘史》虽有遵循原文的意图，但都没能完全保持住原文风貌，失去了它原有的研究价值，因此该两本《秘史》书学界也很少人引用。

中华人民共和国成立后的研究。谢再善（1903—1977年），曾是西北民族学院教授，蒙古学专家。依据叶德辉本的汉字音写原文，白话汉译《蒙古秘史》一卷（开明书店1951年版）。本书也是最早据汉字音写原文汉译的本子。另外他还汉译蒙古国策·达木丁苏荣所译《蒙古秘史》（中华书局1956年版），曾经一度颇受学界赞赏，毕竟在中华人民共和国成立后是由他来点起了《秘史》研究的第一把火。

姚从吾（1894—1970年），中国现代辽宋金元史学家，通蒙古文。著有《漫谈〈元朝秘史〉》（载于《大陆杂志》第17卷第12期，原是1958年9月30日联合国同志会第201次座谈会的讲演稿，后由札奇斯钦作为序言载入《〈蒙古秘史〉新译并注释》④）。该文融贯东西方史学视角，客观而详细地介绍了《秘史》的名称、内容

---

① 参见策·阿拉腾松布尔、苏雅拉达来注释《格什克巴图译元朝秘史》，内蒙古人民出版社2001年版，第5—6页。

② 参见甄金《蒙古秘史学概论》，内蒙古教育出版社1996年版，第24页。

③ 同上。

④ 参见札奇斯钦《〈蒙古秘史〉新译并注释·序言》，联经出版事业公司1979年版。

与性质、现存版本与国内外研究概况以及国史中应有的地位与新认识等几方面内容，是一篇具有很高学术价值的文章，也可称作《秘史》研究进展到 20 世纪 60 年代的通论性文章。

札奇斯钦（1914—），蒙古学研究者，内蒙古喀喇沁人①，20 世纪 30 年代毕业于北京大学历史系，师从著名史学家姚从吾先生，专攻蒙元史。著有《〈蒙古秘史〉新译并注释》（联经出版事业公司 1979 年版），该书属于国内最早的汉译注释本之一。此书按照秘史 "282 节" 格式，汉译语句较为平顺，也充分顾及了原文风格，参考引用较为方便。

道润梯步译著《新译简注〈蒙古秘史〉》（内蒙古人民出版社 1979 年版），该书也属于国内最早的白话汉译本之一，广为学界所引用。注释部分比较翔实，但其汉译语句有些生硬，也无节次分类，所以引用查找较为繁复。

巴雅尔转译《蒙古秘史》（内蒙古人民出版社 1981 年版），本书有国际音标注音、古蒙古语音写、现代蒙古语音写和附录 "注音字典" 构成。注音字典又分今音、古音两种，为研究《秘史》和研究古蒙古语音韵提供了方便，在学界认可度较高。

额尔登泰、乌云达赉校勘《〈蒙古秘史〉校勘本》（内蒙古人民出版社 1981 年版），该书最大的特点是首次将三种版本的《秘史》对照校勘。其中以顾本为底本，参照叶本和十五卷本，在《秘史》的校勘上算是可信度较高的一种。缺点是它的总译部分不够恰当，略显白话了些。

亦邻真复原《蒙古秘史》（内蒙古大学出版社 1987 年版），该书首次以畏兀儿体蒙古文复原《秘史》，对于了解《秘史》的原文形态有价值。

纵观中华人民共和国成立后的《秘史》文献版本研究，的确

---

① 关于札奇斯钦先生的出生地，记载有不同的说法。此处依据先生本人所著《〈蒙古秘史〉新译并注释》第 77 页注释②。

出了些精品著作。以上介绍的几种研究文献版本，有各自特点，尤其到了 20 世纪 80 年代，可以说《秘史》文献研究达到了一个高峰。

近期的研究。大浪过后是平静，20 世纪 80 年代的《秘史》文献研究高峰过后，也有几本文献版本研究专著问世。如泰亦·满昌《新译注释〈蒙古秘史〉》（内蒙古人民出版社 1985 年版，蒙文），附录有：《秘史》人名字典、部落名称字典和地名字典，为研究者查找提供了方便。鲍思陶点校《元朝秘史》（齐鲁书社 2005 年版），注释较为详细。双福《〈蒙古秘史〉还原及研究》（内蒙古人民出版社 2001 年版），其贡献在于用畏兀儿体蒙古文和拉丁音标注。余大钧译注《蒙古秘史》（河北人民出版社 2001 年版）。余大钧本《秘史》汉译部分过于白话，适合普通读者欣赏，不宜用作学术研究，其注释部分还算详细。

另有两部专门的文献版本研究专著，甄金著《蒙古秘史学概论》。甄金将近百年的《秘史》文献研究归纳整理成册，编辑成 12 章的《蒙古秘史学概论》。该书虽然篇幅简短（全书 202 页），但所涉猎内容较为全面，包括《秘史》的名称、性质、写作目的、内容、体例、各国研究概况简介，还包括作者、成书地址、汉译者诸问题的探讨以及《秘史》与《史集》《圣武亲征录》《黄金史》的对比研究等内容，属于作者不同时期的研究文章的集成。不足的是，很多问题没能实际解决，只做了介绍性工作。

白·特木尔巴根著《〈蒙古秘史〉文献版本研究》（内蒙古教育出版社 2004 年版，蒙文，收录了 11 篇专题文章），该书的特点是主要针对"十五卷本秘史"的流传过程进行研究。另外在书后附录有清朝中后期至 2001 年为止国内以《秘史》为对象的研究专著目录（蒙、汉文），以及以《秘史》为专题研究对象的公开发表的期刊文章目录（蒙、汉文），方便了检索。

2. 日本《秘史》文献版本研究

日本《秘史》研究迄今为止已有百余年历史。日本学界固有的细腻和勤勉精神，催生着一代代优秀《秘史》研究者的诞生。从日本学界所发表的成果上看，有多部学术质量很高的著作。遗憾的是国内很少能看到日文原版作品，国家图书馆仅有一部原文研究著作（小林高四郎：《元朝秘史研究》，日本学术振兴会1954年版）。近些年出了几本翻译作品，属知名学者专题研究论文集一类（前面选题意义部分曾介绍过，因此不再赘述）。虽感遗憾，但从中也感受到了日本学者的研究技巧之独特的一面。下面介绍的代表性人物和作品，依据姚从吾和甄金二位学者的文章①，加上笔者近期收集到的信息编辑而成，为此也深感不安，更不敢妄加评论。追加说明一点，日本的《秘史》研究文献远不止本书的介绍，笔者希望将来有机会亲临东瀛收集资料，也许比现在会好很多。

那珂通世（1851—1908年），1907年即日译文廷式的《元朝秘史》抄本为《成吉思汗实录》，并有详细的注释与考证，属日本最早的全文译注本。那珂通世先生是近代日本蒙古学的奠基人之一，其影响力很广。

白鸟库吉（1865—1942年），是近代日本东洋史研究的倡导人，著有《东胡民族考》等，学界影响很大。他的另外一部具有影响力的著作是《音译蒙文元朝秘史》，十二卷，1942年出版（东洋文库丛刊第八种）。

服部四郎、都嘎尔扎布合作日译：《蒙文元朝秘史》卷一，求文堂1939年版。

小林高四郎译注《蒙古秘史》，以叶德辉刻本和《四部丛刊》本做底本，生活社1941年版。另有《元朝秘史研究》，日本学术振兴会1954年版。该著作总结了前人的研究成果，提出了作者的研究观点。

吉田顺一著《元朝秘史的历史性——检讨其编年记述方面》，

---

① 参见姚从吾《漫谈〈元朝秘史〉》，载札奇斯钦《〈蒙古秘史〉新译并注释》，联经出版事业公司1979年版，第15页。甄金《蒙古秘史学概论》，内蒙古教育出版社1996年版，第25—27页。

载《史观》1968 年第 78 期，第 40—56 页（该文收入吉田顺一著，青格力等蒙译《〈蒙古秘史〉研究》，共 10 篇文章。民族出版社 2005 年版）。

村上正二著《蒙古秘史——成吉思汗故事》，共 3 册。分别于 1970 年、1972 年、1976 年出版，平凡社。属日本第五个译注本，广泛吸收前人研究成果，方便了研究人员的查找。

小泽重男的《元朝秘史全释》（上、中、下三册，附《元朝秘史蒙古语辞典》），风间书房，1984 年、1985 年、1986 年陆续出版。另有《元朝秘史续考》（上、中、下三册），风间书房，1987 年、1988 年、1989 年出版。1993 年出版《元朝秘史蒙古语文法》，风间书房。小泽氏的研究"内容转录汉字音写和旁译原文、拉丁音写、日译旁译和正文、详尽语言学注释，附畏兀儿体蒙文复原文和八思巴字音写原文"等①，因此工程巨大。他还熟悉蒙古语和文法，研究较为深入。

3. 蒙古国《秘史》文献版本研究

成德（1875—1932 年），以传统蒙文转写、翻译《元朝秘史》，1917 年依据叶德辉本汉字音写部分。转写本现存俄罗斯科学院彼得格勒分院东方研究所；翻译本现存蒙古国科学院。属最早的传统蒙文转写和翻译的著作。

策·达木丁苏荣传统蒙文编译《蒙古秘史》，乌兰巴托，1947 年。主要依据苏联学者郭增的 1941 年俄文译本。后陆续出版斯拉夫蒙文《蒙古秘史》两种，分别是 1957 年、1976 年，乌兰巴托。此书于 1948 年、1957 年、1962 年在内蒙古翻印，2007 年制作二版由内蒙古人民出版社出版。另有谢再善的汉译本 1956 年出版。策·达木丁苏荣的《蒙古秘史》以俄文译本为主，加入了补充、注释和参考了其他史料，丰富了《秘史》信息量，但原貌却已被破坏。

---

① 参见甄金《蒙古秘史学概论》，内蒙古教育出版社 1996 年版，第 27 页。

4. 西方国家《秘史》文献版本研究

俄国人帕拉狄由斯（A. Palladius，原名卡法罗夫 Kafarov，1817—1878 年）的《关于成吉思汗的古代蒙古传说》载于《俄国北京传教会教士著作集》第四卷，圣彼得堡，1866 年。属依据张穆《连筠簃丛书》本《元朝秘史》（仅有总译部分）的俄文译注本。帕氏最早将《秘史》介绍给了西方世界，《秘史》也从此成为世界性研究学科之一。

郭增（KoзNH，C. A. 1879—1956 年）《秘密故事》（俄文），标题为《蒙古秘史》或《元朝秘史》的 1240 年蒙古编年史，蒙古日常选集，第一卷，莫斯科—列宁格勒，1941 年。内容包括秘史原文与俄译本研究、正文译文、词汇表等。

潘克福（ΠaHKPaTOB，L. N.）《〈元朝秘史〉（十五卷本）前言》［俄文］，苏联东方文献出版社影印本，1962 年。

法国的保罗·伯希和《〈元朝秘史〉的蒙文标题》（法文），载于《通报》第 14 卷，第 131—132 页，1913 年。另有《蒙古秘史》，汉字音写原文拉丁文转写本和卷一至卷六的法文译文，巴黎，1949 年。伯希和还培养出汉比斯、邵循正、韩儒林等专治秘史或元史的学者。

德国的海涅士（Haenisch，E.）《蒙古秘史》，从汉字音写（叶本）还原蒙古读音，莱比锡，1935 年。另有《蒙古秘史辞典》，莱比锡，1939 年。另著《蒙古秘史：据 1240 年在客鲁涟河阔迭额岛上写成的蒙文原稿初次译出并加注释》（德文），莱比锡，1941 年。

美国的柯立甫（Cleaves，F. W.）英译《蒙古秘史》，剑桥，1982 年，学界评价很高。

洪业（又称洪煨莲）的《〈元朝秘史〉源流考》（英文），载《哈弗亚洲学报》第 14 卷，第 3—4 期第 433—492 页，1951 年。黄时鉴汉译，载《中国元史研究通讯》，1982 年第 2 期。

以上只介绍了苏俄、法国、德国、美国的《秘史》文献版本研究代表性学者和他们的文章，其他还有像英国、捷克、波兰、匈牙利、土耳其、澳大利亚等西方国家和亚洲的伊朗、印度等十来个国家学者均有《秘史》研究的信息①，他们或将《秘史》译成本国语言，也有学者撰文发表研究《秘史》的文章。目前《秘史》已经有日文、俄文、德文、匈牙利文、英文、法文、斯拉夫体新蒙文、土耳其文、捷克文等多种文字的译本②，因为笔者受外文水平所限，难以更多地接触原文著作，文献收集也很难全部完成。希望在今后的学习、研究工作中多掌握一门外语，使这项研究更加深入。

（二）地理考证与哲学思想研究

考察历史文献中的地理信息，有助于读者更加直观地认识历史事件的发生、发展的脉络，人文事件与地理环境相结合，使历史事件立体地展现给读者。在这方面国内史学界早有行动，清朝末年便开始了考证《秘史》中出现的地理名称研究，如阮惟和《元秘史地理今释》③（清末抄本，年代不详）。施世杰《〈元秘史〉山川地名考》④，十二卷（《鄱郑学庐地理丛书》本，1897 年）。民国时期有丁谦《〈元秘史〉地理考证》⑤（《浙江图书馆丛书》第二集，1915 年）。王国维《元秘史山川地名索引》⑥，一卷（稿本，1925年）。以上四部著作，清晰地说明了清末民初的学人在做地理考证的工作。这是一项非常吸引人的研究，通过考证研究，说明蒙古帝国时期所发生的具体历史地理，将历史事件地图化。

蒙古国学者哈·普尔赖（Пэрлээ，х.）《〈蒙古秘史〉地名、河名考》（斯拉夫蒙文）（科学、高等教育委员会出版社 1957 年版），另有策·道格苏伦《〈蒙古秘史〉中的地理通名》（载《内蒙古地名》蒙文版第 7 期，内蒙古地名办公室，1984 年，鲁青转

---

① 参见甄金《蒙古秘史学概论》，内蒙古教育出版社 1996 年版，第 31—32 页。
② 参见余大钧译注《蒙古秘史》，河北人民出版社 2007 年版，第 11 页。
③ 参见甄金《蒙古秘史学概论》，内蒙古教育出版社 1996 年版，第 23 页。
④ 同上。
⑤ 同上。
⑥ 同上。

写），《秘史》中的历史事件大多发生在现今的蒙古国和中国内蒙古自治区境内，对这些地名的考察确认很重要。很多旧有地名的更换与历史事件、隐讳习俗和居民的流动相关。

方龄贵著《元朝秘史通检》（中华书局1986年版）。分人名、山川地名、种姓名三种，对于每个条目所收录的专名下面注明出现的卷次和节次，属于工具书性质的研究著作，实用价值高。

近几年也有学人从哲学、伦理思想的角度对《秘史》进行研究，取得了一些研究成果。著作有以下两部，桂荣著《〈蒙古秘史〉谋略》（内蒙古教育出版社2001年版）；斯仁著《〈蒙古秘史〉伦理思想研究》（博士学位论文库，人民大学罗国杰教授指导，2005年）。期刊文章数十篇，在这里不予介绍。

（三）文化学与民俗学研究

苏联学者乌拉基米索夫（1884—1931年）所著《蒙古社会制度史》①。乌拉基米索夫的该部著作主要采用《秘史》《史集》等文献资料，展现了蒙古社会从氏族社会一步步走向部落联盟、封建社会的发展进程。它是一部蒙古社会的制度史，全书分古代（11至13世纪）、中期（14至17世纪）、近代（17世纪末乃至18世纪初）三个历史时期，阐述了蒙古社会组织的发展概貌，内容涉及蒙古的经济形态、政治组织、社会文化等，是一部难得的专题研究蒙古社会制度变迁的著作。可惜该书还是留有遗憾，作者在没有写完第三部就撒手人间，因此该书第三部分内容的历史时间跨度很短。该书在资料来源上大量引用了《秘史》《史集》等文献，说明乌拉基米索夫对于《秘史》的研究是比较深入的，虽不是一部专题《秘史》研究著作，但不可忽略。

自苏联蒙古学专家乌拉基米索夫之后，对于《秘史》的文化、习俗方面的研究工作稍有停顿之势，在过去近半个世纪之后到了20

---

① 参见［苏］乌拉基米索夫《蒙古社会制度史》，瑞永译，亚洲民族考古丛刊第六辑，南天书局1961年版。

世纪八九十年代才有所恢复。下面就 20 世纪八九十年代以来的《秘史》文化学、民俗学研究概况进行梳理。

色音的《〈蒙古秘史〉的多层次文化》（内蒙古文化出版社 1990 年版，专著）一书中，分《秘史》的文化形制与《秘史》的文化解析二部，分别进行了阐释。在第一部《秘史》的文化形制里，从《秘史》完成时的文化基础，谈到《秘史》的文化结构与特点、《秘史》在蒙古文化历史中的地位、《秘史》中的古代文化传承、《秘史》在蒙古文化发展中起到的作用，以及《秘史》反映出的外来文化迹象六个内容。这一部分是该书的理论探讨，作者以文化解析学的视角，对《秘史》所表现的文化事象进行了阐述，在此基础上系统论证《秘史》一书在整个蒙古文化传承中的历史地位和作用问题。作者认为，《秘史》反映的文化形制属于三位一体式的文化结构，即历史与文学的结合体、道德与法律的结合体、哲学与宗教的结合体。第二部《秘史》的文化解析是具体文化事象的讨论部分，作者将《秘史》里反映的文化事象分解为艺术、宗教、哲学、政治、道德、法律、教育、婚姻、酒、军事十种内容，并对上述十种文化事象进行了深入的探讨。该著作也是对《秘史》文本进行文化研究较早的作品之一。

日本学者小泽重男的《〈蒙古秘史〉的世界》（内蒙古人民出版社 1998 年版，白音门德蒙根据日本国岩波书店出版的《元朝秘史》1994 年版本翻译出版）。这是一本综合性研究《秘史》文献的专著，内容涉及《秘史》的作者、成书年代、作品名称、写作文字、汉译时间等多个视角。

莲见治雄著《〈蒙古秘史〉口承文学研究》（内蒙古文化出版社 1999 年版，巴·旺楚格等蒙译，专题研究论文集）。该书收作者 1980—1994 年在不同期刊上发表的 14 篇文章，内容不仅涉及《秘史》中的口承文学，还兼论蒙古史诗与演唱者；蒙古诗与诗人；成吉思汗传说；蒙古人时间观与思维原型等多个领域。

杭爱的《〈蒙古秘史〉跨学科文化研究》（内蒙古人民出版社

2004 年版，蒙文，专题研究论文集）。该书收录 9 篇《秘史》专题
研究论文，外加介绍日本国《秘史》研究历程和村上正二的研究成
果各一篇。

吉田顺一的《〈蒙古秘史〉研究》（民族出版社 2005 年版，青
格力等蒙译，专题研究论文集）。该书收文 10 篇，内容涉及《秘
史》文化研究，《秘史》与罗布桑丹津《黄金史》、《元史》太祖本
纪对比研究等。

蒙古国阿·朋斯格的《〈蒙古秘史〉的习俗研究》（乌兰巴托
2010 年，基里尔蒙文），是近年来少有的专题研究《秘史》习俗文
化的著作。全文由《秘史》与人名文化、《秘史》中的禁忌习俗、
《秘史》中的婚姻习俗三章组成。在《秘史》与人名文化一章中，
作者从古代蒙古的起名文化说起，谈到古代蒙古人名字的特点与对
于名字的忌讳文化，继而依据《秘史》中出现的人物名字，分十个
类别分析了这些人名特点；《秘史》中的禁忌习俗一章，分别从
《秘史》中的语言禁忌习俗、《秘史》中的自然保护习俗与禁忌、
《秘史》中与腰带相关的禁忌、《秘史》中的保密文化和《秘史》
中的葬礼文化与禁忌五个方面进行了阐述；第三章《秘史》中的婚
姻习俗，则由联姻习俗、与婚姻习俗相关的禁忌、古代蒙古人婚姻
习俗中的某些独特形态三个内容构成。作者基于《秘史》文本，将
《秘史》中出现的相关习俗文化分成三种文化形态，结合相关蒙古
历史文化文献与中文文献资料，进行了一次专题性研究，在《秘
史》文本专题研究领域里增添了一笔可贵的财富。

这一时期的《秘史》文化学、民俗学的研究比较活跃，地域上
主要集中在中国、日本和蒙古国。发表的作品数量多，研究视角也
发生了微观化的倾向。

四　研究方法与所使用文献版本

（一）本书的研究方法

1. 以《秘史》文本为中心，引用其他同时期的历史文献横向

拉伸铺平"秘史时代"。即在具体研究考证过程中，充分利用《史集》《圣武亲征录》《世界征服者史》《黄金史》等经典史料文献以及蒙元时期所撰游记文献，诸如《黑鞑事略》《蒙鞑备录》《马可·波罗行记》和散记《南村辍耕录》《析津志辑佚》等相关文献。除此之外，还会引用《元史》《多桑蒙古史》《元典章》《大元通制》等涉及蒙元史的文献资料，尽可能全面真实再现"秘史时代"的历史民俗事象。

2. 论文的写作过程中，针对研究需要，根据"秘史"记录有关民俗事象进行一定的田野调查，以丰富论文的阐释力度。《秘史》的写作完成时间距今已有七百七十多年，许多《秘史》记载的民俗事象如今又是什么形态？问题的答案只有靠田野调查来回答。田野调查地点和目标的选择很重要，尽可能选择《秘史》中记载的氏族部落和具体地域，也可以是具体民俗文化事象，且在今天的蒙古地区亦然可以找到的，这样才可以更有效地进行历史与现实的对话。

3. 当然，论文的每一项具体民俗事象的阐述均离不开民俗学、文化人类学、历史学和社会学具体而恰当的理论解读与升华。对于《秘史》中记载的口头传承文学，将采用民间传说学和表演理论、口头诗学等理论进行分析研究；对于民众日常生产、生活文化的分析则采用史学方法和文化解释理论。对于民俗信仰的分析，将采用民间宗教学、文化人类学等理论作阐释。

（二）本书使用的文献版本

国内外有关于《秘史》的各种注音、转写、翻译、复原、译注等版本几十种之多，这对于研究者来讲是极好的事情。可同时也为选择适合的、能够符合研究目的的文献版本带来了难题。

本书的研究属于《秘史》文本的研究，是将其置于民俗学视野下进行历史的研究。在明确了研究目的之后，作者在几十种不同种类的《秘史》版本之中进行了筛选，符合本书研究目的的文献版本就此明朗了许多。目前已经出版的汉译注释本，并且符合为本书研究目的所使用的《秘史》版本有四种，即谢再善、札奇斯钦、道润梯步、余大钧的汉译注释版《秘史》。以上四种版本的著作各有特点，难分伯仲。最后决定采用札奇斯钦的版本为主，以其他三位学者的汉译注释本为辅的策略。首先从专业上讲，札奇斯钦先生主治蒙元史和蒙古族社会文化史，其历史学和文化学功底深厚。其次，札奇斯钦先生早年毕业于北京大学历史系，师从姚从吾等名师，且先生长期从事蒙古学与蒙元史治学工作，在中国台湾，美国乃至整个蒙元史和秘史学界都有着相当的学术影响力。

在此版本基础上，解决具体民俗事象、语言、文字等难题时，还会参考其他蒙文复原本、转写本、校勘本等各类版本的《秘史》对照使用，尽可能地接近原文本意，以达到科学研究《秘史》的目的。

五　所使用术语的说明

"秘史时代"：是指《蒙古秘史》写作完成时间的延展。虽然学界对秘史的成书年代意见不一，而本书采信了多数学者的观点，将《秘史》完成时间定格在 1240 年的"鼠儿年"[①]。在本书中，"秘史时代"特指 13 世纪中期，因为我们都清楚民俗带有集体性、传承性、稳定性、类型性几个基本特征[②]。"秘史时代"在本书中作为一个民俗术语，承认民俗的变异性质的前提下，将民俗事象的集体性、传承性、稳定性和类型性扩展到 13 世纪中期的蒙古人日常生活中去。

"历史帷幕"：这就像在揭开帷幕，让后面的演员出场亮相一样。那么演员与观众、历史与现实之间的互动就显得很重要。让历史人物来讲述、表演自己的生活，即在具体研究工作中，还要重点运用与《秘史》同时代或稍晚些时候写成，内容相互关联的史料文

---

① 《秘史》最后一卷，第 282 节里记载："大聚会正在聚会，鼠儿年七月，各宫帐在客鲁涟河，阔迭额—阿剌勒地方，朵罗安—字勒答黑与失勒斤扯克而山之间留驻之时，写毕"。这段文字交代了《秘史》写作时间、地点。摘自札奇斯钦《〈蒙古秘史〉新译并注释》第 282 节，联经出版事业公司 1979 年版，第 450 页。

② 参见钟敬文主编《民俗学概论》，上海文艺出版社 1998 年版，第 11—20 页。

献，使历史舞台更加清晰和宽敞，使本书的研究资料更加可信和丰富。

　　"历史舞台"：我们将一个近770年前的"历史舞台剧"展现在"观众"面前，需要的是一个足够厚实的历史舞台。即在《秘史》时代后期写作完成的文献资料基础之上，作必要的民俗学田野调查，旨在考证"秘史时代"所记录的这些蒙古民族民俗现象与当今蒙古人日常生活中的民俗生活的关联性，这就像在搭建历史舞台一样，支撑起过往历史与现今时代的民俗生活原生态。

第 一 章

《蒙古秘史》文献版本解读

　　作为本书的研究对象——《秘史》的文献版本解读，以交代各不同《秘史》版本流传的历史脉络，历朝历代对《秘史》所进行的注释、校勘与翻译工作为中心，系统梳理自明代以来《秘史》版本的流传情况，以及详细介绍了后人对《秘史》所进行的文献学方面的研究工作。作为研究对象的《秘史》版本，学界基本采取以十二卷本为底本的方法。十二卷本《元朝秘史》，出自明洪武十五年（1382 年），由此称作明洪武刻本，由正文十卷和续集二卷组成。内容包括原蒙古文汉字注音，旁译和总译三部分，因其错误相对十五卷本少一些，所以学术价值略胜于十五卷本。对于《秘史》文献学的研究，存在的争议性问题主要集中在该书的作者、成书年代、明代汉译者是谁、哪一年完成汉译等方面。纵观学界对上述争议论题的考证，实属难点重重，在未发现新的证据之前，很难有盖棺式的结论，本书因为研究方向的原因，不再对这些文献学问题纠缠下去。

　　关于《秘史》写作完成时期的蒙古社会文化大背景，本书也作出了相应的文化学阐释。应该说先有《蒙古秘史》，然后才有研究。蒙古人自古以来就有深厚的口头叙事与史诗传统，这一点从《秘史》写作伊始就可以看到。整部《秘史》记录着成吉思汗家族纵向二十四代人的生活史，如果没有成熟的口承叙事传统，这是不可能完成的事情。分析整部《秘史》，不难发现从中表现出了蒙古人精神文化的深层内涵。蒙古族英雄史诗不仅数量可观，且不乏鸿篇巨制，英雄史诗是人民大众所创造的口头文化，它反映了当时的社会历史与文化现实。探讨二者之间内在关联性，比较二者所表现出来的精神内涵，探寻内在规律，这对于了解《秘史》写作完成很有必要性。加之当时的蒙古社会已经创造出自己的文字，进入文字社会，统治阶级树立正统地位的需要与民族自信有机结合，一切客观和主观条件均已准备就绪，《秘史》的诞生是历史的必然性使然。

研究《秘史》，当然也离不开与其同时代完成的相关蒙古帝国史志、游记、札记等文献资料的辅助。这些文献史志既有国内学者的著作，也有国外学者的著作。有些史书在当时著录过程中明显参考了宫廷秘籍《金册》，即被后世称作《蒙古秘史》的母本。如波斯人拉施特编修的《史集》，以及作者佚名的《圣武亲征录》等。其他游记、札记文献亦显得尤为珍贵，因为它们记录着很多当时普通民众的日常生活文化。有了这些史书、游记、札记和志书的辅助，《秘史》的研究才是完整的，才能展现出"秘史时代"完整的民俗文化空间。

第一节 《蒙古秘史》成书过程

《秘史》是一部奇书，说它是奇书是因为，它是蒙古人用本民族的语言文字，记录成吉思汗的建国伟业；记录了继任者斡哥歹汗的历史事迹；以及记述当时的社会生活、民俗风尚、宗教仪礼、口承文学为一体的历史文学巨著。《秘史》是一部历史书，而且是难得的史书。我们知道，中国两千多年的封建王朝，一代一代传承着修史的传统。朝代更迭，取得胜利的继任者为前朝修史，这是一个巨大的文化工程。累朝积累下来，史书文献之储藏量可谓多如繁星。在这中间，用汉语言文字以外的其他语言书写的文献资料则少得可怜。像《秘史》这样拥有十二卷282节之多的民族史书，更是例外中的例外，难得一见的事情了。正如已故蒙元史专家姚从吾先生所谈到的，"它（指《秘史》）实在是汉文正史，汉文记载以外唯一的、大部头的，用蒙古文由蒙古人的立场，直接报道塞外边疆民族生活的历史巨著"①。

姚从吾先生对《秘史》的评价还是比较客观和准确的。的确，在中国浩如烟海的古史书籍当中，像《秘史》这样特殊"身份"的少之又少，更何况《秘史》正文有十万余字，这样一个大部头的史书可谓是弥足珍贵。

《秘史》又是一部史诗，它描述的场面宏大，语言优美，常常用史诗般的诗句展现现实生活、描绘激烈的战争场景和叙说人物间的关系图谱。当年成吉思汗父亲也速该把阿秃儿去世，族人将其寡妇弱子丢下迁走。坚强的诃额仑夫人独自抚养未成年子女，将他们抚育成强壮的新一代氏族领袖。对此《秘史》第74节中有一段精彩描述，原文如下：

> 诃额仑兀真额篾 篾儿干 脱列周／兀出格惕 可兀的颜 帖只额仑。
>
> 兀乞塔剌孛黑塔剌周／豁只塔剌 不薛列周。
>
> 斡难沐涟 斡额迭 亦剌苔癸趋周／斡里儿孙 抹亦勒孙 添古周。
>
> 兀都儿雪泥 豁斡来帖只额罢。

> 雪勒速台 脱列克先 兀真 额客／速坛 可兀的颜 帖只额仑。
>
> 赤戈儿孙 失罗 把里周／速敦 赤赤吉纳 兀忽周 帖只额毕。
>
> 额客 兀真 讷／合里牙儿孙 忙吉儿速你牙儿 帖只额薛 可 兀惕合惕 孛鲁剌 古儿毕。
>
> 札儿沉台 兀真 额客因／札兀合速巴儿 帖只额克薛惕 可兀

① 姚从吾：《漫谈〈元朝秘史〉》，载札奇斯钦《〈蒙古秘史〉新译并注释》，联经出版事业公司1979年版，第18页。

惕札撒黑坛

薛徹惕 孛勒罢①。

　　两段诗句整齐排列、首尾呼应，读起来朗朗上口，是个较为经典的诗句格式。第一段诗句以"诃、兀、斡、豁"音开头，以"周、仑（舌音）、罢"音做结尾。开头音以"诃、兀"对应"斡、豁"音，虽然汉字音写写法不同，但在蒙古文发音上相互接近，发音应该是"u"和"o"二音，这符合蒙古文诗句创作中的"押头韵"②规律；第二段诗句以"雪、速"对应"赤、速"，以"额、合、合"对应"札、札、札"音，采取的规则基本与第一段相同。而结尾用"仑（舌音）、周、毕、罢"音，也与第一段诗句结尾音"周、仑（舌音）、罢"一致③。内容上，两段诗句的意义既有重叠复合，也有扩展推进，叙事特征突出。作者用简短的两段诗句便勾勒出一幅历史图画，讲述了成吉思汗年少时期的艰辛经历，同时为他即将成为大蒙古帝国君主进行了铺垫。为了对以上两段诗句加深了解，现将札奇斯钦先生所作的翻译摘录如下：

> 诃额仑夫人生来是贤能的妇人／养育她幼小的儿子们
> 端正的戴上固姑冠
> 沿着斡难河上下奔跑／捡些杜梨山丁日夜糊口。
> 母亲夫人生来是有胆识的／养育她有福分的儿子们
> 拿着杉木橛子／剜红蒿野葱养育子嗣。
> 母亲夫人用野蒜野韭养育的儿子们／终于成了可汗；
> 能干的夫人母亲用山丹根养育的儿子们／终于成了有法度

---

① 额尔登泰、乌云达赉：《蒙古秘史校勘本》，内蒙古人民出版社 1980 年版，第84—85页。

② 荣苏和、赵永铣、梁一儒、扎拉嘎主编：《蒙古族文学史》，内蒙古人民出版社 2000 年版，在第三卷第94页上写道："蒙古族诗歌在韵律上讲究严整的头韵外，往往还用相同的字词押头韵和尾韵"。

③ 请参阅注释②的内容。

的贤人①。

不难看出，虽经专治蒙元史的学者翻译，但呈现在我们面前的现代汉语版诗句，多少有些失去了它原有的蒙古文诗句风格，只是依稀看得到对偶、押头韵、押尾韵的诗词意味。

除以上所举例诗文之外，还有描写风起云涌的战争场景、展示你来我往的人物关系等题材的诗句，其中特征显著，句式典型的诗句在《秘史》里出现达 20 处左右。这个数据不太确定，因为另有多处句式亦散亦诗，不好分类，或者说多处出现的描述句式采取了押头韵、尾韵的方式，让人无法作出肯定的答案，只得说：写作技法高超，运用词语优美。

这样一部历史文学巨著，还有诸多问题未能得到解决，如它的成书年代何时，作者何许人，何时完成汉字音写等的文献学问题亟待考证②。在此问题上，前人学者进行过多次探讨，学界至今未能统一认识。这里有必要说明一点，如果没有更为直接的、新的佐证资料前提下，上述问题很难再有进一步深入的可能。笔者认为如果只停留在怀疑和重复怀疑的怪圈之中，其学术价值将大打折扣，因

---

① 札奇斯钦：《〈蒙古秘史〉新译并注释》第 74 节，联经出版事业公司 1979 年版，第 76 页。

② 关于《秘史》的作者问题，学术界有不同观点。亦邻真提出，《秘史》的作者不是一人，寻找《秘史》的作者是徒劳和有难度的问题。巴雅尔在其转写的《蒙古秘史》前言中，反驳了德国学者海涅士提出的《秘史》作者为"失吉忽秃忽"的观点，指出《蒙古秘史》的作者为右丞相镇海、必阇赤长怯烈哥、必阇赤薛彻兀儿等。

关于《秘史》的成书年代，其争议最大。首先 1240 年说，是史学界公认的说法。最早持该说法的代表人物有清代学者徐松、李文田等，屠寄和陈彬和也持这一观点。其次是 1228 年说，代表人物是清末学者丁谦。甄金在《试析〈蒙古秘史〉成书年代》一文中，指出《蒙古秘史》是由序文、正文、续文、结束语四部分组成，《蒙古秘史》序文、正文和结束语三个部分，成书于 1228。再者是 1252 年说，这一观点首先由法国学者格鲁塞提出。余大钧支持这一观点，亦邻真则持《秘史》不是一次成书的观点。他认为鼠儿年，即 1228 年甲子，只是写成第 1—268 节的初稿时间。此外，洪煨莲提出了《秘史》的著书年代为 1264 年的说法，学界对此说法态度较为冷淡。关于《秘史》的音译年代，学者持两种不同观点。王国维、陈彬和、巴雅尔等，认为《秘史》的汉字音译早于《华夷译语》的成书年代，即明洪武十五年（1382 年）。持相左意见者陈垣先生则认为《元朝秘史》的汉译年代在《华夷译语》成书年代之后。

此也无须再赘述前人的研究。

暂且不谈上述文献学的遗留问题，笔者认为适当的时候改变视角，转换思考方式，我们来关注一下这部历史文学巨著是如何完成，是在什么样的社会历史与文化背景下产生的问题。虽然对此问题学界也进行过多次的论证，但笔者认为有必要重新梳理和考证，期待有个全面的认识。下面将从三个方面着手，探讨《秘史》成书过程中的社会历史现实与文化背景相关的问题。

一 口承叙事与史诗传统

蒙古人自古以来有口述表演英雄史诗的传统。有学者指出："世界各地蒙古民族中流传的英雄史诗有 600 余部，其中除了举世闻名的《江格尔》和《格斯尔》两部鸿篇巨制的长篇史诗外，还有众多的短篇史诗和中篇史诗①。"蒙古民族创造出了 600 多部长短不一的英雄史诗，其中人们比较熟知的有《江格尔》《格斯尔》《罕·哈冉惠传》《宝木额尔德尼》《龙·莫日根汗》《祖拉·阿勒达尔汗》《英雄锡林嘎拉珠》等。史诗内容大体上均为描绘战争场面，大多是以恶魔蟒古思伺机劫掠英雄主人翁的家园，英雄发现后追讨蟒古思，通过激烈的战争最终英雄取得胜利，夺回亲人和财产的复仇主题为主。史诗的人物构件有英雄人物，英雄的伙伴、妻子、家人，英雄忠诚的坐骑，还有英雄的敌对恶势力集团的代表蟒古思等。以短篇史诗《英雄锡林嘎拉珠》为例，该英雄史诗故事情节的展开大体分成三步：（1）英雄锡林嘎拉珠出门狩猎，蟒古思得知情况派人去抢劫英雄的家人；（2）英雄回家发现家人被抢，徒步去寻找被抢的家人，途中遇到神奇力量的帮助来到蟒古思的妖疆；（3）英雄将蟒古思为首的恶魔势力依次消灭，夺回被抢家人并与他们团聚。

蒙古英雄史诗是蒙古族人民口头创作的文学作品，它反映了该

---

① 陈岗龙、乌日古木勒：《蒙古民间文学》，宁夏人民出版社 2008 年版，第 114 页。

史诗创作时代的社会历史与文化现象。史诗《英雄锡林嘎拉珠》则反映了当时的蒙古人正处在氏族社会时期，各氏族之间战争不断，复仇与反复仇已然变成一种社会制度，变成一种日常生活文化现象。"文化的真正要素是社会制度。任何社会制度都针对这一根本的需要；在合作的事物上，和永久地团集一群人中，有它特具的一套规律及技术"①。当战争和掠夺成为一种社会价值准则，从属于它的所有人遵循的生存法则的时候，它必然在思想和行动上体现出来。史诗是活在民众口头上的历史，它必将反映当时的社会现实。史诗《英雄锡林嘎拉珠》"反映了古代蒙古人中曾经流行过的氏族复仇制度，体现了当时人们的价值观念。英雄解救被蟒古思抢劫的妻子或其他成员并战胜和消灭蟒古思的失而复得史诗主题，实际上是蒙古人氏族社会时期不同氏族、部落之间争夺人口战争的艺术再现和形象写照"②。这正如钟敬文所指出的："文学是一种特殊的意识形态。它的特点是用语言作媒介，形象地去反映社会生活（人们的行动和思想感情）。"③是同样的道理。

蒙古族英雄史诗在流传方式上，主要以口耳相传的方式传承着。演绎者现场口头说唱表演，观众以在场的方式面对面接受。的确是这样，史诗以口耳的方式在传递，但也不能简单地认为史诗说唱艺人将自己掌握的艺术本领从甲传递给乙，再从乙传递给丙，其实史诗已经成为当地民众的一种生活知识。阿尔伯特·贝茨·洛德（Albert Bates Lord，1912—1991 年）有一个论断，他说："对于口头诗歌，我们所要研究的是一个很特别的过程，在这一过程中，口头学习，口头创作，口头传递几乎是重合在一起的；它们看上去是

① ［英］马林诺夫斯基：《文化论》，费孝通译，华夏出版社 2002 年版，第 19—20 页。

② 陈岗龙、乌日古木勒：《蒙古民间文学》，宁夏人民出版社 2008 年版，第 136 页。

③ 钟敬文：《钟敬文文集·民间文艺学卷》，董晓萍编纂，安徽教育出版社 2002 年版，第 131 页。

同一过程中的不同侧面。"① 就是这样，口头史诗是在很自然的状态下一代一代在传递，传递者和接受者之间并没有什么异样，是在自然状态下完成。同样，蒙古人的口头史诗说唱传统源于它的分散化游牧生活方式，在游牧生活状态下，口耳相传是最好的流传方式。因此，口头史诗经历了千百年来的历史考验，从而成为人们生活习惯的一部分。

以蒙古族著名英雄史诗《江格尔》为例。《江格尔》是长篇复合型史诗，总计有157章，193万多行诗句。史诗《江格尔》发源于新疆卫拉特蒙古人当中，目前较为普遍的观点认为产生于12—13世纪②。也就是说，口头史诗《江格尔》与文字作品《蒙古秘史》是同时期的产物。新疆的天山南北有24个县世代繁衍生息着蒙古族卫拉特部落的人，他们秉承着悠久的《江格尔》说唱传统。据悉，到20世纪80年代，新疆境内的史诗《江格尔》说唱艺人达100多人③。后来由于社会转型和经济发展速度的加快，人们的传统生活受到了巨大冲击，随着曾经的"江格尔奇"们的一个个老去，新一代江格尔奇数量在不断减少。只是进入21世纪之后情况才有了转机，随着愈吹愈强劲的一股"非遗保护"风，各地方政府的积极参与，当地民众逐渐意识到什么才是"只有民族的才是世界的"这句话的真正内涵。因此，近几年来在新疆卫拉特蒙古人之中，这个有着800多年历史传统的史诗说唱艺术又一次得到了机遇，以官方加学校的模式下，正在积极培养下一代的青少年"江格

---

① ［美］阿尔伯特·贝茨·洛德：《故事的歌手》，尹虎彬译，中华书局2004年版，第7页。

② 参见贾木查《史诗〈江格尔〉探渊》，汪仲英译，新疆人民出版社1996年版，第42页。作者综合分析介绍国内外的研究情况之后写道：《江格尔》产生的时代背景是蒙古民族12—14世纪震撼世界的英雄业绩。卫拉特史诗说唱家们或其他蒙古部落的史诗说唱家们将从12—13世纪开始的蒙古民族的英雄事迹编成史诗说唱，是《江格尔》产生的历史条件。但是《江格尔》的主要发源地就是古代新疆的卫拉特蒙古地区。

③ 参见巴特《史诗〈江格尔〉的现代传承——以"江格尔的故乡"构建为例》，博士研究生学位论文，北京师范大学，2010年，第68页。

尔奇"们①。这是一种现实背景下的选择，它虽然打破了史诗原有的传承模式，但从目前情况看也算是最优的选择了。

口头叙事传统在蒙古民族首部经典文字史书《秘史》当中得到了充分的展现。蒙古民族 1204 年有了记录本民族语言的文字，1204 年成吉思汗西征乃蛮，得畏兀儿人塔塔统阿，遂命："教太子诸王以畏兀尔字书国言"②。因此而留下的最早的文字记录是立于 1225 年的《也松格碑》碑文，又称《成吉思汗石》，此碑刻只有 5 行字，为纪念也松格箭射 335 步之遥的壮举而立。虽然其文献学价值非常高，但严格意义上讲算不得一部历史或文学"作品"。蒙古民族首部历史文学作品是完成于 1240 年的《蒙古秘史》，也就是说 1204 年前的蒙古社会是没有文字的社会。

我们试想一下，在一个没有文字可记录的社会，是什么样的记忆能将 400 多年以来的族谱记得这么清楚呢③？是如何在《秘史》中详细地载入成吉思汗前世 22 代始祖的家族谱系的？这是一个历史的谜团。笔者以为个体的记忆是绝不可能做到的，别说 400 多年以来的家族谱系，估计超过五代谱系都很难记得住。因此，我们可以做一个大胆的推测，即蒙古人有着口承传递族源信息的传统，而且这个传统在族内的执行力足够强大。

《秘史》以一个族源传说开篇，这种记述历史的传统在北方民族中较为常见。该传说的汉译是这样的：成吉思可汗的先世，是奉上天之命而生的孛儿帖·赤那。他的妻子是豁埃·马阑勒。他们渡

---

① 参见巴特《史诗〈江格尔〉的现代传承——以"江格尔的故乡"构建为例》，博士研究生学位论文，北京师范大学，2010 年，第 109 页上写道：当我走进被当地政府冠名以"江格尔奇培训基地"的铁布肯乌散乡孟根布拉克小学的时候，我之前的想象完全被打破。……大家齐唱《江格尔》中的"江格尔、洪格尔和阿盖夫人颂"。我发现这一段《江格尔》，该学校的所有 34 位学生都会诵唱。

② （明）宋濂等：《元史》列传十一塔塔统阿传，中华书局 1976 年版，第 3048 页。

③ 《蒙古秘史》中记载着成吉思汗的前世 22 代始祖的信息，按照普遍的人生常理，一个人结婚生子应该在 20—30 岁，古时候亦如此。因此在计算每个代际的差额年份的时候，取最低的 20 年为一代。在此推理之下，22 代 × 20 年 = 440 年。成吉思汗出生于 1162 年，往前推 440 年，应该是 720 多年。

海而来，在斡难河源头的不峏罕山前住下。生了巴塔·赤罕①。孛儿帖·赤那在蒙古语中的意思是苍色的狼，豁埃·马阑勒为惨白色的鹿。《秘史》以孛儿帖·赤那和豁埃·马阑勒为族源谱系的起始阶段，二者在世的时代应当为 8 世纪中叶，距《秘史》的写作完成时间四个多世纪之前。关于谱系知识如何在部族当中传递，14 世纪初主持编撰《史集》的波斯人拉施特有记录，他说所有蒙古部落和支系的人数达到 100 土绵（土绵：蒙古语，意为万或万户）以上，这些部落全都有清晰的系谱，因为蒙古人有保存祖先的系谱，教导出生的每一个孩子知道系谱的习惯。这样他们将有关系谱的话语做成氏族的财产，因此他们中间没有人不知道自己的部落和起源②。从这里我们就明白了为什么蒙古人在第一部文字史书《秘史》中能够清楚地记录前 22 代始祖的谱系了。原来是在整个部族当中保留着一个传统，即口传族源谱系的传统。如拉施特所讲，除蒙古人外，任何别的部落都没有这个习惯③。正因为有这样良好的传统，才会有《秘史》这部经典的史书。

　　另外，从整部《秘史》的意义层面本质来讲，它不只是成吉思汗与斡哥歹汗两代帝王的历史，也不只是古代蒙古人的生产、生活文化史，其中体现出更多的是蒙古人的生存逻辑和处事法则，即要求氏族、部落乃至国家体制下的全体民众必须统一遵循，这便是恩怨相报思想，这种思想贯穿了整部《秘史》。复仇主题的历史事件在蒙古人氏族部落时期曾经较为流行，在《秘史》中多次体现复仇思想。如身为万民的可汗，国家主人的俺巴孩汗送女出嫁而被塔塔尔人捕获，塔塔尔人又将其送给金国处死。临行的时候，俺巴孩汗派遣信使说道："要以我为戒！你们就是把自己的五个手指甲磨掉，

---

①　参见札奇斯钦《〈蒙古秘史〉新译并注释》第 1 节，联经出版事业公司 1979 年版，第 3 页。

②　参见［波斯］拉施特《史集》第一卷第二分册，商务印书馆 1997 年版，第 11 页。

③　同上。

十个手指头磨断也要尽力报我的仇！[①]"为此，他的继任者忽图剌与合荅安进军塔塔尔，与塔塔尔人进行了13次战争未果。其后是成吉思汗的父亲也速该把阿秃儿在给帖木真相亲回程路上又被塔塔尔人毒死。对待这样一个世仇塔塔尔人，成吉思汗的态度很明确。当他得知金国的王京丞相前来攻打塔塔尔人的消息之后，及时抓住了这一难得的复仇机会，联合当时的盟友王汗一举打败了杀害祖先和父辈的仇族塔塔尔人[②]。成吉思汗与三姓蔑儿乞惕人之间的恩怨，在《秘史》第199节中有总结性的交代。他悉数了与蔑儿乞惕人的多年怨仇，给大将速别额台所降圣旨是，即使到了长的梢头，深的尽底，乘着铁车，追赶到底，将那些逃跑的蔑儿乞惕人的残余力量消灭干净[③]。

贯穿《秘史》的恩怨必报思想与前面所谈到的英雄史诗的复仇主题如此吻合，这绝不是什么巧合所造成的。英雄史诗的复仇主题思想，是以口头传承的形式流传下来，而当蒙古人创造出民族文字，有了记录工具之后，创作出了《蒙古秘史》这样经典的历史文学巨著，这就像一个人的两条胳膊，左右手一样，彼此关联，缺一不可。这是一种历史的必然性使然，是一种蒙古民族精神文化惯性承袭的表现形式。

二 文字创造与必阇赤制

《秘史》是现存于世的蒙古族最早的大部头文字著作。这样一部著作的写作完成需要具备两个先决条件，首先要有书写的文字；其次是掌握这种文字工具的书写者。

前文谈到蒙古人在1204年前可能处在无文字社会，至少从目

---

① 札奇斯钦：《〈蒙古秘史〉新译并注释》第53节，联经出版事业公司1979年版，第49页。

② 参见札奇斯钦《〈蒙古秘史〉新译并注释》第133节，联经出版事业公司1979年版，第163页。

③ 参见札奇斯钦《〈蒙古秘史〉新译并注释》第199节，联经出版事业公司1979年版，第280—281页。

前掌握的史料和考古发现来看证明了这种情况的存在。这种情况到了 1204 年，成吉思汗攻打乃蛮部，捕获乃蛮塔阳汗忠实的掌印官塔塔统阿后才得以改变。《元史》中有塔塔统阿的记录，大体情况是，塔塔统阿，畏兀人也。性聪慧，善言论，深通本国文字。乃蛮可汗尊之为傅，掌其金印及钱谷。太祖西征，乃蛮国亡，塔塔统阿怀印逃去，不久后就被擒获。太祖成吉思汗对塔塔统阿的忠贞和智慧很是欣赏，命其居于太祖左右，叫他继续掌管大蒙古国文书印信。后有一次太祖问塔塔统阿："汝深知本国文字乎？"塔塔统阿将自己所知道的全都讲出，于是太祖"遂命教皇子诸王以畏兀字书国言[①]"。这是蒙古人正式创制和使用本民族文字的开端，时间应该在 1204 年。

塔塔统阿采用畏兀儿字母创建一套标注蒙古语音的书写体系，为蒙古人摆脱无文字社会作出了历史性贡献。从另一个侧面反映出了畏兀儿与蒙古这两个民族之间存在着文化、语言和词汇上的高度相似性，同时也证明畏兀儿字母是能够方便书写蒙古语发音的事实。在塔塔统阿创制畏兀蒙文字母体系之后，成吉思汗便命令太子诸王学习使用文字，培养了第一批蒙古"文人"。《元史》清楚地说明，第一批蒙古文人的身份是国中诸太子和王公，以便在国际交往时以国言书写政治意图。塔塔统阿是这第一批蒙古贵族文人的教师，这应该毫无疑问。但也不只他一人在教诸太子畏兀儿蒙古文，《元史》中还有一段记载说，在畏兀儿亦都护八儿出阿儿忒杀死西辽使臣之后，他们驻西辽的大臣哈刺亦哈赤北鲁率子前来归顺蒙古，此人性聪敏，习事，时任西辽国诸太子师爷。这时太祖"一见大悦，即令诸皇子受学焉[②]"。说明当时还有其他熟练掌握畏兀儿文字的人，在教皇室诸皇子蒙古文的书写方法。

畏兀儿体蒙古文的书写顺序是从上到下，从左至右，这种书写

---

① （明）宋濂等：《元史》传十一塔塔统阿传，中华书局 1976 年版，第 3048 页。
② （明）宋濂等：《元史》传十一哈刺亦哈赤北鲁传，中华书局 1976 年版，第 3046 页。

方式一直没有改变过。对此，13 世纪的西方旅行家威廉·鲁布鲁克（Willim of Rubruck）在他的游记里说：鞑靼人采用了他们（畏兀儿）的文字。他们书写时是从上往下，也这样阅读，而且每行的顺序是从左到右。……蒙哥汗送给我们的信函是用蒙古语写成，但用的是他们的字体①。鲁布鲁克于 1253—1254 年在蒙古国土，曾拜见过拔都汗和蒙哥汗，目睹了蒙哥汗叫他带给法兰克君主路易士王的信件。鲁布鲁克清楚无误地记录了当时蒙古文字的书写、阅读方法和字体样式，同时他本人带回了蒙古帝国最高统治者蒙哥大汗写给法兰克国王的蒙古文信函，这些情形均印证了畏兀儿体蒙文在当时国事活动中的应用状况及普及度。

畏兀儿体蒙古文的创制对蒙古帝国有着重大的政治、经济和文化意义。帝国将其作为对外签订条约和国与国间的交流工具，对内颁布法令和登记户册，并通过民众的历史记载和文学作品的创作而使该文字长久地确立下来。如今保存下来的当时珍贵的文献资料石刻"成吉思汗石"（1225 年）、"贵由汗玺文"（1246 年）、"蒙哥汗圣旨碑"（1253 年），以及伊尔汗致法国国王菲力普四世的信件（1305 年）、伏尔加河流域发现的桦树皮诗文（约 13 世纪末）等，都是用这种文字写成。

关于必阇赤制度的确立，应该追溯至文字创制之初。在打败乃蛮部得到塔阳汗掌印官塔塔统阿伊始，成吉思汗便命令诸皇子和近亲王公开始学习使用畏兀儿体蒙文。在这首批学员中，第一个担任必阇赤一职的非失吉忽秃忽莫属。1206 年，帖木真征服了所有居住毡帐的百姓，斡难河源头召集大会立起九脚白旄纛，获封成吉思可汗尊号。当成吉思汗论功行赏，分封九十五千户那颜时，赐予失吉忽秃忽的较为特别和隆重，不仅对他九次犯罪不罚，还封他为最高断事官和分配毡帐百姓予母亲、弟弟们和儿子们的任务。成吉思汗

① 参见《柏朗嘉宾蒙古行纪、鲁布鲁克东行纪》，柔克义译注，耿昇、何高济译，中华书局 1985 年版，第 251 页。

对其降圣旨："把全国百姓分成份子的事，审断词讼的事，都写在青册上，造成册子，一直到子子孙孙，凡失吉忽秃忽和我商议制定，在白纸上写成青字，而造成册子的规范，永不得更改！凡更改的人，必予处罚！①"失吉忽秃忽作为在战争中抱养的义弟，成吉思汗称其为第六个弟弟②，对他还是给予了很大的信任，论他的身份，理应包括在最早受教的"太子诸王"之中，应该说失吉忽秃忽是学习使用畏兀儿体蒙古文的第一批官员。成吉思汗委任失吉忽秃忽为最高断事官和登记毡帐百姓户籍的官员，将这些事迹写在青册上，子子孙孙永不得更改。

上述《秘史》第 203 节上的内容为我们提供了很重要的文化信息，首先它是 13 世纪蒙古人使用文字的开端。"白纸上写成青字"，准确无误地表达了这一历史性事件。其次也是 13 世纪蒙古人自己拥有记载的开始。"青册"的原蒙古语发音是"阔阔迭卜帖儿③"，它是记录审断词讼之事、百姓户籍和成吉思汗圣旨的册子，它应当是《蒙古秘史》写作完成的基础资料。再次是它提供了蒙古帝国史上第一任必阇赤的信息。秘史原文中成吉思汗叫失吉忽秃忽"阔阔迭卜帖儿 必赤克 必赤周 迭卜帖儿列周④"。"必赤克"旁译为"文书"；"必赤周"旁译为"写着"；"迭卜帖儿列周"旁译为"造册者"，连起来即"写在青册上，造成册子"之意。据此判断，失吉忽秃忽理应为蒙古帝国第一任"必阇赤"无误。"必阇赤"是蒙古语，译成汉文为"文书"或"书记"。

自失吉忽秃忽之后，必阇赤这一职务变成了国家政治体制中的常规性职务，即已经将这一职务制度化。以《元史》也先不花传为例，也先不花祖辈怯烈哥曾是太祖的必阇赤长，因此"朝会燕飨，

---

① 札奇斯钦：《〈蒙古秘史〉新译并注释》第 203 节，联经出版事业公司 1979 年版，第 305—306 页。

② 同上。

③ 额尔登泰、乌云达赉：《蒙古秘史校勘本》，内蒙古人民出版社 1980 年版，第 556 页。

④ 同上。

使居上列"。之后其父字鲁欢睿宗时期入宿卫，宪宗时胜任为"中书右丞相，遂专国政"。到了世祖时，也先不花"初世其职，为必阇赤长"，且对其评价是"也先不花，吾旧臣子孙，端方明信，闲习典故，尔每事问之，必不使尔为不善也"①。这里也先不花父亲字鲁欢的职务是中书右丞相，这是施行汉法之后出现的词语，其实还是"必阇赤长"。关于必阇赤长在朝中的地位问题，伊朗人志费尼有过详细的描述，蒙哥登基汗位举行盛大的仪式，以忙哥撒儿那颜为首的武将们一行行地就位于一旁，以字鲁合阿合（也先不花父亲字鲁还）为他们领袖的必阇赤们，大臣和侍臣们就位于另一旁②。可见，从太祖到世祖，也先不花祖辈三代都曾任必阇赤长一职，也反映了蒙元时期"必阇赤"一职的制度化情形。

法兰西旅行家鲁布鲁克在他的旅行记录中曾谈到过蒙哥汗的书记官一事③。从旅行记中我们了解到，当时蒙哥汗的"大书记"或"书记们"负责与往来外国使臣的接洽事宜、充任大汗与使臣之间传令官角色外，还负责书写大汗口谕。

有了书写工具——畏兀儿体蒙文，有了掌握文字的书写者——必阇赤，还会怀疑写不出《蒙古秘史》这样的经典史书吗？累朝累代的蒙古可汗都有自己的必阇赤，必阇赤们记录着可汗的事迹，可汗的口谕，掌管着可汗的政治文书和印鉴，使之成为可汗执政思想的组成部分，为继任的统治者开辟执政理念。这些一点一滴积累的珍贵史料，秘密保存在可汗的金库中。波斯人拉施特在编撰《史集》时，有幸目睹了这些珍贵史料，并采用了伊尔汗国库中珍藏的有关黄金家族的史料。他在《史集》第一卷序言中说"蒙古人和突厥人之信史，逐代均曾用蒙语、蒙文加以记录，唯未经汇集整

① （明）宋濂等：《元史》传21"也先不花传"，中华书局1976年版，第3266—3267页。
② 参见［伊朗］志费尼《世界征服者史》，何高济译，内蒙古人民出版社1980年版，第678页。
③ 参见《柏朗嘉宾蒙古行纪、鲁布鲁克东行纪》，柔克义译注，耿昇、何高济译，中华书局1985年版，第311页。

理，以零散篇章形式保存于汗的金库中。它们被秘藏起来，不让外人、甚至不让他们自己的优秀人士阅读；不信托任何人，深恐有人获悉其中所载各事件①"。这些珍藏史料不让外人阅读，生怕有人获悉其中所载各事件，这不正是"秘史"吗？当然，波斯伊尔汗国国库中的史料不一定是我们所谈论的《蒙古秘史》本身，但作为一个合理的推断，是否可以认为，四大汗国和帝国国库中都曾保存着类似的黄金家族秘密史料，内容以黄金家族的族源谱系、重大事件和迁徙历程为主，用以教导后代子嗣不忘前人，不忘家族光荣奋斗史；用以激励和鞭策后人，不辱先祖辉煌的历史。

三 民族自信与历史感

《秘史》不仅是一部两代帝王的奋斗史，也是一个民族的形成发展史。《秘史》开篇即悉数交代了成吉思汗前世22先祖家族谱系。其中包括先祖们娶妻生子、放鹰行猎的故事；包括古代蒙古人游牧生活的场景；包括古代蒙古部落优美的民间传说，即孛儿帖·赤那与豁埃·马阑勒传说；都蛙·锁豁儿传说；阿兰·豁阿感光受孕传说和五箭训子的传说等，这些栩栩如生的人文生态环境与"星光照耀的天空旋转，诸国造反，寝不安席，互相抢夺劫掠②"的部落战争图画淋漓尽致地展现在人们眼前。在这"大地翻腾，全国丧乱，卧难安袵，彼此攻杀讨伐③"的混乱年代，成吉思汗帖木真承载着历史的重任手握凝血④而诞生。

成吉思汗9岁丧父之后，面临着他人生第一次重大考验。父亲也速该把阿秃儿生前的属民弃他而去，剩下母子几人在斡难河边艰

---

① ［波斯］拉施特：《史集》第一卷第一分册，商务印书馆1997年版，第115页。
② 札奇斯钦：《〈蒙古秘史〉新译并注释》第254节，联经出版事业公司1979年版，第387页。
③ 同上。
④ 参见札奇斯钦《〈蒙古秘史〉新译并注释》第59节，联经出版事业公司1979年版，第56页。

难度日①。被同族的泰亦赤兀惕人捉去当作俘虏示众巡游，后在好心的锁儿罕失剌一家人的帮助下机智逃脱②。自家八匹银合色骟马被强盗掠去，寻马途中认识了他一生中最重要的那可儿孛斡儿出，在他帮助下成功夺回八匹马③。

青年时期的成吉思汗还是在动荡和战乱中度过。新婚不久的妻子被三姓蔑儿乞人夺去，在王汗脱斡邻勒、札木合二位安答的帮助下摧毁了三姓蔑儿乞巢穴，夺回妻子、彻底报了被欺侮的仇冤④。其后是在与札木合、王汗二人间的多年恩怨情仇当中度过，他最终赢得了蒙古百姓的拥戴，赢得了部落战争的胜利，一步步走到了全体毡帐百姓的可汗，1206 年建立了统一的蒙古帝国，从此"蒙古"这一称呼从部落名称变为国家称号，成为统一国家的专属名称。这一切都是成吉思汗的功绩，没有他就没有今天的蒙古人。这一切也是全体蒙古人的形成发展史，它是蒙古族历史上首个大一统国家。《秘史》记录了这一切，以当时人的立场和口吻记录下了这一个个重要的历史事件，使之留传到现今时代，教育今天的人们懂得历史，不忘过去的同时展望更加美好的未来。《秘史》在这其中扮演了重要的文化向导作用，提升了民族自信心。笔者以为，也许这正是《秘史》写作者们的初衷之一。

《秘史》虽为当时两代蒙古帝王的历史实录，却从未回避谈及可汗们的短处。例如《秘史》第 77 节，记录了帖木真与哈撒尔合伙射杀同父异母的胞弟别克帖儿的事情。回家之后诃额仑母亲便发现了两个儿子的所作所为，因此搜寻着古语，引证着老话，严厉地

---

① 参见札奇斯钦《〈蒙古秘史〉新译并注释》第 74、75 节，联经出版事业公司 1979 年版，第 76—79 页。

② 参见札奇斯钦《〈蒙古秘史〉新译并注释》第 82—87 节，联经出版事业公司 1979 年版，第 89—94 页。

③ 参见札奇斯钦《〈蒙古秘史〉新译并注释》第 90、91 节，联经出版事业公司 1979 年版，第 96—98 页。

④ 参见札奇斯钦《〈蒙古秘史〉新译并注释》第 104—112 节，联经出版事业公司 1979 年版，第 115—127 页。

训斥了他俩杀害胞弟的残忍行为。母亲说帖木真就像"胡冲乱撞的野兽"一般，"在除了影子没有别的伴当，除了尾巴没有别的鞭子的时候，在受不了泰亦赤兀惕兄弟们的痛苦，正说谁能去报仇，怎么过活的时候，你们怎自相这般作呢?!"① 从中看到刚步入青年时期的帖木真最真实的一面，就像他母亲说的那样，野兽一般对待了自己的同胞兄弟。事情的起因是同父异母的别克帖儿、别勒古台二人从帖木真、哈撒尔那里两次夺去了他们所捕获的猎物，一只雀儿和一条很亮的小鱼儿。年少的帖木真无法容忍这样的事情，他需要在这个少了父亲的大家庭中确立自己的地位，他要领导这个曾经的强势家族，走出那时所面临的生存危机，这时候的他不允许有任何人挑战他的地位，正如他所说："我们怎么能（指别克帖儿）一同相处呢?"② 因此痛下杀手。

　　《秘史》第130—140节，讲述了成吉思汗与同族兄弟主儿乞人之间的争斗，最终完全征服他们的经过。时至成吉思汗第一次当上蒙古人的可汗，散落各地的众蒙古百姓聚集在他的帐下，成吉思汗很是高兴，于是大家在斡难河的树林里举行宴会。主儿乞氏的薛扯别乞嫡母豁里真可敦等因为敬酒次序问题而打了厨官失乞兀儿，负责维持秩序的别勒古台因为抓住一个偷缰绳的贼，主儿乞氏的不里孛阔祖护偷绳贼而将别勒古台肩膀砍伤。正在树阴下宴会的成吉思汗看到弟弟被主儿乞人砍伤，加之厨官也被主儿乞人殴打，盛怒之下不顾别勒古台的再三劝说，成吉思汗"折下树枝，抽出皮桶里搅马乳的木棍，厮打，制住了主儿乞人，并把豁里真可敦，忽兀儿臣可敦两个人夺过来③"，后主儿乞人提出和解，交还了人质。成吉思汗前去攻打世仇塔塔尔人，留守老营地的百姓又一次被主儿乞人抢

————————

① 札奇斯钦：《〈蒙古秘史〉新译并注释》第78节，联经出版事业公司1979年版，第84页。

② 札奇斯钦：《〈蒙古秘史〉新译并注释》第77节，联经出版事业公司1979年版，第81页。

③ 札奇斯钦：《〈蒙古秘史〉新译并注释》第132节，联经出版事业公司1979年版，第162页。

夺衣物，杀死了十人。这时的成吉思汗终于忍无可忍，举兵攻打主
儿乞部，处决了首领薛扯别乞和泰出二人，将剩余部众百姓收入自
己名下。后又以摔跤的名义，叫别勒古台将砍伤自己的不里孛阔的
脊骨折断，后者因此而丧了性命。不里孛阔是全国有名的力士，论
辈分属成吉思汗的叔叔①。主儿乞人在蒙古部落中以"有傲气，有
胆量，有勇敢，无人能敌"②而著称，而成吉思汗能够制服同族强
悍的主儿乞人，则向世人宣示了统一蒙古内部各个部落的事实。

对待世仇塔塔尔人成吉思汗的态度更加冷酷无情。《秘史》第
154 节记录了覆灭掳获塔塔尔人之后，成吉思汗召开亲族大会，商
讨如何处置他们的问题，他说："早先，塔塔尔人就杀害了我们的
祖宗和父辈。要给祖宗和父辈们报仇雪恨。把凡比车辖高的，杀个
尽绝。把剩下的，作为奴隶，分散到各处"③。可见成吉思汗的这种
对待敌人的方式，真可谓斩尽杀绝，灰飞烟灭。

小到与人打架，阴谋杀害同族叔辈，争夺部落内部的统治权，
大到将仇敌斩尽杀绝、灰飞烟灭般的消除殆尽，更甚至亲手杀害同
胞弟弟，这就是真实的帖木真，真实的成吉思汗。作为一代天之骄
子，在群雄争霸的北方草原上能够一统天下，没有这般铁石心肠是
做不到的。这一切都由当时的必阇赤史官们真实地记录了下来，没
有绕开成吉思汗杀人无数的凶残性格，争强好斗的强势心态。

成吉思汗逝世之后，由三子窝阔台继承汗位。1228—1240 年的
12 年在位期间，窝阔台汗继续着父汗的足迹，攻打占领了许多个
国家和民族。《秘史》第 271 节中，以窝阔台汗本人的语气对这些
历史事迹进行了总结。所做的四个功绩分别是：远征金国，灭了金
国；为了使臣在路上可以疾驰，并搬运所用的东西，设了驿站；在

---

① 参见札奇斯钦《〈蒙古秘史〉新译并注释》第 140 节，联经出版事业公司 1979 年版，第
174 页。

② 札奇斯钦：《〈蒙古秘史〉新译并注释》第 139 节，联经出版事业公司 1979 年版，第
173 页。

③ 札奇斯钦：《〈蒙古秘史〉新译并注释》第 154 节，联经出版事业公司 1979 年版，第
197 页。

没有水的地方，挖出水井，使百姓得到水草；还在各方各城市的百姓中，设置先锋，"探马"等官，使百姓能生活安定。所做的四件错事是：汗父叫我坐在他的大位里，把众民都担在我的肩上，我却让葡萄酒和黄酒给制住了；无理听信妇人的话，把叔父斡惕赤斤国中的女子拿来，身为国家之主，可汗，竟为无理之事所动；冤害了朵豁勒忽，怎么说这是差错呢？因为冤害在我汗父之前，努力向前的朵豁勒忽，便是过错；我恐怕由天地所生的野兽跑到弟兄们那里，竟贪婪地筑起墙寨来拦堵，以致我从弟兄们那里听到烦言①。这便是窝阔台汗本人所总结的四功四过。

纵观历史上的大多数统治者，对其执政所取得的功绩进行自我嘉奖和鼓吹，都是可以理解的，中国历代史书也无外乎是帝王将相史。而对其执政期间所犯下的错误也进行如此的交代，并且是从执政者本人的口中说出来，这样的情况则实属历史罕见。这也是《秘史》所体现出的真实历史感之一。

从以上所举实例中可以看到，《秘史》以当事人口述式的记述手法，当事人的自述功过甘苦，充分体现出了必阇赤们的民族自信心，渗透着书写者们的民族自豪感，也渗透出了忠于历史事实的责任感。

第二节 《蒙古秘史》流传版本

《秘史》传承保留下来的，有两种不同版本。即十二卷本抄本和十五卷本抄本。两种版本在内容方面，没有多大差别。前者将《秘史》的内容分为十二部分，后者将《秘史》的内容分为十五部分，而节数相同，均为 282 节。十二卷本为明洪武十五年（1382年）所译《元朝秘史》，称为明洪武刻本，由正文十卷和续集二卷

---

① 参见札奇斯钦《〈蒙古秘史〉新译并注释》第281节，联经出版事业公司1979年版，第448—449页。

组成。学术界作为学术引用和译注《秘史》的本子，通常是以十二卷本为底本，这一版本错误相对少一些，由原蒙古文汉字注音：旁译和总译三部分构成，学术价值略胜于十五卷本。现存十五卷本《秘史》抄录过程中的错讹较多，有些版本只是总译部分，因此其学术价值略有折扣。《秘史》原文不见踪影，自明代洪武年间开始便有了汉字注音、旁译和总译，其原文是蒙古帝国时期的蒙古语书写，所以清朝时期开始就有学者对其进行注释、润文，再后来有了研究和新译工作。下面就《秘史》版本流传脉络，注释、校勘和新译本情况进行介绍。

一 版本流传脉络

首先来介绍十五卷本抄本的流传情况。十五卷本也称《永乐大典》本，因为抄录者在抄录版本中均表示为出自大典，所以自然就将其称为《永乐大典》本。由于朝代的更迭和战火的原因，成书于明朝1403—1408年百科全书式的《永乐大典》损毁严重，于是清乾隆帝又下令修复大典。陈垣在篇名为《编纂四库全书始末》一文中写道："乾隆三十七年壬辰 西记一七七二 正月，始下令徵书。……乾隆三十八年癸巳 西记一七七三 二月，依朱筠条议，命於永乐大典中缀辑散篇成帙，并令依经史子集搜辑遗籍，命名四库全书"①。该项工作是在1773—1782年完成。重抄的《四库全书》由《永乐大典》中抄出385部著作，总计4946卷本，当时被称为《元朝秘史》的《蒙古秘史》在大典元字韵5179—5193卷中，不在佚书之列，但《四库全书》的编纂者们没有将其抄录，也没有列入《四库全书目录》之中。他们将孙承泽（1592—1676年）所编《元朝典故编年考》（十卷本，第九卷收录有《秘史》）收入了四库书，所收《秘史》只有总译，且从续卷至结尾部分②。

---

① 陈垣：《陈垣学术论文集》第二集，中华书局1982年版，第1页。

② 参见（清）孙承泽《四库全书·元朝典故编年考》卷九，《秘史》，电子书。

　　十五卷本《秘史》的最早发现者是钱大昕。主要依据有二，一是钱大昕（1728—1804 年）所写《跋元秘史》一文，另外有顾广圻在他的十二卷本《秘史》中对钱大昕藏本的介绍。

　　钱大昕所写《跋元秘史》后收入《潜研堂文集》第二十八卷①。钱氏跋文较长，列举《元史·太祖本纪》所遗漏的太祖成吉思汗先祖族谱，即葛不律罕（合不勒汗）、俺巴孩汗、忽都剌汗（忽图剌汗）三代可汗均在《元秘史》中有记载，可补充《元史》内容。钱氏还指出，《元秘史》所记太祖成吉思汗少年时期被泰赤乌（泰亦赤兀惕）人抓去，后得到锁儿罕失剌与赤老温父子帮助而逃脱，可《元史》既没有为赤老温立传也没有在本纪里记述锁儿罕失剌事迹。除上述两处之外，还有几个具体对比《元史·太祖本纪》与《元秘史》之处，在此不予一一列举。仅此两处对比中即可看出，当时的钱大昕的确研读过《元朝秘史》，至于是否钱氏个人收藏此书不得而知，再者钱氏也没谈及《秘史》卷数问题，以及何时怎么得见该书的问题，目前所见到的都还只是推论而已。当前，学界将鲍廷博所抄录，后归韩泰华所藏，附钱氏所写《跋元秘史》的十五卷本称作"钱本"《秘史》②，另一个依据便是顾广圻的记述。

　　顾广圻（1766—1835 年）于 1805 年，由他监督抄录十二卷本《元朝秘史》（十卷续集二卷）时写过一篇跋文。该文谈道："元朝秘史，载永乐大典中，钱竹汀少詹家所有，即从之出，凡首尾十五卷，后少詹闻桐乡金主事德舆有残元椠本，分卷不同，属彼记出，据以著录于元史艺文志者是也。……去年授徒泸州府晋江张（祥云）太守许，见所收景元椠旧抄本，通体完善，今年至扬州，遂怂恿古馀（张敦仁）先生借来覆景此部，仍见命校勘，乃知异于钱少詹本者，不特分元朝秘史十卷、续集二卷一事也，即如卷首标题下

　　① 参见陈文和主编《嘉定钱大昕全集·潜研堂文集》第九册，江苏古籍出版社 1997 年版，第 477—479 页。

　　② 额尔登泰、乌云达赉：《蒙古秘史校勘本》，内蒙古人民出版社 1980 年版，第 3 页。

分注二行，右‘忙豁仑纽察’五字，左‘脱察安’三字，必是所署撰书人名衔，而少詹本无之，当依此补正，其余字句行段，亦往往较胜，可称佳本矣①"。顾广圻所记跋文，至少为我们提供了如下几点相关《秘史》的信息：第一，顾氏一口断定钱大昕本《元朝秘史》原载于《永乐大典》，卷数为十五卷；第二，钱氏十五卷本《元朝秘史》缺"忙豁仑纽察·脱察安"八个字；第三，钱氏十五卷本《元朝秘史》异于张祥云所收藏十二卷本《元朝秘史》；第四，顾氏非常欣赏张祥云十二卷本秘史，称赞其为佳本；第五，真正的钱氏十五卷本《秘史》至今未见；第六，钱大昕曾见到过金德舆所藏十二卷本残本，并在 1800 年所撰写《元史艺文志》中收录此书。

鲍廷博（1728—1814 年）十五卷抄本的来龙去脉，陈垣有详细的论证。陈垣根据卷本上的题记认为，鲍廷博于嘉庆乙丑即 1805 年从《永乐大典》中抄写出十五卷本元秘史，并且在当时又对照了明刻本秘史补写了部分内容。鲍廷博藏书后在道光、咸丰年间散出，此十五卷本秘史后来辗转归了韩泰华所有②。到了 1872 年，俄国东正教帕拉基·卡法罗夫（1817—1878 年）教主购得韩泰华的鲍廷博影抄本，1887 年，转赠 A. M. 波兹德涅耶夫，由其转交彼得堡大学图书馆，现藏于国立圣彼得堡大学高尔基图书馆东方库③。保罗·伯希和（1878—1945 年）曾到访圣彼得堡，拍摄了全部十五卷本《元朝秘史》六巨册，于 1933 年夏来北平时赠给了国立北平图书馆④。这一版本由汉字注音蒙古文、旁译、总译三部分构成。

十五卷本元《秘史》还有一种只有总译部分的版本。张穆（1805—1849 年）于 1841 年从《永乐大典》中抄出十五卷《元朝秘史》总译部分，1847 年又借得韩泰华手中的影抄本校对无讹，

---

① （清）顾广圻：《顾千里集》卷十八跋四，王欣夫辑，中华书局 2007 年版，第 283 页。
② 参见陈垣《陈垣学术论文集》第二集，中华书局 1982 年版，第 108—109 页。
③ 参见甄金《蒙古秘史学概论》，内蒙古教育出版社 1996 年版，第 141 页上的表二。
④ 参见陈垣《陈垣学术论文集》第二集，中华书局 1982 年版，第 108 页。

1848 年将其刻入《连筠簃丛书》之中。另外，1404 年秋，有工整抄出的《元朝秘史》总译本二册，长期保存在内阁大库，短时由刘岳云（1849—1919 年）食旧德斋收藏，后归陈垣励耘书屋①。

清代学者最初研究蓝本大多为十五卷总译本。如李文田的《元朝秘史注》、高宝铨的《元朝秘史李注补正》、沈曾植的《元秘史补注》以及王树荣的《元朝秘史润文》等，均以十五卷秘史总译本为母本来研究②。

《秘史》十二卷本，分顾广圻本和叶德辉本两种。实际上最早的十二卷本《秘史》信息由明末清初学者孙承泽发掘。孙所著《元朝典故编年考》（《四库全书》电子版，共十卷）卷九中抄出十二卷本《元朝秘史》的总译，在序文里记载为："元有《秘史》十卷，《续秘史》二卷。前卷载沙漠始起之事，续卷载下燕京灭金之事，盖其国人所编记。书藏禁中不传，偶从故家见之，录续卷末，以补史所不载③"。可事实上孙氏所收秘史只是续集二卷而已，不知什么原因导致丢失了前部十卷。另有黄虞稷《千顷堂书目》有《元朝秘史》十二卷的著录④。

二 译注、校勘与还原本

《秘史》是记录蒙古族古代社会历史文化的珍贵文献史料，素有"蒙古族百科全书"之称。该书于 13 世纪中叶，以畏兀儿体蒙古文书写而成。原书名《忙豁仑·纽察·脱察安》，意思是"蒙古的秘密史册"，1382 年，即明洪武十五年始，译成汉字音写蒙古语本，并改名为《元朝秘史》。如今流传下来的只有明代以汉字音写蒙古语的《元朝秘史》，其畏兀儿体蒙文原本下落不明。

---

① 参见洪煨莲《〈蒙古秘史〉的版本流传》，张乃骏译，《蒙古学信息》1984 年第 1 期，第 5—13 页。

② 参见姚从吾《漫谈〈元朝秘史〉》，载札奇斯钦《〈蒙古秘史〉新译并注释》，联经出版事业公司 1979 年版，第 11 页。

③ （清）孙承泽：《四库全书·元朝典故编年考》卷九，《秘史》，电子书。

④ 参见甄金《蒙古秘史学概论》，内蒙古教育出版社 1996 年版，第 140 页上的表一。

对于《秘史》的研究，起点应在明代。白·特木尔巴根就曾指出明朝时期出于政治需要，对《元朝秘史》进行了初步研究，之后逐步深入，达到学术性研究的程度。文章列举了明代官私史乘中出现的点滴事象，说明《秘史》从最初的刊刻、流传、编录，到后来的汉字音译以及汉译工作均起步于明代。例如，十二卷本《元朝秘史》被录入在黄虞稷的《千顷堂书目》；十五卷本《元朝秘史》被编入《永乐大典》；另外，明朝翰林院编修对其进行了汉字音译，并附有汉译旁译和总译。① 这些音写、汉译旁译和总译工作，明显带有研究色彩，为后来的《秘史》研究打下了基础。

清代《秘史》研究。首先从文本抄录和印刷出版做起，而后转入实质性的研究工作。据澳大利亚人罗依果梳理，十二卷本《秘史》，1805 年由顾广圻影写张祥云本，几经倒手，后来晚清学者盛昱得到了它。1936 年，上海商务印书馆出版此书。而叶德辉将其手中文廷式顾氏校本的影写本，于 1908 年印刷出版。十五卷本《秘史》，由张穆依据鲍廷博本进行校订，1848 年收入《连筠簃丛书》出版。后有李文田用张穆本，做了大量注释工作基础上，1896 年出版《元朝秘史注》刻本，1931 年上海商务印书馆再次出版，这是最早的一本译注本。② 清晚期还出现了考证文章，以阮惟和的《元秘史地理今释》，施世杰的《元秘史山川地名考》等为主。

民国时期。1927 年，王国维的《元朝秘史之主因亦儿坚》一文，考证了《元朝秘史》中的主因亦儿坚就是金朝后期的札军。③ 陈彬和在其选注的《元朝秘史》新序中，对《秘史》的作者、成书年代等问题作了探讨。④ 陈垣在其《元秘史译音用字考》一文

---

① 参见白·特木尔巴根《明代著录〈元朝秘史〉考略》，《内蒙古师范大学学报》1990 年第 3 期，第 56—64 页。

② 参见罗依果《蒙古秘史研究概述》，阿拉坦编译，蒙古学研究年鉴 2011 年版，第 208 页。

③ 参见王国维《观堂集林》卷 16，中华书局 1959 年版。

④ 参见陈彬和《元朝秘史》，商务印书馆 1929 年版。

中，重点探讨了《元朝秘史》译音用字规律问题。[1] 民国时期的《秘史》研究，与明清时代不同，更加注重文本本身的问题，研究视角出现更加微观化倾向。

中华人民共和国成立之后的研究。中华人民共和国的成立，为《秘史》研究带来了新的时机，尤其 1979 年以来，《秘史》的研究出现空前的繁荣景象，出现了不同版本的译注本、校勘本、蒙古文还原本；研究论文数量惊人，多达数百篇；研究专著也不断问世，据不完全统计，只国内出版的可达 50 种之多。因为本书的研究目的所限，在此不能将全部研究信息作出梳理和交代，仅就目前国内出版的译注和注释本，蒙古文还原本情况进行介绍，这是下一步研究工作的基点，涉及如何选择好的研究版本的问题。

中华人民共和国最早的一本汉译《秘史》出自谢再善之手，他以蒙古国达木丁苏荣 1947 年蒙古文转写本为底本，出版了最早的《蒙古秘史》汉译本。[2] 达木丁苏荣本人对《秘史》的态度是认为它是文学巨著，因此在转写时突出了文学色彩，而忽视了它的历史记载的真实性要素，因而不太适合做学术研究底本。

1979 年分别有两本《秘史》译注本问世。道润梯步的《新译简注〈蒙古秘史〉》[3] 和札奇斯钦的《〈蒙古秘史〉新译并注释》[4]。道润梯步的汉译简注本《秘史》依据叶德辉十二卷本译出，为保持原文语言风格，汉译依然用了文言文格式。该书没有按照明清时期的十二卷分目，去掉了卷目。所以，该书如果作为学术研究引用，会比较烦琐些，而且用词是文言文，与学术研究用词风格不太一致。札奇斯钦的《秘史》新译注释本则照顾了学术研究引用上的方便，按照原文 282 节清晰分类，用词也是现代汉语的书面词语。札奇斯钦出身蒙元史与蒙古文化史研究，对某些文化事象的考察也很

---

[1] 参见陈垣《陈垣学术论文集》第二集，中华书局 1982 年版，第 218 页。
[2] 参见谢再善《蒙古秘史》，开明书店 1951 年版。
[3] 参见道润梯步《新译简注〈蒙古秘史〉》，内蒙古人民出版社 1979 年版。
[4] 参见札奇斯钦《〈蒙古秘史〉新译并注释》，联经出版事业公司 1979 年版。

到位，所以作为学术研究底本是个不错的选择。

额尔登泰、乌云达赉的《蒙古秘史校勘本》（以下简称《校勘本》）①，额尔登泰、乌云达赉、阿萨拉图著《〈蒙古秘史〉词汇选释》（以下简称《词汇选释》）②，是两本重要的研究著作，由同一个研究室的同志长达15年左右时间完成。《校勘本》以顾广圻本为底本，参照叶德辉本和钱大昕本以及其他相关资料，对汉字标音的蒙古语原文进行校勘。针对三种不同版本《秘史》间存在的错字、脱落、颠倒、衍文、错缀和错断等现象，进行了校对和勘误，所做工作值得肯定。《词汇选释》选取《秘史》中的1018个疑难词汇，逐个进行了解释。词汇包括古语词、语音和词形与现代词不一致的词、特殊含义的词和词组，以及少数地理及其他名称词语。书中还对《秘史》词语的语音学、形态学进行考证，并对来自突厥的词语也作了解答。两本研究著作的问世，给予《秘史》研究者极大方便。

稍晚出的还有余大钧的《蒙古秘史》译注本③。余大钧按照《秘史》282节格式，逐节进行汉译并注释。但从总体看，其注释和汉译稍显简略，有些疑难问题没能很好地解决。

20世纪80年代以来的《秘史》蒙古文还原研究亦取得了很大成绩。其中，巴雅尔的《蒙古秘史》④还原本，亦邻真的《元朝秘史》⑤畏兀儿体蒙古文复原本具备很高的学术价值。巴雅尔的《秘史》还原本内容由三部分组成，第一部分是相关文献学研究，即对《秘史》原文作者、汉字音译者、旁译和总译者等问题进行了深入探讨，试题解开这些谜题。第二部分为蒙古文还原，包括原文拉丁音标、古畏兀儿体蒙古文和现代蒙古文还原。第三部分是音写《秘

---

① 参见额尔登泰、乌云达赉《蒙古秘史校勘本》，内蒙古人民出版社1980年版。

② 参见额尔登泰、乌云达赉、阿萨拉图《〈蒙古秘史〉词汇选释》，内蒙古人民出版社1980年版。

③ 参见余大钧译注《蒙古秘史》，河北人民出版社2007年版。

④ 参见巴雅尔《蒙古秘史》（共三册），内蒙古人民出版社1980年版。

⑤ 参见亦邻真《元朝秘史》，内蒙古大学出版社1987年版。

史》所用 500 多个汉字的《注音字典》。可以看得出巴雅尔的工作是巨大工程，他在《秘史》研究领域取得了很高的学术赞誉，引用他的学术研究作品数量非常多，主要集中在蒙古学界。亦邻真的《元朝秘史》畏兀儿体蒙古文复原本，依照按形转写、按音转写和变形转写规则，试图达到《秘史》初写作完成时的原貌。但畏兀儿体蒙古文与现代所书写的畏兀儿蒙古文有些变化，其学术引用率并不高。满昌的《新译注释〈蒙古秘史〉》①，是一本用蒙古文注释本，对一些语汇和文化事象进行了解释工作，蒙古学界引用者还很多。此外，还有双福的《〈蒙古秘史〉还原及研究》② 本，研究者在进行还原的同时附上了国际音标。

甄金的《蒙古秘史学概论》③，是一部专门在文献学方面对《秘史》进行研究的著作。目前，《秘史》在文献考证方面遇到了很大的难点，例如，《秘史》的书写者、到底哪一个鼠年写成、成书地址在何处、汉译者和音写者是谁、原文书名是什么等等。迄今为止，国内外学者对上述问题的研究都还是推论，如果没有进一步的佐证材料出现的话，这些问题还很难得到令人满意的答案。甄金用了 12 章的篇幅，系统梳理了上述问题。但正如笔者所说，目前《秘史》的文献学研究很难再有突破情况。

方龄贵编著的《元朝秘史通检》（以下简称《通检》）④，是一本研究《秘史》所能用到的工具书，主要内容为《秘史》专有名词。该《通检》包括人名通检、山川地名通检、种姓名通检和《四部丛刊》本《元朝秘史》汉译标音所用异体字表等部分。若用于学术研究索引，该《通检》还比较方便。

以上介绍了国内《秘史》研究各个历史时期所出译注本、校勘本和蒙古文还原本，以及文献学研究、检索工具，等等。《秘史》

---

① 参见满昌《新译注释〈蒙古秘史〉》，内蒙古人民出版社 1987 年版。
② 参见双福《〈蒙古秘史〉还原及研究》，内蒙古人民出版社 2002 年版。
③ 参见甄金《蒙古秘史学概论》，内蒙古人民出版社 1996 年版。
④ 参见方龄贵《元朝秘史通检》，中华书局 1986 年版。

研究是个国际化的题目，有关日文、英文、法文、俄文等外文译注不胜枚举，因为研究者自身能力所限，没能涉猎外文研究状况。近些年来，《秘史》的研究余温不减，陆续在出版各种形式的研究著作，只等能人贤士加入其中，将《秘史》研究推上新的台阶。

第三节 《蒙古秘史》相关文献

在研究《秘史》民俗文化表现诸形式过程中，离不开其他史料文献的辅助证明。本书在运用"秘史时代"这一术语时曾作出说明，"秘史时代"仅以其写作完成时的 1240 年为节点，那么对于一个 770 多年前的文献进行文化解读，必然需要与其同一时期著录完成，内容相近的多部文献史料的佐证，以此达到增加历史文化背景可信度的目的。这些史料文献，按其类属，分史书类文献、游记类文献以及札记和志书文献等不同类别，它们在证史，丰富《秘史》史料中各司其职，作用各不相同。

首先是史书类文献，此类文献具备了正史与补史价值。中外史家于 13 世纪中叶开始关注蒙古人，为其撰写历史。与蒙古人为本位写作而成的《秘史》不同，他们以他者的眼光看待蒙古社会历史所发生的一切，独特的眼光造就了独特的视角，因而有着不同于《秘史》的历史观和价值观。这对于研究《秘史》提供了另一种角度，可以从不同的侧面来观察蒙古社会历史。

其次是游记类文献，此类文献记录详细，有着明显的田野味道。游记类文献的视角是广阔的，上到统治阶层，下到普通百姓，内容无所不谈。这对于研究当时社会历史文化提供了丰富的第一手资料，实属珍贵。当然，作者受其所处历史阶段、出身背景、学识修养和访游目的的不同等原因，他们的记载有时难免有疏漏和错讹之处，在本书的研究中应小心对待，以免造成对历史的误读。

最后是札记和志书类文献，此类文献有的内容繁杂，有的专业性特征很强。只可惜此类文献世存数量有限，所涉猎蒙古帝国时期民众日常生活的内容较少，大多为元朝时期所著，因而在本书研究中所起的作用有限，需要的时候当作某一文化事象的参照即可。

一　史书类文献

史书类文献是研究《秘史》不可或缺的史料，有着重要的补史价值，在记录蒙古帝国时期以及元朝初期的史书较少的情况下显得尤为珍贵。这类史书有的几乎与《秘史》同一时期完成，有的则明显参考了当时的宫廷秘籍《金册》，与《秘史》有着渊源关系。这类史书文献的辅助运用，可以大大提高《秘史》研究的厚度与纵深度，为我们了解蒙古帝国时期的民俗文化事象提供更加有信度的佐证资料。史书类文献分国外著作与国内著作二种，下面就此展开分别论述。

伊朗人阿老丁·阿塔蔑力克·志费尼（1226—1283年）所撰《世界征服者史》是一部时间上较早的蒙古史著作。该书由志费尼用波斯文写作而成，后由英国著名波斯学家约翰·安德鲁·波伊勒（John Andrew Boyle）教授在1958年出版了英文译注本《世界征服者史》。这大大方便了各国史学界对该著作的阅读和参考，由于《世界征服者史》在蒙古史研究方面的重要地位和波伊勒教授恰当、审慎的译注工作，该英译本在学界得到了广泛的认可和借鉴。在我国，1980年由内蒙古人民出版社出版了该书的汉译本，全书分上下册70余万字，附有10多幅插图。译者何高济所依据的母本正是波伊勒的英译本，我国蒙古史专家翁独健承担校对，并作序①。它的出版，不仅给我国读者和研究者提供了可贵的史学资料，更是丰富了我国浩如烟海的史学宝库，尤其是在少数民族史志研究方面增添了新的重要一笔。

《世界征服者史》成书于1252年至1260年间，内容起自成吉

----

① 参见［伊朗］志费尼《世界征服者史》（上下册），何高济译，内蒙古人民出版社1980年版。

思汗，止于旭烈兀平阿杀辛人的阿剌模忒堡。全书共三卷本，第一卷包括成吉思汗、窝阔台、贵由、察合台统治时期的历史；第二卷其实为中亚和波斯史，内容有花剌子模的兴亡与哈剌契丹诸汗史；第三卷从拖雷开始至蒙哥汗登基及其初期的历史，因为内容过于庞杂而并没有写完。[①]《世界征服者史》是了解当时蒙古历史的重要史料文献，是各国学者研究蒙古史的一部重要著作。原因是，当时的志费尼作为随从人员，跟随蒙古宗王阿尔浑前去朝贺蒙哥汗即位，他目睹了这一历史瞬间，因而这一段史实的记载比《元史》更加详尽而具体。

志费尼是历史学家，更是早期田野的实践者。他书写的历史事件大多来源于亲身经历或从身边蒙古人那里获得，没有证据显示曾引用过蒙古汗庭文献史料。该书史料价值最高的部分是书写成吉思汗及其后继者历史的第一卷第 1—41 章全部，第二卷的第 26—31 章波斯地区蒙古都督使，第三卷第 1—7 章，志费尼依据耳闻目睹的第一手材料书写了拖雷、蒙哥、旭烈兀史，因此在了解和透视 13 世纪蒙古帝国民众生活文化方面有着不可替代的作用。作为蒙古都督阿尔浑的秘书和随从官员，他曾三次前往蒙古。首次是 1247 年，志费尼与其父巴合丁随阿尔浑前往蒙古，当他们抵达答剌速，今哈萨克斯坦的江布尔时得到了蒙古大汗贵由的死讯，于是他们便在那里停留了一段时间后返回了呼罗珊。第二次是 1249 年，到达当时摄政的斡兀立海迷失皇后的行宫，返回途中在察合台领地和也速蒙哥的驻地停留了近两个月时间。第三次前往蒙古是在 1251 年 8 月或 9 月，这一次是参加选举蒙古新汗的大忽里勒台，当他们经过长途跋涉，历经隆冬寒流和大雪封冻抵达蒙古帝都哈喇和林，此时选举已经过去，蒙哥登基将近一年时间了，也就是次年的 5 月才到达蒙古宫廷。在这里逗留至 1253 年 8 月或 9 月才离开，正是在这近

---

① 参见［伊朗］志费尼《世界征服者史》上册，何高济译，内蒙古人民出版社 1980 年版，第 2—3 页。

一年半时间里，志费尼听从一些友人的劝说而编写出了《世界征服者史》①。当然前面已经讲过，第三卷部分是不全的，没有写完就启程回了西域。

志费尼是个有心人，算得上是个称职的田野调查者。他每到一处，抓住一切机会，利用休息的片刻去观察、访问、收集和记录，所以他的书中有许多活灵活现、绘声绘色的民俗故事性的史料，这一切是他在长期旅行中所采集到的。例如，他谈到蒙古人非常害怕闪电雷鸣，在蒙古人的札撒和法律中规定："春夏两季人们不可以白昼入水，或者在河流中洗手、或者用金银器皿汲水，也不得在原野上晒洗过的衣服。当雷电交加时，他们变得若鱼无声"②。每年，当他们中间有人遭到雷击时，他们便把他的部族和家室从诸族中赶走三年，在这期间他们不得进入诸王的斡儿朵③。这一记录在同时期旅行蒙古的人也可以佐证。欧洲传教士鲁布鲁克旅行蒙古（1253—1255年）时写道："他们从不洗衣服，因为他们说天神要因此发怒，若他们把衣服晒干，那会打雷的。他们甚至要打洗衣的人。他们特别害怕打雷，一打雷时，他们把生人从住处赶走，用黑毡把自己包起来，等到雷声过去"④。宋代出使蒙古的彭大雅、许霆也有类似的记载。彭大雅说："遭雷与火者，尽弃其资畜而逃，必期年而后返"。许霆则说："霆见鞑人每闻雷霆必掩耳，屈身至地，若弹避状"⑤。

另一则故事更加有趣。成吉思汗建立蒙古帝国之后，为了巩固帝国政权，建立诸子、诸兄弟和族人之间的和睦大厦，他曾不间断地教导他的诸子、诸兄弟要团结一致，共同面对敌对势力。有一天

---

① 参见［伊朗］志费尼《世界征服者史》上册，何高济译，内蒙古人民出版社1980年版，第17—18页。

② 同上书，第241页。

③ 同上。

④ 《鲁布鲁克东行纪》，柔克义译注，何高济译，中华书局1985年版，第218页。

⑤ （宋）彭大雅撰、徐霆疏证：《黑鞑事略》，王国维笺证，《内蒙古史志资料选编（第三辑）》1985年版，第39页。

他把几个儿子叫到身边，从箭筒里抽出一支箭，折为两段。接着，他抽出两支箭，也折为两段。他越加越多，最后箭多到连大力士都折不断了。以此为例，他教导儿子们要"相互帮助，彼此坚决支援，这样再强大的敌人也战胜不了你们"①。与此相似的故事情节在《蒙古秘史》第 19 节当中出现过，而故事的主人翁是成吉思汗神话般的女祖先阿阑豁阿。而更早的记载则出现在 5 世纪，与蒙古人有着同一族源关系的吐谷浑人之中。说吐谷浑人阿豺有 20 子，临死前叫他的儿子们每人拿来一支箭，令其中一子拿起一支箭折断，儿子轻易就折断了，但把剩余 19 支箭给他们折断，谁也不能折断。阿豺说："汝曹知否，单者易折，众者难摧，戮力一心，然后社稷可固"②。说明此类训诫故事在古代蒙古语族各部落当中流传甚广，成为长辈们用来教导年轻一代团结友爱的教育典范，由此我们可以推想，志费尼在蒙古地区一定是听到了传承在民众当中，以成吉思汗为新主人翁的折箭训子的故事，并把它记录在了他的著作之中。

波斯人拉施特主持编著的《史集》是一部研究蒙古历史的重要文献。作者拉施特·阿丁·法兹勒·阿剌赫（1247—1318 年）出身于波斯哈马丹城医生世家。他三十岁左右开始为统治波斯的蒙古伊尔汗国的第二代伊尔汗阿八哈汗（1265—1281 年在位）效劳，担任御医，到 1295 年第七代伊尔汗合赞汗（1295—1304 年在位）即位后，他多方面的才能受到赏识，被合赞汗委任为宰相。从此他一直担任历届伊尔汗国的宰相，直到 1317 年被罢黜为止。在伊尔汗国建立将近半个世纪时，第七代合赞汗下诏宰相拉施特编撰一部详细的蒙古史，以便世人记住成吉思汗以来的蒙古统治阶级历史。伊斯兰教历 700 年（1300—1301 年），拉施特开始编著他的史籍，但还没有编完这部史书之前合赞汗于 1304 年 5 月去世了。同年 7 月继承汗位的其弟完者都汗（1304 年 7 月—1316 年 12 月在位），

---

① ［伊朗］志费尼：《世界征服者史》上册，何高济译，内蒙古人民出版社 1980 年版，第 44—45 页。

② （宋）林季仲：《竹轩杂著》卷五。

在举行了即位庆典之后便询问此书编撰情况，他披览了已编写出的草稿和部分誊清稿后，下诏让拉施特将此书进行修改、继续编完①。这部蒙古史编写完成后进呈完者都汗，完者都汗披览全书，决定将此书定名为《合赞汗史》，以告慰其汗兄。接着他又命令拉施特编写以世界各民族史、尤其是信仰伊斯兰教的各民族史为内容的第二部书——《世界史》，以及以世界各地区地理情况为内容的第三部书——《世界地志》。包括这三部书的全书定名为《史集》，于伊斯兰教历 710 年（1310 年）编写完成，进呈完者都汗御览②，并得到完者都汗的赞赏。现存于世的《史集》只包括前两部，第三部《世界地志》已经遗失。

对于研究蒙古民族史和蒙古民俗文化的学者来讲，拉施特《史集》第一部蒙古史部分尤为可贵。内容包括《部族志》《成吉思汗先祖纪》《成吉思汗纪》等，在编写时，他广泛利用了当时已有的波斯、阿拉伯文著作，如 13 世纪波斯史学家志费尼的《世界征服者史》、11 世纪可失哈儿人马合木编写的《突厥语词典》、13 世纪时伊本·额昔儿写的《全史》，还利用了秘藏于伊尔汗宫廷中的《阿勒坛·帖卜迭儿（金册）》等宫廷史册。在上述史料基础上，他还直接请教于中国、印度、畏兀儿、钦察、蒙古等各民族学者，因此，其资料价值堪称绝无仅有。

《史集》除在研究蒙古史、元史等方面有着举足轻重的作用之外，更是在研究蒙古等中国古代北方民族民俗文化方面体现出了重要的价值。《史集》里包含了不少有关蒙古等古代北方游牧民族的狩猎、游牧、衣食住行、日常生活、风俗习惯、婚姻、财产继承、宗教信仰、口头文学、语言、医学等宝贵的信息。《史集》里还包含了有关蒙古诸部和其他游牧部落的生产情况、牧场的占有、氏族部落组织以及习惯法等内容，一个直接的例证是 20 世纪 30 年代

---

① 参见［波斯］拉施特《史集》第一卷第二分册，余大钧、周建奇译，商务印书馆 1983 年版，第 89 页。

② 同上书，第 90 页。

初，苏联学者乌拉基米索夫所写出的《蒙古社会制度》一书曾大量引用了《史集》上的资料。

瑞典东方学家多桑（1780—1855）的七卷本《蒙古史》，于1824—1852年陆续出版。该书一经出版，便得到史学界的广泛承认，认定为蒙古史的权威著作之一，被学界称为《多桑蒙古史》。该书史料丰富，采用大量阿拉伯语、波斯语历史著作资料，如：志费尼的《世界征服者史》、拉施特的《史集》《瓦撒夫书》，以蒙古民族在中亚、西亚以及欧洲的活动情况为重点内容，它的出现足可以弥补中国史籍在这方面内容上的缺失。该书前三卷主要叙述成吉思汗时代到元朝灭亡的史事，后四卷则专门叙述伊尔汗国史迹，附带钦察、察合台两个汗国史。据该书汉译者冯承钧讲："第二、第三两卷记成吉思汗以后之事，然多取材于中国史书的译文，所本的汉籍，以续通鉴纲目、元史类编两书为最多，偶亦采用元史。然而于元朝秘史、圣武亲征录等皆未引用，当然说不上黑鞑事略、蒙鞑备录同元人文集中的许多碑志行状家传了。"[①] 这里译者冯承钧较为清楚地说明了该书引用材料的特点，亦即第一卷、第四至第七卷多引用了波斯、阿拉伯文史料，而中间第二、第三卷则以汉文史料为主。

《多桑蒙古史》的原著为法文，该书最早由我国学者冯承钧译成中文，于1962年由中华书局出版发行。该书的出版是开创性的工作，学者们注意到，通过翻译西域史书加以研究蒙元史，可弥补中文史籍的不足之处。译者冯承钧在翻译此书过程中做了大量考证工作，重点是中外史籍中出现的人名的误读误传问题，通过这样的努力，大大提高了该书的参考价值。

《圣武亲征录》，作者佚名。是一部成吉思汗一生主要事迹，以及窝阔台汗执政时期蒙古历史的重要史籍文献。该书作于1262—1273年，1262年元世祖忽必烈曾下令王鹗等商议史事，王鹗等收

---

① ［瑞典］多桑：《多桑蒙古史》译序（一），冯承钧译，中华书局1962年版，第2页。

集访问了成吉思汗事迹，故而《四库全书总目提要》以及有些学者认为这部书可能是王鹗等所撰修。据清末民初国学家王国维，以及后来几代学者的详细考证，认为《圣武亲征录》与《元史·太祖本纪》所依据的《元太祖实录》有很大共同之处，可以断定《元太祖实录》出自《圣武亲征录》，当然有些增补和修订的内容。①另外，根据"Altan Debter"（《金册》）而撰修的拉施特《史集》中的《成吉思汗纪》的内容，除西征部分外，其他内容几乎与《圣武亲征录》相同，因而《圣武亲征录》有可能是《金册》的母本。现存版本中，王国维校注《说郛》本是最早的，质量较好。鉴于《圣武亲征录》如此重要的参考作用，那么在《秘史》的研究以及《史集》的引用和佐证中，不得不借鉴此书，以免酿成不必要的谬讹。

《元史》是一部真正意义上的官修正史。元顺帝二十八年（1368 年）朱元璋称帝，建立了明王朝，年号洪武。当年八月，明军攻克元大都，元顺帝妥欢帖睦尔仓皇退居大漠。是年冬季，朱元璋下令修编《元史》。他指示说："近克元都，得十三朝实录。元虽亡国，事当记载。况史纪成败，示劝惩，不可废也"②。第二年二月，在南京天界寺设置史局，命左丞相李善长、前起居注宋濂、漳州通判王祎为总裁，从全国各地招募"山林逸闲之士"16 人开始撰修《元史》。在中国历史上，如此快速度给前朝修史仅此一次。那么，朱元璋为什么如此急于修史呢？他的目的很简单，一来以元朝盛衰兴亡警示国人、汲取教训；二来以此说明明朝取代元朝是天命所归。因此，在当时还兵荒马乱，百废待兴的情况下，便匆忙开局修史。整部《元史》分前后两次完成。第一次在天界寺开局后，以元十三朝实录和《经世大典》等史籍为依据，"设局分科，限绝外内，将以日视其成"③。到同年八月，仅用 180 天时间，便完成了

① 参见王国维《观堂集林》，中华书局 1961 年版，第 796—799 页。
② 《明洪武实录》卷 39，"台湾中央研究院"历史语言研究所校印本 1962 年版。
③ 《寅斋后记》。

除元顺帝朝以外的本纪、志、表、列传共 159 卷。但因缺乏元顺帝朝之后的 36 年史事资料，修史工作不得不停顿下来。在派人到北平、山东等地收集了元顺帝一朝史料，待资料完备之后，明洪武三年（1370 年）二月，重开史局。这次开局，又经历了五个月的努力，编修完成顺帝一朝本纪十卷、志五卷、表二卷、列传三十六卷。这样，前后两次历时三百三十一天，完成 210 卷，总计 136.6 万余字的《元史》编撰工作宣告结束。这部 130 多万字的大部头史书，记述了上起元太祖成吉思汗建立蒙古大帝国（1206 年），下至元顺帝至正二十八年（1368 年），共计 162 年的史事。但因为该史书成书仓促，纂修者又不懂蒙古文，使用材料受到很大限制，所以书中存在很大缺陷。关于这一点中外史学界多有论及，本书不再赘述。

《元史》虽说有很多缺陷和错讹之处，但毕竟是一部记载元朝兴亡过程的纪传体断代史。《元史》的史料来源有四种，一是实录，二是《经世大典》，三是文集碑传，四是采访记录。它包括本纪 47 卷、志 58 卷、表 8 卷、列传 97 卷。其中本纪、表、列传等内容为研究蒙古帝国，直至元朝历代帝王和重要官臣的家谱、世袭情况提供有力的佐证材料。《元史·志》的部分更是为研究者提供蒙元时期的天文、五行、历法、地理、礼乐、祭祀、选举、食货等各种生活文化信息，可与《蒙古秘史》互为补证，为研究那一时期的民俗文化生活形成有力的证据链。

罗布桑丹津《黄金史》，原名为《概述古代诸汗源流及建立国家制度之著作黄金史纲》（汉译）。由于蒙古文献中还有几部同名著作，为了使它们区别开来，国内外蒙古学界将此书编纂者罗桑丹津名字的第一个字加在了书名前，称之为《罗·黄金史》。作者罗布桑丹津是一位十分博学的喇嘛，享有国师的衔号。除编纂有《黄金史》外，还著有《五台山志》一书，在此书后记里附有年谱，这就为计算《黄金史》的成书年代提供了间接的证据，从已获得的各种文献资料的研究来看，《罗·黄金史》成书年代在 1669—1675

年间。就其内容看，《黄金史》主要是一部成吉思汗统一蒙古、统一草原各部并登上汗位的历史，是一部成吉思汗及其子孙统治蒙古的历史。这部史书可分为两部分，前一部分为记载从蒙古先祖到成吉思汗逝世的历史，其时间跨度大体相当于《蒙古秘史》，后一部分分为从窝阔台、贵由到元朝的建立者忽必烈薛禅可汗至林丹汗时期的历史，后一部分的内容与佚名氏《黄金史纲》基本相同，而前一部分的内容大体与《蒙古秘史》相同。《罗·黄金史》继承了《蒙古秘史》的写作传统，散文韵文结合，叙事抒情杂糅，语言洗练畅达，比喻形象。

前面已经谈到，《罗·黄金史》前一部分内容多与《蒙古秘史》相同，即《蒙古秘史》282 节中的 234 节文字与其相吻合。脱落了秘史中成吉思汗征服客烈亦惕和乃蛮最精彩的纪事部分以及斡哥歹一代的史事。但是，该书补充了秘史所没有而留存于蒙古古文献中的一些零碎史料以及大量的民间传说、故事，因此具有珍贵的史料价值。如《征服三百个泰亦赤兀惕人的故事》《孤儿舌战成吉思汗九卿》《箭筒士阿尔嘎聪的传说》《对察阿歹处理失烈门之旨意》等，不仅进一步丰富了成吉思汗及其将领的英雄形象，同时也描绘了奴隶和士兵机智善辩的胆识和才气。其中神化成吉思汗的，如"获龙宫玉玺""化卖弓老人折服合撒儿、别勒古台""天赐仙酒""征服唐古特"一类故事传说，可能在民间广泛流传，充分反映了 16、17 世纪前后，蒙古族群众对成吉思汗的赞美和崇敬之情。该书记载的训谕"札儿里黑"、箴言"必力格"、格言、谚语、祝词、赞词极为丰富，这类作品多为成吉思汗对其子弟、勋臣名将的教谕，对属僚的赞颂和献策，尚有老臣对成吉思汗子弟的训言以及将相之间的欢宴辩论、口述故事等。这些大多来自民间的智慧结晶，反映了古代蒙古民族寻求封建秩序建立，确立时代精神，提倡内部团结，赞美果敢忠诚，鼓励坚忍不拔之优良品德和意志，强调保卫和巩固蒙古帝国的无比重要性，同时也反映了普通群众的伦理道德观念，因此具有很高的社会历史学、文化学、民俗学的研究价值。

二 游记类文献

游记类文献是研究《秘史》，乃至研究当时蒙古民众生活文化的重要资料，有着很高的释疑价值。游记类文献均为当时生活的真实写照，是作者亲力亲为事务的完整记录，可以将其视作"田野调查"资料。当时的蒙古帝国军力强盛，频频举兵侵略中原与西域各国。在此背景下，周边国家急需了解蒙古，了解他们的生产方式、生活习惯、军事装备与政治建构情况。游记类文献正是在这样的背景下，由周边国家派遣官吏、使臣、教士及商人，以达到全面了解蒙古，为今后对抗来自蒙古帝国的威胁做好准备为目的。游记类文献以中原宋朝使臣与西域意大利、法国教士、商人为主体，展现了蒙古社会文化的方方面面，为我们了解当时社会历史文化提供了宝贵的第一手资料。

南宋使臣赵珙的《蒙鞑备录》是记录古代蒙古的游记。1221年，赵珙受南宋边界当局派遣，出访成吉思汗派驻燕京的蒙古统帅木华黎驻地，同年写成了这部书。关于这一历史，国学家王国维有考证，他依据《齐东野语》（卷十九）嘉定宝玺条中的一段记载：贾涉为淮东制阃，尝遣都统司计议官赵珙往河北蒙古军前议事。久之，珙归，得其大将扑鹿花所献皇帝"恭膺天命"之宝玉玺一座，并元符三年宝样一册，及镇江府诸军副都统翟朝宗所献宝检一座，并缴进于朝。……是嘉定辛巳使蒙古军前者，有赵珙与此书撰述岁月及称名相同，则撰此书者当即其人①。王国维的考证打消了学界对作者的疑虑，因此有学者认为此书由南宋朝赵珙所撰写。

《蒙鞑备录》是保存至今关于蒙古的游记中最早的一部。全书共计 17 目，分立国、鞑主始起、国号年号、诸将功臣、太子诸王、

---

① 参见（宋）赵珙《蒙鞑备录》，王国维笺证，《内蒙古史志资料选编（第三辑）》1985年版，第 19 页。

任相、军政、马政、粮食、征伐、官制、军装器械、风俗、奉使、祭祀、妇女、燕聚舞乐，从多方面记载了蒙古军民的军事装备、政治组织、民生风俗，是一部研究蒙古帝国时期历史、文化、民风民俗的珍贵文献。《说郛》本收录《蒙鞑备录》属最早版本，1926 年刊行的王国维《蒙鞑备录笺证》是通行本子中比较好的一本。①

《黑鞑事略》由南宋使臣彭大雅撰写原稿，由徐霆作疏的一部关于蒙古的游记文献。南宋人为了区别漠南的白鞑靼，即当时的汪古部人，所以称漠北蒙古为黑鞑靼。彭大雅于 1232 年，徐霆于 1235—1236 年都曾跟随奉使到过蒙古。彭大雅是书状官，他先写下了一个关于蒙古见闻的书稿，随使归来的徐霆又将自己的见闻记录，与彭大雅书稿互相参照，将其合二为一后，以彭大雅稿为定本，徐霆作疏部分附在各有关事项之下，合成《黑鞑事略》一书。该书内容丰富，全书分"其主"与"其子"等 48 个条目。介绍了蒙古帝国成吉思汗家族的几代人物、地形地貌、气候条件、官宦重臣、五畜生产、居所、饮食、服饰、言语、文字、礼仪、占筮、信仰、税赋、贸易、贾贩、官称、国禁、律令、军器、军粮、行军、作战，以及被征服各国的名称，等等。该书以彭大雅、徐霆二位作者亲身经历和耳闻目睹事务为资料，加以史料考据，因此具备很高的史料价值，是研究 13 世纪上半叶蒙古历史、文化的重要资料。王国维曾指出："蒙古开创时，史料最少，此书所贡献，当不在《秘史》《亲征录》之下也"。②现存本中以王国维的 1925 年笺证本较好。

李志常的《长春真人西游记》，是一部记录长春真人丘处机远赴西域，拜见成吉思汗讲道经历的著作，全书分上下二卷。1219 年冬，长春真人丘处机受成吉思汗之邀，率领门徒尹志平、夏志诚、

① 参见（宋）赵珙《蒙鞑备录》，王国维笺证，《内蒙古史志资料选编（第三辑）》1985 年版。

② （宋）彭大雅撰、徐霆疏证：《黑鞑事略》，王国维笺证《内蒙古史志资料选编（第三辑）》1985 年版，第 57 页。

孙道安、张志远、杨志静、郑志修、李志常等 18 人于 1920 年正月启程，行程一万多里，1221 年抵达阿富汗兴都库什山北坡，在八鲁湾行宫拜见成吉思汗，前后曾三次受邀讲经授道。

上卷主要记录一路西行来到阿富汗兴都库什山首次拜见成吉思汗，之后回到中亚撒马尔罕城，等待再次觐见成吉思汗的经过。下卷记录长春真人讲经布道，以及返回故里的经过，此处记录有大量沿途居民民生风貌、生活习俗等内容。[①]

长春真人一行来回路线图如下：西行路线从山东登州出发，沿途经过燕京、居庸关、抚州、盖里泊（太仆寺旗）、鱼儿泺（达里诺尔），由此向西北行，到达克鲁伦河畔地区。再向西南行，经过镇海，越过阿尔泰山，再入准噶尔盆地，南下到达兴都库什山北坡。东归时，从撒马尔罕回到阿力马里（新疆霍城），向东经过昌八刺（新疆昌吉）、别失八里（新疆吉木萨尔），由此北上到达镇海城。从这里向东南下，经过丰州（呼和浩特）、云中（大同）、宣德（宣化），之后回到燕京。[②]

游记作者李志常跟随长春真人亲历了所有经过，历经四年左右时间才回到本土。1227 年，长春真人丘处机去世。之后李志常记录了本次不寻常的旅程，该游记成书于 1228 年。书中记录着沿途山川河流、风土人情，兼顾师父丘处机生平与讲经等内容，是研究 13 世纪初期北方蒙古、西域新疆以及中亚地区历史、地理、民风民情的重要资料。该书成书之后也没有多少人知道此书，1795 年（乾隆六十年），钱大昕从苏州《正统道藏》中抄出，加以表彰，才得到学术界重视。现在流行较广的是王国维 1926 年校注本。

张德辉《岭北纪行》，又称《张参议耀卿纪行》《塞北纪行》《边堠纪行》。张德辉（1195—1274 年）字耀卿，号颐斋，太原交

---

① 参见李志常《长春真人西游记》，党宝海译注，河北人民出版社 2001 年版，第 6 页。

② 同上。

城（今山西交城）人。金末为御史台掾。① 张德辉于 1247 年受邀，前往漠北忽必烈驻地和林城，宣讲儒家思想，推荐儒士。他从河北正定府出发，路经居庸关、野狐岭、榆林驿、沙陀、鱼儿泊、驴驹河（克鲁伦河）、黑山，再到和林城。这篇《岭北纪行》于 1248 年写成，是本次北上蒙古诸王驻地和林城的真实记录，也是汉文史籍里最早报告当时蒙古的政治中心和林城风貌和可汗帐幕情形的记录。张德辉将沿途经历与亲眼所见完整地记录下来，内容涉及蒙古大漠南北居民的风土人情、生产生活状况，以及地形地貌和山川河流，对于研究当时蒙古的地理环境和历史文化情况有着重要的参考价值。原稿载于《秋涧大全集》卷 100《玉堂嘉话》，初名为《纪行》，后李文田加了"塞北"二字，变成《塞北纪行》，而"岭北"则是姚从吾所加，即今天我们看到的《岭北纪行》名称。② 姚从吾有《张德辉岭北纪行足本校注》，收入他的全集第七册中。

明朝萧大亨所著《北虏风俗》，是一本记载蒙古社会风俗文化的著作。作者萧大亨（1532—1612 年），字夏卿，号岳峰，明代山东泰安人，嘉靖四十一年（1562 年）进士，任职于明朝北部边疆长达二十多年，作为一名明朝末年的戍边重臣，萧大亨还是一位颇具才气的官员，他对边关北侧的蒙古人风俗习惯很是关注。明朝建立后，对于如何防范北邻的劲敌蒙古，是明代历任皇帝最为关心的一件大事。萧大亨长期戍守北部边陲，深知"北虏世为外患"，因此提出研究和掌握"虏情"的重要性。所以他"不谷筹边之余，得虏情颇悉，爰取系俗记之"。③ 全书分匹配、生育、分家、治臣、治盗、听讼、葬埋、崇佛、待宾、尊师、藉猎、食用、帽衣、敬上、禁忌、牧养、习尚、教战、战阵、贡市 20 个篇目，不仅记载

---

① 参见姚从吾《姚从吾先生全集》第七册，正中书局 1982 年版。
② 同上。
③ （明）萧大亨：《北虏风俗》，王国维笺证，《内蒙古史志资料选编（第三辑）》1985 年版，第 135 页。

了明代蒙古人衣、食、住、行等生活方面的习俗，而且对其生产、战争、贡市等方面也有所描述。[①] 他详细描述了宁夏到宣化以北地区生活的蒙古部民风风俗，客观地反映了 16 世纪蒙古社会生活的真实情况。因此该书具备了较高的参考价值。该书最早见于明万历年间出版的《宝颜堂秘笈》丛书中，书名为《夷俗记》。清代的《续说郛》《四库全书总目》中也以《夷俗记》为书名刊行。到了 1936 年，北京文殿阁重新刊印本书，以《北虏风俗》为题。

《柏朗嘉宾蒙古行纪》，又名《柏朗嘉宾蒙古史》，由出生意大利的佩鲁贾人柏朗嘉宾著。他是方济各会的创建人和领导人之一，历任德国、西班牙、萨克森教区的大主教。13 世纪 20 年代到 40 年代，蒙古大军两次西征，震动了整个欧洲。面对如此险峻局面，罗马教皇英诺森四世召集宗教大会，商讨对策。他们决定先派出一名教士出访蒙古，了解情况。1245 年 4 月 16 日，普兰·迦儿宾率使团带着英诺森四世给蒙古大汗的信从里昂出发，经波兰、俄罗斯，到达第聂伯河上游忽鲁迷失（拔都侄）的营地。4 月 4 日到伏尔加河拔都营地，拜见了拔都，而后经库蛮尼牙地区（南俄罗斯草原）、康里地区、花剌子模地区（今哈萨克地区）、哈剌契丹（西辽）、乃蛮，于 7 月 22 日到了贵由的帐殿昔剌斡耳朵（依德尔河畔）。8 月，参加了贵由的即位大典，逗留近 4 个月，于 11 月 3 日动身返程，1247 年回到里昂，向教皇提交了这份旅行报告，原题为《被人们称为鞑靼的蒙古人的历史》。全书共九章，详细地记述了作者所看到和听到的蒙古人的一切，生动详尽地描绘了蒙古人的政治、经济、社会制度、风俗习惯、宗教信仰、军事组织与武器装备等，还记录了蒙古、塔塔尔、蔑儿乞惕、乃蛮等游牧部落的若干早期传说，是研究蒙古帝国社会历史文化的宝贵资料。该书根据法国贝凯和韩百诗 1965 年最新法文本，由耿昇译出。[②]

---

① 参见（明）萧大亨《北虏风俗》，王国维笺证，《内蒙古史志资料选编（第三辑）》1985 年版，第 136—153 页。

② 参见《柏朗嘉宾蒙古行纪、鲁布鲁克东行纪》，耿昇、何高济译，中华书局 1985 年版。

《鲁布鲁克东行纪》，鲁布鲁克的威廉著。他出生于法国佛兰德斯鲁布鲁克村，因而得名。鲁布鲁克（约 1215—1270 年），法国圣方济各会士，路易九世的亲信。1248—1250 年，曾跟随路易九世参加第七次十字军东征。1253 年 5 月 7 日，受路易九世派遣前往蒙古，由巴勒斯坦的阿克拉城（地中海东岸）出发，渡黑海，经君士坦丁堡、克里米亚，到达伏尔加河下游。先到拔都之子撒儿塔的营帐，又到伏尔加河畔拔都营帐谒见拔都汗，大致沿着柏朗嘉宾的路线，到了蒙哥汗所在的哈拉和林，逗留了 5 个月之久，于 1254 年 7 月启程回国，1255 年 6 月年回到塞浦路斯的尼科西亚。一年后，在阿克拉完成了这部游记，以报告的形式呈报法国国王。鲁布鲁克与柏朗嘉宾的旅行路线不尽相同，见闻亦有区别。全书分 38 章，以细致的笔触描写了蒙古人的生活、风俗，尤其是关于和林城的面貌、蒙古境内的各种宗教活动，以及畏兀儿等民族状况的记载，细致入微，真实可靠。该书根据柔克义的《鲁布鲁克的威廉行纪》英译和注释本，由何高济译出。①

《马可·波罗行纪》，意大利人马可·波罗著。马可·波罗，意大利威尼斯人，父名尼柯罗·波罗。尼柯罗与弟马菲奥赴东方经商，1265 年到达上都。元帝忽必烈接见了他们，并委任他们为使，出使罗马教廷。1271 年夏，尼柯罗兄弟东赴元廷复命，马可·波罗随行，时年 17 岁。他们取道伊尔汗国，经阿塞拜疆大不里士至波斯湾港口忽里模子，沿着古代丝绸之路，越过巴达哈伤高原和帕米尔高原，进入元朝所辖可失哈尔，由天山南道东行，经和田、沙州、肃州、甘州、凉州、宁夏、天德军，1275 年到达上都。从此，马可·波罗留居元朝，达 17 年之久。

马可·波罗聪明，谦虚谨慎，很快地学会了蒙古语和骑射，受到忽必烈的喜爱，遂在元朝任职。他多次出使各地，游历了中国许多地方。至元二十八年（1291 年）初，他奉命送元朝公主阔阔真

---

① 参见《柏朗嘉宾蒙古行纪、鲁布鲁克东行纪》，耿昇、何高济译，中华书局 1985 年版。

到伊尔汗国，由泉州起程西还，1293 年到达伊尔汗国，而后动身回国，1295 年回到威尼斯。1296 年，马可·波罗在威尼斯与热那亚的海战中被俘，在狱中讲述了他游历东方的见闻，引起了热那亚人的兴趣，受到优待。同狱的小说家皮撒城人鲁思梯谦代笔记录下了马可·波罗口述故事，写成这部行纪，该书完成于 1298 年。

《马可·波罗行纪》一直是欧洲人了解亚洲和中国的主要依据之一，影响很大。自 19 世纪以来，历经各国学者对此行纪的广泛深入研究，认为该书在了解亚洲，了解元朝政治、经济、地理、风俗、物产、宗教和文化等方面，提供了有价值的资料。《马可·波罗行纪》中对元代的大都与上都，以及中原地区数十个城市的情况作了记述，对元朝的重大政治事件如海都、乃颜之乱，阿合马被杀等，典章制度如两都制、宫廷宴飨，以及各地自然社会面貌都有描述①，虽不无夸大失实之处，但大都言之有据。

《马可·波罗行纪》以中古时期最为流行的法兰西语写成，后经不断传抄，被译成各种方言和其他欧洲语言。原稿早已不见，现存抄本达 140 多种，其中以西班牙托莱多教会图书馆所存拉丁文抄本最为完整，法国巴黎国立图书馆所存抄本，文字最为接近原稿。迄今为止，该书已有各种文字的刊本 120 多种之多。由摩勒和伯希和校订的英译本，于 1938 年出版，该版本被认为是最好的本子。在中国也有几种汉译本，而以冯承钧译本（1935 年）最早，也最为通行。

三 札记和志书类文献

记录相关蒙古人以及蒙元文化的札记、志书类文献不多见，数量极其有限。元代文人所著且流传至今的有《南村辍耕录》《析津志辑佚》《饮膳正要》等为数不多的几部文献，但此类文献并没失去它应有的参考价值。它们在研究元代政治文化制度、元大都风土

---

① 参见［意］马可·波罗《马可·波罗行纪》，冯承钧译，内蒙古人民出版社 2008 年版。

人情、元宫廷饮膳文化等方面有着不可取代的作用。

元末明初陶宗仪所著《南村辍耕录》。陶宗仪出生于 1316 年，卒年不详。字九成，号南村，浙江黄岩人，后居住在松江。他自幼刻苦学习，博览古今文献史籍，因而学识渊博。元代末期兵乱不断，为了躲避战乱后居住在松江华亭，这一期间他写下了该札记。到了元至正末年，由其门徒加以整理，将其中精粹 580 余条，分类汇编成书，共计 30 卷。该书的学术价值和史料价值都很高，因作者对元代典章制度、掌故十分熟悉，尤其对元末东南地区农民起义状况，多为耳闻目睹，因而所记较真实。该书为当代人记当代事，记载较为真实。对蒙古的宗室世系、元代的蒙古色目氏族、制度、礼仪、官阀、风俗、文化及重大历史事件、重要历史人物多有记载，对元末的黑暗统治进行了揭露和批判，尤其对元末东南农民起义状况记述颇为详细。① 他在札记中所记录的诗文、小说、戏曲、书画以至于医学，都有严谨的考证和独到的见解。有元刻本、明刻本多种。今通行本为 1959 年中华书局本，是依据 1923 年武进陶氏影元刻本为底本，断句重印。

《析津志辑佚》。析津志是一部最早的北京地方志专书。著者熊梦祥，字自得，号松云道人，元末江西丰城人。书中对元大都和金中都的城垣街市、朝堂公宇、河闸桥梁、名胜古迹、人物名宦，山川风物、物产矿藏、岁时风尚、百官学校以及属县等，均有翔实的记载。是研究北京及北京地区历史、地理的宝贵资料，但原书早已亡佚。该书是国家图书馆善本组对旧存《析津志》辑稿进行整理，并重新从现存的《永乐大典》原本、加之北京大学和国家图书馆藏《顺天府志》辑稿残卷以及其他有关书籍中，通过直接采录或转录，把散存的《析津志》资料汇集起来加以分类编次标点而成，由北京古籍出版社 1983 年出版。全书 10 余万字，类编为：城池街市，朝堂公宇、台谏叙，工局仓廪、额办钱粮，太庙、祠庙仪祭、寺观，

---

① 参见（元）陶宗仪《南村辍耕录》，中华书局 1959 年版。

河闸桥梁、古迹、大都东西馆马步站、人物，名宦、学校、风俗、岁纪、物产、属县十八目，为元大都史以及大都风俗文化的研究提供了宝贵的资料。

《饮膳正要》。① 成书于1330年的《饮膳正要》，是我国古代最早的一部饮食文化与营养学方面的著作。该书由元朝蒙古族医学家、营养学家忽思慧，在担任元仁宗帝宫廷饮膳太医期间，积累丰富的饮食保健知识、烹饪技艺和卫生营养等方面经验基础上撰写而成，该书在我国蒙古、汉民族饮食医药史上也占有重要地位。

忽思慧又作和斯辉，由于《元史》没有为他立传，所以生卒年月与医事活动不详。仅依据其所著《饮膳正要》的序言与进书表，略知他在元仁宗延祐年间（1314—1320年）曾被选为宫廷的饮膳太医。大约在元英宗至元文宗时期（1321—1331年）也曾继续担任过此职。忽思慧兼通蒙医和汉医学，在从事饮膳太医的十多年任职期间，积累了丰富的烹饪技艺、营养卫生与饮食保健等方面的经验。经过多年奋力笔耕，终于撰写成这部对后世影响很大的营养学专著。《饮膳正要》于元文宗天历三年（1330年）初刻问世，迄今已经680年了，《元史·艺文志》《医藏书目》《万卷楼书目》《百川书志》和《四库全书总目》等对这本书均有记载。且明、清两代多次翻刻。②

《饮膳正要》的刊行，标志着蒙古族传统饮食文化与中原汉民族，西部回回、吐蕃、党项等多民族饮食文化的交融汇合。要想研究今天的蒙古人饮食文化，则离不开历史纵向的考察，而《饮膳正要》是在元代用文字形式记录的蒙古族饮食文化宝贵文献③，具备较高的历史学、文化学、民俗学方面的参考价值。

---

① 参见（元）忽思慧《饮膳正要》，刘玉树点校，人民卫生出版社1986年版。
② 参见双金《元代宫廷饮食文化探秘》，《西北民族研究》2011年第1期，第203页。
③ 同上。

第二章

《蒙古秘史》中的民间口头叙事传统

　　蒙古族民间口头叙事有着古老的传统，它是蒙古民众智慧的结晶，也是认识蒙古古代文化的源泉之一。蒙古族有着丰富的民间口头叙事遗产，它们由蒙古民众千百年来代代传承，为今天的人们留下了完整的民间口头叙事作品和种类。迄今为止，蒙古人依然保持着原生态的史诗演唱传统，足以说明上述观点。

　　如果说作家文学是文字时代的产物，那么作为语言艺术的民间口头叙事，则于人类语言形成初期便已出现，并在那遥远的氏族部落时代作为民众智慧的一种表现形式，承担起了社会功能和生产生活功效。伴随着民间口头叙事的发展，其承担的社会功能逐步扩展，其内容和形式种类也在不断丰富。人类社会进入 13 世纪，当蒙古人创造出属于自己的文字，进入有文字社会之后，便写下了《秘史》这样一部堪称历史文化经典的著作。这不是历史的偶然现象，它是必然性现象，因为《秘史》有着肥沃的民间口头叙事土壤。

　　《秘史》在表现手法上，采用了多个民间口头叙事种类，包括民间神话、传说、故事以及诗歌、散文等，表现形式变化多端，丰富多彩。本书根据《秘史》中所使用的民间口头叙事表达方式，将研究视角定格在叙事类型分析、传说故事内涵分析和诗词表达场域分析三个方面。

第一节 民间口头叙事类型

在《秘史》中常见的叙事类型有感光受孕型、握血出生型、折箭训子型和英雄结义型四种。对照中国古代北方民族口头叙事作品，如祖先神话、英雄史诗、历史传说等，不难发现它们有着许多相似之处，说明中国古代北方多个民族处在同一文化区，是文化交融与传承的产物。前述四种民间口头叙事类型，无法套用民间文学体裁学分类模式，因为得不到体裁共性，每一个类型均为同一母题在不同民族不同时期的变体。因而有时它是神话，有时它可以是传说或史诗。

一 感光受孕型

中古时代各民族祖先神话中，普遍存在一种感生神话现象。感生神话的种类有几个，一种为感巨人迹而生，这种类型的神话有伏羲、后稷的故事。《诗纬·含神雾》中记载："大迹出雷泽，华胥履之，生宓牺"这里的宓牺即为伏羲；周始祖后稷也是感巨人迹而生，《诗经·大雅·生民》："厥初生民，时维姜嫄。生民如何？克禋克祀，以弗无子。履帝武敏歆，攸介攸止，载震载夙，载生载育，时维后稷。"《史记·周本纪》的记载是："姜原践巨人迹而生弃"，弃也就是后稷。巨人迹也就是神迹，或者是神灵的足迹。这里一般是某某女人接触了神迹，由此而生本族的始祖、头人、领袖人物，等等。

还有一种，《史记·补三皇本纪》中，记载了炎帝生于感神龙，如"女登感神龙而生炎帝"。《春秋纬·元命苞》说："少典妃女登游于华阳，有神龙首，感之于常羊，生神农。人面龙颜，好耕，是谓神农。"这里的神农即炎帝。《诗纬·含神雾》记载："庆都与赤龙合昏，生赤帝伊祁尧也。"这是讲述尧的降生与感生赤龙有关。感生神龙与赤龙应该是一个类型的神话故事，都与"龙"相联系，龙被视为古代汉民族的图腾物。

另一种感生神话是感动物的故事，如殷始祖契的出生，《史记·殷本纪》卷三中记载："殷契，母曰简狄，有娀氏之女，为帝喾次妃。三人行浴，见玄鸟堕其卵，简狄取吞之，因孕，生契。"《史记·秦本纪》记载了大业的出生："秦之先，帝颛顼之苗裔孙曰女修。玄鸟陨卵，女修吞之，生子大业。"殷秦始祖均与玄鸟有关，玄鸟即燕子①。

从上述文献记载中不难发现，感生神话的感生物可分为三个类型，即无生物、神物、有生物，等等。类型一词在文学作品中指具有某些共同或类似特征的人物形象。美国学者汤普森对此有深刻的研究，他认为想要对民间叙事作品作系统的分类，须将类型和母题区别开来，因为一个完整的故事类型很可能由一系列顺序和组合相对固定的母题来构成②。以上三组感生神话，分属三个类型，但他们属于一个神话母题。内容均为中原汉民族各个时期的始祖神话，从伏羲到炎帝、殷秦之主，都将自己本族、部落、国之创始人与神圣的巨人迹、神龙、玄鸟联系起来，表现出了浓厚的万物有灵论的思维模式，并对图腾崇拜和祖先崇拜给予了全面的阐释，为我们了解先民的思想和生活情形提供了很好的线索。

《秘史》第 21 节中亦记载了感生神话一则。它的译文是这样的：

> 每夜有黄白色的人，借着天窗和门额上露天地方的光，进来抚摸我的肚皮，光明渗透了我的腹中，出去的时候，借着日月的光，如同黄狗一般，摇摇摆摆着出去。③

---

① 此处所介绍三种类型的感生神话请参阅袁珂《中国神话史》，上海文艺出版社 1988 年版，第 93—96 页。

② 参见［美］斯蒂·汤普森《世界民间故事分类学》，上海文艺出版社 1991 年版，第 498 页。

③ 札奇斯钦：《〈蒙古秘史〉新译并注释》第 21 节，联经出版事业公司 1979 年版，第 19 页。

这是阿兰·豁阿母亲在其丈夫朵奔·篾儿干死后却生育三个孩子而解释说的话。这三个儿子分别是不忽·合塔吉、不合秃·撒勒只、孛端察儿·蒙合黑。其丈夫朵奔·篾儿干在世生育两个儿子，即别勒古讷台和不古讷台。关于这一则神话，后来的《元史·本纪第一 太祖》也有相似的记载：

> 太祖其十世祖孛端察儿，母曰阿兰果火器，嫁脱奔咩哩犍，生二子，长曰博寒葛答黑，次曰博合睹撒里直。既而夫亡，寡居。夜寝帐中，梦白光天窗中入，化为金色神人，来趋卧榻。阿兰惊觉，遂有娠，产一子，即孛端察儿也。①

这里的《元史》记载与《蒙古秘史》发生了两处不同，一是阿兰·豁阿母亲丈夫去世之后只生孛端察儿，跟《秘史》的记载有出入；二是不忽·合塔吉、不合秃·撒勒只两个孩子变成朵奔·篾儿干在世时的孩子，而少了别勒古讷台、不古讷台二子。波斯人拉施特的《史集》也同样记录了该神话，与《秘史》没什么大的出入，表明二者的资料来源一致。而《元史》就不同了。

《秘史》中的这一则感生神话早已被学界所熟悉，研究者将它称为"感光受孕"型神话，属于感生神话母题的一个变体，分类应属感无生物类。感生神话有它生存的土壤，即人类社会尚处在氏族、部落社会时期，这一时期人类由母系社会已经进入父系社会，但依然可以看到母系社会制度的遗迹。也就是说，氏族、部落社会的首领或创建者是男性，但追溯其先民的时候，发现只知其母，而不知其父亲是何人，这是比较典型的母权制痕迹。从人类文化的角度看待，它反映了中古时期人们的图腾文化和祖先崇拜意识，反映了那一时期人们的意识形态和认知世界的视角。苏联学者乌拉基米

---

① （明）宋濂等：《元史》卷一本纪第一，中华书局 1976 年版，第 1 页。

索夫对此也有研究，他认为古代蒙古氏族是父系族长制，但同时还表现出母权制的残留现象。[①] 他继而借用《史集》里的一句话，在叙述成吉思汗族源的时候，拉施特曾说："万人的始祖是阿兰·豁阿"[②]，事实上拉施特在追溯成吉思汗的祖先时的确从阿兰·豁阿起始的。说明成吉思汗的前十一世祖先为一名女性，丈夫去世之后感光而孕，生育了三个孩子，其中一名日后成为蒙古黄金家族的祖先。

感光受孕型神话在古代中国北方民族中较为常见。契丹国创建者耶律阿保机的出生属于此类型。《辽史·太祖本纪》记载了他的出生情况：

> 德祖皇帝长子，母曰宣简皇后萧氏。唐咸通十三年生。初，母梦日坠怀中，有娠。及生，室有神光异香，体如三岁儿，即能匍匐。[③]

日光照进母腹中，继而生子，代表着天神的意愿。由此，这位新朝的创建者通常被人们称为天神之子，皇帝被说成是天神在人间的化身，所以耶律阿保机取号为天帝。阿保机出生时满屋异香，刚一出生体积如三岁孩子般大，且能匍匐，这是英雄奇异诞生母题常见的情节要素。预示着这个男孩未来将有一个非凡的一生，会作出超乎常人的伟大事业。

畏兀儿人亦有感光受孕而孕育其君主的族源神话。据《元史》列传第九，巴尔术阿而忒的斤亦都护条记载：

---

① 参见［苏］乌拉基米索夫《蒙古社会制度史》，瑞永译，《亚洲民族考古丛刊第六辑》，第51页。

② ［波斯］拉施特：《史集》第一卷第二分册，余大钧、周建奇译，商务印书馆1983年版，第80页。

③ （元）脱脱等：《辽史》卷一本纪第一，中华书局1974年版。

亦都护者，高昌国主号也。先世居畏兀儿之地，有和林山，二水出焉，曰秃忽剌，曰薛灵哥。一夕，有神光降于树，在两河之间，人即其所而候之，树乃生瘿，若怀妊状，自是光常见。越九月又十日，而树瘿裂，得婴儿者五，土人收养之。其最稚者曰不古可罕。既壮，遂能有其民人土田，而为之君长。①

畏兀儿人的这则族源神话中包含着诸多的民族学意义上的信息，包括他们的原住地是被称为畏兀儿的地方，那里有和林山（和林即是后来的窝阔台汗建都之地哈剌和林）。两条河流流经此地，秃忽剌（今土拉河）、薛灵哥（今色楞格河），今土拉河流入鄂尔浑河，鄂尔浑河又流进色楞格河，鄂尔浑河在两条河流之间，由此可以断定畏兀儿人原在哈剌和林西北处，鄂尔浑河的流域繁衍生息。后来，神光降临于两河流域之间的一棵树，树生瘿，瘿裂而得五子，其中最小的不古可罕成为散乱居住在蒙古高原的全体畏兀儿人的君主。畏兀儿人在 9 世纪之后被逐渐西进入主中亚的契丹人逐出，随后西迁至如今的新疆、甘肃等地。

另一则神话，讲述的是朝鲜族先祖朱蒙如何诞生的故事，一般将其称为《朱蒙神话》。据该神话记载：

高句丽者，出于夫余，自言先祖朱蒙。朱蒙母，河伯女，为夫余王闭于室中，为日所照，引身避之，日影又逐，既而有孕，乃生一卵，大如五升，夫余王弃之于犬，犬不食。弃之于豕，豕又不食，弃之于路，牛马避之，后弃之于野，众鸟以毛茹之。夫余王剖割之，不能破，遂还其母，其母以物裹之，置于暖处，有一男破壳而出，及其长也，字之曰朱蒙，其俗言朱

---

① （明）宋濂等：《元史》列传第九，中华书局 1976 年版。

蒙善射也。①

　　高句丽为扶余人所建，而扶余人是现代朝鲜族的主要来源。高句丽王朝（前37—668年）是在中国的东北地区和朝鲜半岛地区曾经存在过的一个民族政权。高句丽的祖先朱蒙的诞生，与前面畏兀儿祖先的诞生又有少许差异。畏兀儿祖先的诞生是日照树木而来，而扶余人的祖先则是日光而孕，生出一个大如五升的卵子，后其母将这个大卵用身体孵化而得朱蒙。

　　以上列举了蒙古人、契丹人、畏兀儿人、扶余人的开国元勋或民族的祖先，他们的出生均不同于凡人，是受了日照抑或光照而怀孕，这显然是不可想象的事情。就像麦克斯·缪勒所说的："大多数古代神话，无论就其自身内在的、还是其文字的意义而言，都是荒谬可笑的、非理性的，而且经常是和思维、宗教、道德的原则背道而驰的。②"几个在地缘和人文历史上都有过密切接触的民族，保留着相似的神话传统，今天我们不去追溯它孰先孰后的问题，应该说这就是民族间文化的交流、融合、传承。就因为是在北方民族中普遍存续着感光受孕神话传统，所以他们将自己的可汗、先祖、帝王等历史伟人，进行神圣化的装扮，将他们的身世与太阳光联系在一起，隐喻着这些人物身上所承启的天命论，即"君权神授"的朴素观念。

　　《秘史》记录的是伟大的草原帝王成吉思汗，追溯其先祖至十一世阿兰·豁阿，而阿兰·豁阿感光受孕而生的幼子是孛端察儿，他正是成吉思汗的前十世男性先祖。当成吉思汗创造举世瞩目的辉煌历史的时候，他的后人在口头创造属于他的神话，这便是民间的口头传承。

---

① （北齐）魏收：《魏书》卷八十八列传良吏第七十六，中华书局1974年版。

② ［德］麦克斯·缪勒：《比较神话学》，上海文艺出版社1989年版，第11页。

二 握血出生型

英雄人物的神奇诞生是比较常见的口承叙事母题之一，其中就有手握血块出生这一类型。当成吉思汗统一蒙古高原的毡帐部落，建立蒙古帝国的时候，他的后人自然就将他的降生神奇化。当成吉思汗出生时，他的父亲也速该·把阿秃儿刚刚从战场上凯旋，捕获了死敌塔塔尔人的首领帖木真·兀格，出生时的他右手握着一个碑石般大小的血块，这一过程被记录在了《秘史》中。《秘史》第59节描述了关于成吉思汗诞生时的情况：

> 在那里也速该·把阿秃儿掳获了塔塔尔部的帖木真·兀格、豁里·不花等人回来，诃额仑夫人正怀着孕住在斡难河的迭里温－孛勒答黑，就在那时候生了成吉思可汗。出生的时候在他右手里握着碑石般的一个血块。因为是擒来帖木真·兀格之时生的，就起名叫帖木真。①

我们再看看另外两部史书《圣武亲征录》和《史集》是怎么描述成吉思汗奇异降生的。《圣武亲征录》开篇便讲述成吉思汗的降生：

> 烈祖神元皇帝，讳也速该。初征塔塔儿部，获其部长帖木真斡怯、忽鲁不花辈，还驻军跌里温盘陀山。时我太祖圣武皇帝始生，右手握凝血。长而神异，以获帖木真，故命为上名。②

这里的描述简洁明了，基本情节、史事与秘史相同。但有一点，这里成吉思汗的称呼是"太祖圣武皇帝"，而不是《秘史》所

---

① 札奇斯钦：《〈蒙古秘史〉新译并注释》第59节，联经出版事业公司1979年版，第55—56页。

② （元）《圣武亲征录》，王国维校注，贾敬颜序，中国书店1980年版，第2—3页。

称的"成吉思可汗",表明《圣武亲征录》的书写时间稍晚于秘史,当属元朝时期。波斯史家拉施特的描述是这样的:

> 在相当于伊斯兰教历549年的成吉思汗降生之年、上述猪年(1155年),也速该·把阿秃儿出征塔塔尔人。他的妻子月伦—额客正怀着成吉思汗。塔塔尔人的君主为铁木真—斡怯和忽鲁—不花。也速该·把阿秃儿与他们作战,击溃并征服了(他们)。他得胜归来,将他们的帐庐、马群与畜群洗劫一空。(接着),他屯驻在迭里温—孛勒答黑地方。过了些时候,那一年成吉思汗在幸福的预兆下降生了。他的右手掌心里握着一小块干肝似的凝血。他的额上有着征服世界、掌握世界的明显标志,他的面容透露出幸运与威武的光辉。也速该·把阿秃儿那时战胜了塔塔尔人并制服了他们的君主铁木真—斡怯;他战胜了敌人,认为这是个吉兆,便用上述塔塔尔的人君主的名字,给自己的帝王儿子取名为铁木真。①

本段文字与前面两部史书的记载在内容上没什么大出入,但明显让读者感受到是在记录口述史。是有人在讲成吉思汗奇异降生的故事,而作者在认真记录的样子。这个故事的讲述人时不时还增加点现场内容,以此博得他人对此故事的兴趣度。讲述者的描述很生活化,比如在讲成吉思汗出生时右手里握着的血块时,他的描述是"干肝似的凝血",这符合游牧民族的生活习惯和语言风格。将动物的肝脏切成小块,将它晒干,就变成颜色黑黑的一小块干肝,这在牧区日常生活中比较常见。继而故事的讲述者用溢满赞美的词语,来形容这个未来统治半个世界的君主,出生时如何带着他明显的标志、散发着威武的光辉来到了属于他的世界。

---

① [波斯]拉施特:《史集》第一卷第二分册,余大钧、周建奇译,商务印书馆1983年版,第96页。

　　《秘史》还有一次提到成吉思汗手握凝血出生的事情。这在《秘史》第 78 节里，当帖木真和合撒儿两个人合伙射杀胞兄别克帖儿回到家门，他们的母亲诃额仑夫人从他们二人的神色里明白了发生的事情，言辞训斥了他们二人的残忍行径。指责主要针对帖木真，用了一系列的排比句，比喻少年时期帖木真的猛禽野兽般的性格。在此诃额仑母亲提到："祸害！从我热怀里突然冲出来的时候，你就生来手里握着一个黑血块！"这里的描述就与之前的拉施特《史集》里的描述语气截然不同，在这里成吉思汗手里握着的"血块"，预示着未来的帖木真将大开杀戒，度过他血雨腥风的一生。在他的征服路上不得有任何障碍，包括他的亲兄弟也不例外，谁人阻挡他，他将一律斩除。

　　英雄神奇诞生母题里的手握血块出生类型，在蒙古族和其他突厥语系民族英雄史诗和传说中均可以见到。柯尔克孜族英雄史诗《玛纳斯》是中国三大民族史诗之一，这部史诗的主人公玛纳斯的降生亦是手握血团而生。其出生经历很奇特，当英雄的母亲艰难地生下孩子时，竟然发现是个青色的皮囊，正当众人思绪纷乱时，英雄的伯父用一只金耳环划开皮囊，取出一个白胖的婴儿，一只手紧握着鲜血，一只手紧攥着油，打开孩子的右手掌时，手心上呈现"玛纳斯"的字迹。孩子的重量需要巴克多吾莱特使尽全力才能抱起，而当婴儿张开口哇哇哭叫时，洪亮的哭声震得地动山摇，野兽都吓得逃出了草原，各种飞禽也仓皇飞掉。[1] 在这里，玛纳斯一手握血，一手握油而生。国内玛纳斯研究学者郎樱认为，手握血块降生，象征着出生的婴儿将成为一名英勇善战、英勇无敌的英雄，同时也预示着英雄的一生将与众多的敌人拼杀，血染沙场。她还认为，油是富足的象征，英雄手握油降世，预示着刚刚诞生于世的英雄将使饱受战乱之苦的人民过上安定、富足的生活。[2]

---

　　① 参见马莉《柯尔克孜族英雄史诗〈玛纳斯〉母题探析》，《伊犁师范学院学报》2007 年第 1 期，第 54 页。

　　② 参见郎樱《中国少数民族英雄史诗〈玛纳斯〉》，浙江教育出版社 1990 年版，第 47 页。

相似的情节在蒙古族英雄史诗，乃至在真实的历史典籍当中亦能看到。英雄史诗《英雄锡林嘎拉珠》中的锡林嘎拉珠的奇异降生与历史人物阿巴岱汗的降生有关，陈岗龙对此有较深入的探讨。蒙古史籍《阿萨拉克齐史》中描述了阿巴岱汗的神奇诞生经历："当扎赉尔的洪台吉三子威征诺彦在色楞格河畔驻牧的时候，木虎年照日格图夫人生一婴儿，手指中握有一团黑血，取名阿巴岱。"喀尔喀蒙古的阿巴岱汗（1534—1586 年）属真实的历史人物，他早年曾多次参加征战，具有史诗英雄一般的传奇经历，而英雄锡林嘎拉珠的降生则稍显不同，对他神奇诞生经历的描述是这样的：生来手持钢剑/手握疯狂敌人的心脏/生来脚着铁靴/手握凶恶敌人的心脏。陈岗龙系统总结了国内外学者对英雄史诗《英雄锡林嘎拉珠》的研究成果，并与喀尔喀蒙古部传奇式的英雄人物阿巴岱汗的诞生做了对比后认为，史诗英雄人物锡林嘎拉珠的诞生确实与阿巴岱汗的手握血块诞生有关联性，不过很可能也附加了后来的佛教文化色彩。[①]另外，新疆厄鲁特蒙古英雄传奇《阿尔图江莫日根》中的英雄人物阿尔图江莫日根出生时，也是一手握着血块，一手握着油。[②] 这个情节与史诗中的玛纳斯诞生非常相像，所表达的民俗文化意义也相同。在此我们看到，不论是史诗英雄人物还是真实的历史人物，他们的出生均带着神奇诞生色彩，这不是历史和文学的巧合，也不是民族间的偶然相像，而是说明了手握血团出生这一母题类型在北方民族口头传统中的真实存在，以及这一神奇诞生所象征的民族集体的文化想象力。

若对这一母题类型的神话传说进行再次溯源，将可以追溯至古印度神话中去。记录佛教创始者释迦牟尼言行的《杂阿含经》里，记载了一则英雄神奇异诞生神话：

---

① 参见陈岗龙、乌日古木勒《蒙古民间文学》，宁夏人民出版社 2008 年版，第 133—138 页。

② 参见郎樱《中国少数民族英雄史诗〈玛纳斯〉》，浙江教育出版社 1990 年版，第 47 页。

时，拘睒弥国有王，名摩因陀罗西那。其王生子，手似血涂，身似甲胄，有大勇力。其生之日，五百大臣，生五百子，皆类王子，血手胄身。时，拘睒弥国，一日雨血。拘睒弥国王见此恶相，即大恐怖，请问相师。相师白王：王今生子，当王阎浮提，多杀害人。生子七日，字曰难当，年渐长大。时，四恶王从四方来杀人民。摩因陀罗西那王闻则恐怖。时，有天神告言：大王且立难当为王，足能降服彼四恶王。①

之后，国王听从了天神的旨意，将王位让给了儿子难当。难当率领与他同日生的 500 臣子，与四恶王进行了殊死战斗，最后王子战胜恶魔，使人民过上了幸福生活。王子出生时"手似血涂"，与其同日有 500 大臣生 500 子，皆"血手胄身"。当国王见此恶相感觉恐怖的时候，他的相师解释说"王今生子，当王阎浮提，多杀害人"，预示着这个血手小王子将大开杀戒，血雨腥风。《杂阿含经》最后汉译是在南朝宋元嘉年间（435—453 年），之后传入中国。这大概也是神奇诞生母题神话里，英雄手握血块降生类型所能找到的最早的故事版本了。笔者认为，印度的这一则神话通过中原各个信教民族，传入漠北诸民族当中是很有可能的，何况它是一本宣讲佛教教理的文献读本，经佛教传入内地和藏区，继而传入北方游牧民族之中，道理上可以讲得通，也符合文化传播论学派的基本主张。

三　折箭训子型

折箭训子的传说在北方诸民族中有着久远的历史根基。此类传说到了 13 世纪，再次出现则是在《秘史》中，成吉思汗十一世先祖阿兰·豁阿母亲运用这一古老的训子故事，教导她的 5 个儿子要团结一致，只有相互紧紧凝结在一起，才不易被敌人所打败，不然

① ［印度］《杂阿含经》卷25，中国佛教文化研究所点校，宗教文化出版社 1999 年版，第 560 页。

就像一支箭很容易折断一样被敌人攻破。《秘史》第 19 节中记载道：

> 春季中有一天，（阿兰·豁阿）煮了腊羊肉，叫别勒古讷台、不古讷台、不忽·合塔吉、不合秃·撒勒只、孛瑞察儿·蒙合黑这五个儿子坐一排，给每人一支箭杆说："折断吧！"（他们）就把每（个人）的一支（都）毫不费力的折断了。（她）又把五支箭杆捆在一起，交给（他们）说："折断吧！"五个人把五支（捆）在一起的箭杆，每人轮流拿着折，都没能折得断。①

母亲阿兰·豁阿搬用这段折箭训子的古老家训，事出有因。当时，在其丈夫朵奔·篾儿干已经去世的情况下，她又生了三个儿子。家中的两个大儿子就背着母亲相互议论，怀疑母亲有不轨行为，很可能与家奴有染。他们说："咱们这个母亲，没有兄弟一辈的亲人，没有丈夫，可是生了这三个儿子。家里只有马阿里黑·伯牙兀歹（氏）的人。（莫非）这三个儿子就是他的？②"他们二人的议论和怀疑被母亲所察觉，于是讲到自己是如何"感光而孕"，生下这三个不同于凡人，日后将有大作为的"上天的子息"，等等。继而母亲对自己的五个儿子用教训的话说：

> 你们，我（这）五个儿子啊！是从一个肚皮里生（出来）的。你们正像方才（那）五支箭。如果是一支一支的（分开），你们就要像那一支一支的（孤）箭一般，容易被任何人折断。如果像那（捆）在一起的（五支）箭一般，同心一体

---

① 札奇斯钦：《〈蒙古秘史〉新译并注释》第 19 节，联经出版事业公司 1979 年版，第 18 页。

② 札奇斯钦：《〈蒙古秘史〉新译并注释》第 18 节，联经出版事业公司 1979 年版，第 17 页。

啊！任何人都难以把你们怎样。①

这就是阿兰·豁阿母亲折箭训子的传说。该传说在后来的蒙古历史文献中还有记录，如《汉译蒙古黄金史纲》同样记载了这一传说。②

有趣的是，折箭训子的家训在后来的史事记述中，更换了主人公，变成了蒙古帝国的创始者成吉思汗。当他每次教导他的几个儿子时，同样采取了折箭这样一个古老的训导方式。志费尼的《世界征服者史》中两次出现这样的场景，让我们来看看是怎样的情节：

> 有天，他把儿子们召来，从箭袋里抽出一支箭，折为两段。接着，他抽出两支箭，也折为两段。他越加越多，最后箭多到大力士都折不断了。然后，他对儿子们说："你们也这样。一支脆弱的箭，当它成倍地增加，得到别的箭的支援，哪怕大力士也折不断它，对它束手无策。因此，只要你们兄弟相互帮助，彼此坚决支援，你们的敌人再强大，也战不胜你们。但是，如果你们当中没有一个领袖，让其余的弟兄、儿子、朋友和同伴服其决策，听其指挥，那么，你们的情况又会像多头蛇那样了。……"③

建立起横跨欧亚大陆庞大帝国的成吉思汗，深知团结和睦的重要性。他时常敦促几个儿子要相互支持、相互帮助，共同打造帝国大厦。他要在他的诸子、诸弟、族人当中培育信任和团结的种子，督促他们同舟共济，共同面对未来世界。他搬用祖先阿兰·豁阿训

---

① 札奇斯钦：《〈蒙古秘史〉新译并注释》第22节，联经出版事业公司1979年版，第20页。

② 参见《汉译蒙古黄金史纲》，朱风、贾敬颜译，内蒙古人民出版社1985年版，第5页。

③ ［伊朗］志费尼：《世界征服者史》上册，何高济译，内蒙古人民出版社1980年版，第44—45页。

子的方式，来教育他四大汗国的君主儿子们。他的这些努力没有白费，他的帝国版图在不断扩充，他的子民和财富在不断增加。据伊朗人志费尼的记载，成吉思汗折箭训子式的教育思想，影响深远，它的证据是成吉思汗的第三代帝国君主蒙哥汗登基继位之后，依着祖父的治国理念，将他的国土和财富全部分封给了他的兄弟、叔伯和亲族们。我们有理由相信，志费尼所说的话是真实的，因为志费尼本人曾亲自参加了蒙哥汗的登基大典。在这里，他目睹了帝国的繁荣昌盛之盛况，帝国君主的宽容厚德秉性，不由得再次感叹成吉思汗在教育子女和子民方面所取得的成功。他记录道：

> 　　有天，在他初兴时，他把这个意见告诉他们，逐个地教训他们。作为一个例子，他从他的箭袋中抽出一支箭，把它交给他们。折断它显然无须大气力。他添作两支，这样一直增到十四支，哪怕大力士都折不了它。他说："我的儿子们也是如此。只要他们走彼此相顾的道路，他们将不受事变之害，将自由地享受他们国土的果实。但如他们另行其事，他们将得到不同的结果。"①

　　此处的故事情节与前一个基本相同，不同的是讲述这个古老故事的场景已经发生了改变。前一次是在成吉思汗分封四大汗国之后，为了巩固四个儿子即四个汗国之间的团结和睦而举。再次举案说法，则是成吉思汗之孙蒙哥汗登基之后。因此说，志费尼可谓用心良苦，也许是他不由自主地想要表现的主题。因为作者志费尼在叙述本故事的同时，一直在审视着伊斯兰诸民族以及各个国家的命运问题。用它的话说："倘若伊斯兰的算端们在保护族人和百姓中打下同样的基础，又倘若他们巩固这个基础……那么打败他们会是

---

① ［伊朗］志费尼：《世界征服者史》下册，何高济译，内蒙古人民出版社 1980 年版，第697 页。

不可能的。①"这也许是志费尼再次提起成吉思汗折箭训子故事的原因，他很清楚"他山之石，可以攻玉"的道理。

折箭训子的故事实在是个古老的故事类型，据《世界征服者史》中的注释来看，曾被认为是《伊索寓言》里的农民及其好吵架的儿子们的故事。② 实际上这是不成立的，因为比征服者史早先完成的《蒙古秘史》已经记载了该故事，只是他的主人公不同而已。不仅如此，我们认为，该类型的故事应该是北方民族中较常见的家庭教养故事，其流行时间较长，传播范围也比较广。

比起《秘史》记载更早的是"阿豺折箭"的故事。在《魏书·吐谷浑传》以及后来的《北史》第96卷中均记录了该故事：

> 阿豺有子二十人，纬代，长子也。阿豺又谓曰："汝等各奉吾一只箭，折之地下。"俄而命母弟慕利延曰："汝取一只箭折之。"慕利延折之。又曰："汝取十九只箭折之。"延不能折。阿豺曰："汝曹知否？单者易折，众则难摧，戮力一心，然后社稷可固。"言终而死。③

这一则书于6世纪，记录北魏人阿豺折箭的寓言式的故事，很早就被中国历史典籍记录了下来。故事讲述的是一个叫阿豺的部族首领，在他临死之前，为使他20个儿子能够和睦相处，以折箭的方式告诫他的儿子们，一支箭很容易被折断，而聚集成众不易被敌人所击溃。故事以寓言的方式，教导人们只要同心协力、万众一致，就能维护国家政权的牢不可破，这是一种朴素且普世的价值观教育。笔者认为，阿豺以折箭的方式教育20个儿子的故事，是个

---

① ［伊朗］志费尼：《世界征服者史》下册，何高济译，内蒙古人民出版社1980年版，第697页

② 参见［伊朗］志费尼《世界征服者史》上册，何高济译，内蒙古人民出版社1980年版，第47页注释⑦。

③ （北齐）魏收：《魏书》卷一百零一列传第八十九，中华书局1974年版。

经典的家庭教育故事，它很可能以口耳相传的方式流布北方草原，一代代的部族首领用它来教育自己的子息们，一直流传到了 13 世纪的蒙古草原，因此才会出现我们看到秘史以及征服者史的记载。

四 英雄结义型

英雄结义主题的叙事类型，属民间口承叙事作品中的常见类型，而在英雄史诗当中它是三大故事主题之一（另有婚姻故事、战争故事），蒙古族英雄史诗《江格尔》中该主题表现得尤为充分。史诗描写的是以江格尔为首的英雄团队，与前来侵犯他们的领地，劫掠草场和贤妻良马的蟒古思等邪恶势力展开殊死战斗，其战斗场面惊心动魄，气势恢宏。而这时江格尔的身边总会出现他忠诚的结义伙伴，帮助他取得战争的胜利，打败凶残的敌人蟒古思，胜利而归。之后，他们又回到了以宝木巴为中心的美好家园，这里四季如春、水草丰美、牛羊成群结队，人们过着幸福安逸的美好生活。这属于史诗《江格尔》中常见的故事类型。

一般来讲，蒙古英雄史诗中的结义故事，讲述的是史诗英雄如何通过在战场上的交锋，或者历经种种考验而最终结为盟誓兄弟的故事。史诗中的江格尔在他 5 岁的时候结交了他生命中最为重要的伙伴洪古尔，在江格尔史诗"阿拉坦策吉归顺江格尔"中，有这样的故事发生，故事大致情节如下：当江格尔 5 岁时，被大力士西柯希力克俘获后，西柯希力克发现江格尔是个绝世无双的帅才，怕他日后长大之一统天下，就企图害死他。这时，西柯希力克 5 岁的儿子洪古尔想尽办法保护了他。后来，西柯希力克就派江格尔去夺取阿拉谭策吉老英雄的马群。在江格尔赶回马群途中遭遇战争，他因中箭而不省人事。江格尔的骏马阿朗札儿将他带回西柯希力克的家门前，而西柯希力克此时正要出去打猎，就叫他妻子处死江格尔。这时小英雄洪古尔哀求母亲不要杀害江格尔，并用法术治好了江格尔的箭伤。于是，江格尔和洪古尔便结为最亲密的伙伴。

巧合的是，在《秘史》中也记录了与此情节相类似的故事。据

《秘史》记载，帖木真与札木合二人在小的时候曾经两次（应为三次，第三次便是打败三姓蔑儿乞惕人之后在豁儿豁纳黑山下结为安荅，作为结义礼物交还了金腰带①）结为安荅，第一次是在帖木真11岁时，第二次是在次年春天，两个人分别交换了结义礼物，并互相之间称为"安荅"了。《秘史》第116节：

> 帖木真、札木合二人，在豁儿豁纳黑山翼一起安营住下，想起以前他们结为"安荅"的（旧）事，（又重）申"安荅"（之谊）说："（咱们）要相互亲爱！"起初互相结为"安荅"之时，帖木真十一岁，札木合把一个狍子髀骨给帖木真（换了）帖木真灌铜的髀骨，结为"安荅"。在斡难河上一起打髀骨玩的时候，就互相称为"安荅"了。第二年春天，在一起，用木头做的弓射箭（玩）的时候，札木合将他（用）两岁牛角粘成钻了眼有声的髇头（箭）给帖木真，交换帖木真有柏木顶的髇头箭，（又）互相结为"安荅"。这就是（他们）第二次互相结为"安荅"的经过。②

帖木真有着史诗英雄般的传奇经历，日后他创建的丰功伟业无人能及。在这里，他的经历与蒙古族英雄史诗《江格尔》中5岁的江格尔如此相像，都是在孩提时代结交了一生中最为重要的安荅和兄弟，这让人不由得想象着其中的奥秘。当然，江格尔的兄弟不只洪古尔一个，成吉思汗帖木真的安荅也不只有札木合一人。他们会不断结交更多的安荅和兄弟，来增加他们的战斗势力，在对抗外来侵略者的同时扩充自己的领地。

那么，结为兄弟的史诗英雄和结为安荅的史上豪杰，他们在举

---

① 参见札奇斯钦《〈蒙古秘史〉新译并注释》第117—118节，联经出版事业公司1979年版，第132—133页。

② 札奇斯钦：《〈蒙古秘史〉新译并注释》第116节，联经出版事业公司1979年版，第131页。

行结义仪式时都有哪些过程呢？我们先来看看史诗《江格尔》的情况。江格尔结交铁臂力士撒布日是通过他的盟友洪古尔实现的。在史诗"洪古尔与撒布日的战斗"中，有此情节出现，故事大概情节是这样的：当英雄撒布日的父母年老衰微，叮嘱撒布日投奔江格尔可汗。但撒布日听错了父母的意思，而去找了沙尔蟒古思，在寻找路途中迷失了方向。这时的江格尔正在举行隆重的宴会，席间英雄阿拉坦策吉提议应当降伏撒布日。于是，江格尔听从了撒布日·阿拉坦策吉的意见，带领8000勇士，前去降伏撒布日。撒布日奋起反抗，将江格尔的诸英雄打得落花流水般逃窜。在这紧急关头，英雄洪古尔从沉醉中苏醒过来，他骑上骏马赶到战场，飞奔着向撒布日杀去。两位英雄你来我往，不分上下，厮杀正酣。厮杀中洪古尔终将撒布日拿下，把他抓到。江格尔亲自治疗了撒布日的伤口，治好了撒布日。撒布日苏醒后，向江格尔宣誓效忠江格尔，这时洪古尔也庄严宣誓，与撒布日结为兄弟。故事的最后他们回到宫中，举行了盛大的宴会表示欢迎结拜兄弟撒布日的到来。

英雄结义类型的叙事情节，不仅在蒙古族英雄史诗，在突厥语系的柯尔克孜族英雄史诗中也存在。柯尔克孜英雄史诗《玛纳斯》中，英雄玛纳斯也是不断结交勇士为自己的"兄弟"，这些兄弟成为他战斗的伙伴和坚强的后盾。玛纳斯的"兄弟"达40多个。举一例：

> 有一次，玛纳斯睡觉，梦见自己捡到一把锋利的宝剑，将它挂在腰间，宝剑忽然变大，划破地面进入地下，变成一只猛虎来到他身边，它大吼一声，各种野兽从四面八方云聚于他身边，向他致敬，这时猛虎又变为一只雄鹰，落到他的手臂上。玛纳斯醒后让人们圆梦，人们告诉他，这预示着他将结交一位勇士。后来玛纳斯在山中打猎，果然遇到了离家多年的克塔依王子阿里曼别特。玛纳斯将他邀至家中，结拜成兄弟。为此，柯尔克孜人民举行了隆重的仪式，丰盛的宴席，群众性的娱乐

活动以示庆祝。玛纳斯的母亲绮依尔迪干瘪的乳房在见到阿里曼别特时充满了乳汁，玛纳斯与阿里曼别特同吮她的乳汁，从此他们亲如手足，形影不离。他们被称为"同乳兄弟"。[1]

我们再来看一下《秘史》的记载，帖木真与札木合第三次结为安答的情节，与上述两部史诗中的结义情节非常相似。《秘史》第117节中记录道：

> （帖木真、札木合）说："听以前老人们的话说：'凡结为安答的，性命一体，不得相互舍弃，要做性命的救护者'。彼此亲爱的道理，（应）是那样，如今（又重）申做'安答'，（咱们）要亲爱呀！"帖木真把掳掠蔑儿乞惕脱黑脱阿所得的金腰带，给札木合"安答"系在腰上，把脱黑脱阿几年来不生驹的海骝马，教札木合"安答"骑上。札木合把掳掠兀洼思—蔑儿乞惕的歹亦儿·兀孙所获的金腰带，给帖木真"安答"系在腰上，把歹亦儿·兀孙有角的白马教帖木真"安答"骑上。在豁儿豁纳黑山翼，忽勒答儿山崖前面，（一棵）枝叶茂盛的（大）树那里，彼此称为"安答"。互相友爱，大开宴会，一起享乐，夜间共被而眠。[2]

从上述文字描述来看，第三次结为安答的帖木真与札木合搬用古语，按照祖辈的习俗发了誓，即"凡结为安答的，性命一体，不得相互舍弃，要做性命的救护者！"同时再次强调要"互相亲爱"的道理。之后二人大开筵席，共同享乐，夜间同被而眠。

而史诗《江格尔》中的铁臂力士萨布尔，在他被江格尔等人救

---

[1] 马莉：《柯尔克孜族英雄史诗〈玛纳斯〉母题探析》，《伊犁师范学院学报》2007年第1期，第55页。

[2] 札奇斯钦：《〈蒙古秘史〉新译并注释》第117节，联经出版事业公司1979年版，第132—133页。

起后即刻发誓，要把"生命交给高尚的洪古尔，要把力量奉献给荣耀的江格尔！"之后，江格尔为他们举行了盛大的宴会，表示祝贺。玛纳斯与阿里曼别特的结义虽没有宣誓情节，但他们二人同吮玛纳斯母亲的乳汁，还被人们称为"同乳兄弟"。继而举行盛大的宴会，为他们二人结拜兄弟表示庆祝等情节与前面一致。

结义故事仪式过程大概如此，结为同盟者共同宣誓，之后举办宴会一同庆祝。有时在故事情节要素上会有稍加变异，如交换什么礼物，或者比这更进一层的"同乳"关系，等等。但从总体上来讲，三个不同的口承叙事故事类种，其故事要素表现得基本相同。帖木真一生结交众多安荅，有的是生死之交，有的是因仰慕他在草原上的威望而来。青年时期的帖木真已经表现出了非凡的社交能力和领袖气质，很多成为他日后重要伴当，都是在他艰苦创业时期便与其结为了安荅。例如，有一天，他家八匹银合色骟马被人抢去，于是帖木真一人前去夺回。路上遇到了正在挤马奶子的纳忽·伯颜独子孛斡儿出，孛斡儿出慷慨相助，更换了帖木真骑来的秃尾巴甘草黄马，两个人一同前去夺回了那 8 匹马，回到纳忽·伯颜家里。正在丢失独子而伤心涕泪的纳忽·伯颜，看见二人回来非常高兴，对他们二人说道："你们两个年轻人！要互相看顾，从此以后，休要离弃！①"这就是号称成吉思汗"四杰"之首的孛斡儿出与其结为安荅的经过。

除英雄之间的结义故事之外，还有一种故事类型是英雄之间结盟的故事。在《秘史》中，记录了成吉思汗与客列亦惕的王汗曾四次结为父子之盟的故事。

起初，客列亦惕部脱斡邻勒王汗与成吉思汗父亲也速该是"安荅"关系。也因此，当三族蔑儿乞惕人为了寻仇，掳走他孛儿帖夫人的时候，以及后来攻打世仇塔塔尔部落的时候，都是由强大的

---

① 札奇斯钦：《〈蒙古秘史〉新译并注释》第 93 节，联经出版事业公司 1979 年版，第 100页。

客列亦惕部王汗出兵，帮助"安荅"之子帖木真完成了复仇之业①。在此过程中，无论处于劣势的帖木真，还是当时势力强大的王汗，都曾多次强调父辈之间的"安荅"关系，称"父亲的时候的安荅，就和父亲一样"。作为回报，成吉思汗也曾两次拯救王汗失散的百姓②。这种带有军事性质的结盟关系，比较松散，可毕竟帮助了早期阶段的成吉思汗，使其有机会培育自己的军事势力。对于他们二人之间的结盟关系，《秘史》第 164 节里有详细的记录：

> 成吉思可汗与王汗一同在土兀剌河黑林聚会，互相称为父子。（他们）互相称为父子（的缘故）是因早先汗父也速该曾与王汗互称"安荅"，同父亲一样，所以互相称为父子。同时一起说："征伐众多的敌人，要一同出征；围猎狡猾的野兽，要一同围猎。"③

从上我们可以看到，结盟关系与结义的不同之处是，结盟带有军事联盟的性质，要在军事上相互帮扶。这种结盟关系也要立誓结盟约，正像上述记载，成吉思汗与王汗同时一起说："征伐众多的敌人，要一同出征；围猎狡猾的野兽，要一同围猎。"这种结盟关系比较松散，在需要的时候临时结合，不需要的时候各自独立。但从另外一个角度来讲，其实它也是一种英雄之间的"结义"，是一种超越个人情感的结义关系。在秘史中，还记载了一则英雄人物间的结盟仪式。这些所谓的英雄人物都有曾经被成吉思汗打败的经历。这就是与帖木真为敌的十一个部落结成的联盟，他们发誓要铲除帖木真。依秘史记载来看，这事发生在鸡儿年（1201 年），这十

---

① 参见札奇斯钦《〈蒙古秘史〉新译并注释》第 113、133 节，联经出版事业公司 1979 年版，第 128、163 页。

② 参见札奇斯钦《〈蒙古秘史〉新译并注释》第 151 节、164 节，联经出版事业公司 1979 年版，第 193、207 页。

③ 札奇斯钦：《〈蒙古秘史〉新译并注释》第 164 节，联经出版事业公司 1979 年版，第 207 页。

一个部落包括属于蒙古部族的札荅兰、撒勒只兀惕、合荅斤、朵儿边、泰亦赤兀惕、翁吉剌惕、豁罗剌思，还有其他突厥部族的乃蛮、蔑儿乞惕、塔塔尔和属于林中百姓的斡亦剌惕部族构成。这十一个部族，在阿勒灰－不剌黑聚集，拥立札荅兰氏的札木合为古儿汗，一同砍杀牡马、牝马，立誓结盟。① 这十一部的结盟与上述成吉思汗和王汗的结盟情况相似，属军事性质的松散联盟。但不可缺少的是立誓环节，他们同时砍杀牡马、牝马，饮血而盟。

第二节　民间传说与故事的意义分析

本节将《秘史》中所记载下来的民间口头叙事传说和故事放在一起，对其进行精神文化内涵的分析。依据真实历史事实，进行艺术再加工而讲述的故事称作传说。族源传说是传说体裁的古老形式，有着神话般的思维模式。人们通过讲述本氏族部落的起源，以及先祖的英雄事迹，达到教育、警示和引导后人的实际功效。当氏族社会逐渐瓦解，进入初建国家体制时期，人们更愿意将自己的祖先起源与天神联系起来，赋予天性观念来传承。其目的是赋予可汗"君权天授"思想，这一点在《秘史》中得到了再次印证。古代蒙古人中广为流传的口头叙事之一是民间故事。故事以平和的语气讲述引人关注的某一事件，目的是将深刻的人生哲理灌输给民众。《秘史》同样记载了许多类似的故事。

一　族源传说

《秘史》开篇，即系统讲述了成吉思汗黄金家族的族源系谱，一直讲述至成吉思汗帖木真手握血块神奇降生为止，总共记载有二十二世先祖的谱系脉络。到目前为止，人们所能收集、阅览的全部

---

① 参见札奇斯钦《〈蒙古秘史〉新译并注释》第141节，联经出版事业公司1979年版，第175页。

史书文献，关于成吉思汗家族谱系关系的记载当中，《秘史》是最早的文献记录了。这个族源传说在写作方法上采取以亲缘关系为主线，而没有采用宏观视角的氏族或部落关系为主的写作手法，该族源传说的基础是口头传说，亦有可能是未能流传到今天的书面记录。我们可以推断，该族源谱系传说早在成吉思汗在位期间就已经着手编撰了，因为谱系知识对于蒙古人来说是个非常重要的、必须掌握的知识。关于这一点，波斯人拉施特有记载，他说：所有（蒙古部落）全都有清晰的系谱，因为蒙古人有保存祖先的系谱、教导出生的每一个孩子（知道）系谱的习惯。这样他们将有关系谱的话语做成氏族的财产，因此他们中间没有人不知道自己的部落和起源。① 成吉思汗建立蒙古帝国的时期，正是统一的蒙古民族的形成期，也是完善的国家政权体系创立期，为了显示成吉思汗帝国政权的正统性，必须划清与之前诸代帝国的界限，论证和说明成吉思汗有权充当全蒙古部落百姓的帝王，这对执政家族来说是非常必要的。所以，我们才看到《秘史》开篇即用大量的笔墨来讲述成吉思汗的家族谱系了。

在《秘史》里，成吉思汗的族源谱系，是从其前 22 代先祖孛儿帖·赤那开始。前面我们曾经谈到，波斯史家拉施特的《史集》是从成吉思汗前十一世祖先，其神话般的女性先祖阿兰·豁阿起始，拉施特的这种"疏忽"究竟什么原因所造成，不得而知。据《秘史》记载，成吉思汗的先世叫孛儿帖·赤那，其字面意思为苍色的狼，娶的妻子叫豁埃·马阑勒，即惨白色的鹿。从成吉思汗建国时间向前推演，那个时代应该为 8 世纪。这个叫苍狼的先祖与叫白鹿的女子结合，孕育出了后世的蒙古黄金家族。大多学者主张，将它与创建第一突厥汗国（555—630 年）的阿史那王朝氏族名称联系起来研究。据唐代李延寿等编撰的《北史》卷九十九记载：

---

① 参见［波斯］拉施特《史集》第一卷第二分册，余大钧、周建奇译，商务印书馆 1983 年版，第 11 页。

突厥者，其先居于西海之右，独为部落，盖匈奴之别种也，姓阿史那氏。后为邻国所破，尽灭其族。有一儿，年且十岁，兵人见其小，不忍杀之，乃刖足，断其臂，弃草泽中。有牝狼以肉饲之，及长，与狼交合，遂有孕焉。彼王闻此儿尚在，重遣杀之，使者见在狼侧，并欲杀狼。于是若有神物，投狼于西海之东，落高昌西北山，有洞穴，穴内有平壤茂草，周回数百里，四面俱山，狼匿其中，遂生十男。十男长，外托妻孕，其后各为一姓，阿史那即其一姓也，最贤，遂为君长，故牙门建狼头纛，示不忘本也。渐至数百家，经数世，有阿贤设者，率部落出穴中，臣于蠕蠕……①

苏联学者维克托罗娃指出，此处的"阿史那"与秘史中的成吉思汗祖先"赤那"同音，二者为同一个蒙古语名字。她依据汉文史籍记载分析认为，突厥人是匈奴人后裔，匈奴人在前203年大胜东胡之后，将一部分被征服者迁入自己领地内。这些被征服者的后裔向匈奴人进贡，并在匈奴军队中服务，还有很多东胡女子被迫嫁给匈奴人。这些被征服的蒙古血统的部落逐渐渗入匈奴人中，被匈奴同化，然而却保留了一些本民族的姓氏名称和族源传说，因此才会在突厥人中出现以蒙古语"赤那"（或汉语对音的阿史那）命名的狼家族。②

以"狼"抑或"苍狼"作为氏族原始祖先的名字，这是与母系社会传统有关的图腾神话的表现。至于学界所讨论，与此内容相关的其他问题我们一概不做解释。因为相关论题，曾经有众多的中外研究者撰文考察，我们在此不再赘述，也不去争辩孰对孰错的问题。关于蒙古人是从哪里、怎么来的问题，有一个族源传说可以说明问题，波斯史家拉施特《史集》中记载了蒙古族"额尔古涅·

---

① （唐）李延寿等：《北史》卷九十九，中华书局1974年版。

② 参见［苏］莉·列·维克托罗娃《蒙古民族形成史》，陈弘法译，内蒙古教育出版社2008年版，第83页。

昆传说"，该族源传说故事情节大致如下：

> 大约距今两千年前，古代被称为蒙古的那个部落，与另一些突厥部落发生了内讧，终于引起战争。战争中蒙古人大败，只剩两男两女，他们因为害怕而逃到了人迹罕至的地方，那里四周被群山森林环绕，只有一条羊肠小道通往外面。在这山林中，有丰盛的草和气候良好的草原，这个地方名字叫额尔古涅·昆（意为峻岭山坡）。那两个人的名字为捏古思和乞颜，他们和他们的后裔长期居留在这个地方生息繁衍。当他们所占地域日益狭窄不够时，他们就互相商量如何走出峡谷，于是他们找到了以前经常在那里熔铁的铁矿铲地。他们全体出动，堆积了许多木柴和煤，宰杀了七十头牛马，剥下整张的皮做成风箱，使其一同煽起火焰，直到山壁熔化，从那里得到了无数多的铁，同时他们也从那里迁徙出来，走到了原野上。①

此后，当拉施特再次提起这个传说的时候，重申所有蒙古部落的来源是逃到额尔古涅·昆的那两个人的氏族所产生，并且说那两个人的后代中有一个名叫孛儿帖·赤那的受尊敬的异密，他是若干个部落的首领，朵本伯颜（秘史称朵奔·篾儿干）与妻子阿兰·豁阿以及若干其他部落都出自他的部落。② 不难看出，突厥人的族源传说与蒙古人的族源传说如此的相似，他们都曾经历过历史上的残酷战争而几近灭绝，剩下少数几个人的情况下逃到了人迹罕至的深山老林之中，在那里水草丰美，适合人类繁衍后代。后来由于人口的膨胀而生存空间变得日益狭窄，因此他们集体走出深山迁到了辽阔草原上。可以说两部传说在故事情节上来讲差别甚微，突厥与蒙古的两部族源传说如此相似，说明该传说属同一个族源传说的两个

---

① ［波斯］拉施特：《史集》第一卷第一分册，余大钧、周建奇译，商务印书馆1983年版，第251—252页。

② 同上书，第6页。

不同的异文。作为佐证材料，我们还可以用拉施特的记述证明这一点。当他谈到收集记录有关蒙古人的该族源传说时提到，"关于蒙古人最初生活的详情，诚实可靠的讲述历史的突厥讲述者说，所有的蒙古部落都是从（某时）逃到额尔古涅·昆的那两个人的氏族产生的。[①]"这里拉施特明确说明该传说由突厥人所讲述，这样问题就比较清楚了，因为前面我们提到过，在匈奴鼎盛时期有很多与蒙古同源的东胡人融入其中，从而在匈奴人，以及后来的突厥人当中保留下了相关蒙古的氏族名称和族源传说。

此处，蒙古人与突厥人古老的狼图腾崇拜习俗再次纠结在一起。我们知道，图腾崇拜与母系制、族外婚本是同一个概念组合，有着图腾崇拜习俗的氏族奉行族外婚习俗。《秘史》中曾多次提到族外婚事例，说明图腾崇拜的文化影响力犹在，由此衍生的族外婚这一习俗已然保留了下来，一直到现代社会，蒙古人社会群体中还保留着"同姓不婚"的传统，这与上述古老的图腾崇拜文化密切相关。

如果仔细阅读《秘史》开篇讲述的这一段成吉思汗族源传说，会发现非常有意思，其中包含了多种类文化信息。这里包含了民族起源的信息、民俗信息、宗教信仰信息、生产生活信息等诸多方面的内容，文字精练，所用笔墨少之又少。作为前面所提拉施特为什么强调成吉思汗的祖先以阿兰·豁阿起始的回应，这里再追述一下。《秘史》开篇不到100字，如果不计算人名字数的话不到50个字符就提到了成吉思汗第十一世先祖朵奔·篾儿干，其间基本没有故事情节，而从朵奔·篾儿干开始才有了故事情节。这不得不让人猜想，在写作秘史时可能有一个参考本子，这个本子应该从第十一世先祖朵奔·篾儿干起记录。而朵奔·篾儿干之前的十一世族源谱系更像是依据族人的回忆录，纯属口头传承下来的族源信息。再者

① ［波斯］拉施特：《史集》第一卷第二分册，余大钧、周建奇译，商务印书馆1983年版，第6页。

说，无论《史集》还是《秘史》，能够明确指出成吉思汗家族谱系来源情况，也只有追溯至十一世先祖朵奔·篾儿干与妻子阿兰·豁阿为止。拉施特《史集》将黄金家族的来源明确为阿兰·豁阿感光而孕所生下的三个儿子，称他们为尼伦部。他说尼伦部毫无疑问应出自阿兰·豁阿丈夫死后所生的三个儿子，因为他们出自阿兰·豁阿纯洁的腰身，且未经婚媾，他们是闪耀着神的光辉的儿子。① 尼伦的意思是腰，代表着出自阿兰·豁阿母亲纯洁的腰身。尼伦部以外的众蒙古部落均称之为迭儿列勤（意为普众）部，其中包括阿兰·豁阿在丈夫朵奔·篾儿干在世时所生两个儿子的部族。尼伦与迭儿列勤两部，在当时的蒙古各部族之间界限分明，这在《秘史》的记述中也能够看出这一点，包括成吉思汗在处理众蒙古部落事务中，态度比较清晰，表明他是正统的尼伦部人。

二　恩仇相报故事

在蒙古人的价值观体系中，有较强的恩仇必报的心理因素在起作用。这也许是当时 13 世纪的蒙古社会，乃至整个草原部落社会中普遍的一种价值观取向。在没有形成统一的民族之前，部落利益至上主义很浓厚。本部落或氏族的某一个人，或者当整个部落受到外来势力的侵害时，他们会携起手来共同反抗，团结一致，对外采取统一行动。这种思想意识是部落社会生存的需要，它是每一个部落成员所要遵循的行动准则和价值标准。

从《秘史》的记载来看，在成吉思汗还没有出生时，已经结下了蒙古人与塔塔尔人，蒙古人与蔑儿乞惕人之间的恩恩怨怨，这也给《秘史》的写作思路埋下了伏笔。纵观《秘史》的史事故事情节，它就像一部恩仇必报思想和价值理念影响下的史书。成吉思汗从他出生那一刻开始，便继承了祖辈以来部族之间的恩怨情仇，在

---

① 参见［波斯］拉施特《史集》第一卷第二分册，余大钧、周建奇译，商务印书馆 1983 年版，第 8—10 页。

他少年时期、青年时期，以至于成为所有毡帐百姓的可汗，每向前踏出一步，他都处在恩怨情仇之中。

　　起初，蒙古部落与塔塔尔部落地域相邻，二者属于同一血脉，在语言、习俗和文化方面差异不大，因此两个部落之间有着传统的姻亲关系。关于二者间的矛盾起因问题，可见《多桑蒙古史》有记载，"当是时也，合不勒汗之妻弟赛因的斤遘疾，延塔塔尔部之珊蛮治之，不效而死。其亲族追及珊蛮，杀之。塔塔尔部人怒，起兵复仇。合不勒诸子助其母族与之战，未详其胜负。①"这就是蒙古与塔塔尔之间结下冤仇的起因。统一蒙古者合不勒汗去世，由他胞弟俺巴孩汗继承汗位。当时，在捕鱼儿、濶涟两湖之间的兀儿失温河有阿亦里兀惕、备鲁兀惕族塔塔尔人居住，俺巴孩汗亲自送女儿出嫁到这里，不料被塔塔尔人捉住，送给了金朝皇帝，随即金朝皇帝将俺巴孩汗钉木驴上杀死。俺巴孩汗受金朝钉木驴之刑，是因为合不勒汗在位时曾杀死过金朝使节②，此次金朝是为报杀害使臣仇结。俺巴孩汗被捕送往金朝时，派人传话过来，叫后来的蒙古部落继任者，就是把自己的五个手指甲磨掉，十个手指头磨断也要尽力报塔塔尔人的仇。③ 此后，忽图剌做了蒙古可汗，与塔塔尔人进行过 13 次战争，未能报了俺巴孩可汗的冤仇。④ 当忽图剌汗与塔塔尔人进行复仇之战时，成吉思汗的父亲也速该·把阿秃儿积极参与了战斗，因为也速该骁勇善战，当时也是声名在外的蒙古战士，他给自己的长子取名帖木真就是为纪念抓来塔塔尔人帖木真·兀格的缘故。⑤

---

　　① ［瑞典］多桑：《多桑蒙古史》上册，冯承钧译，中华书局 1962 年版，第 35 页。

　　② 同上书，第 36 页。

　　③ 参见札奇斯钦《〈蒙古秘史〉新译并注释》第 53 节，联经出版事业公司 1979 年版，第 49 页。

　　④ 参见札奇斯钦《〈蒙古秘史〉新译并注释》第 58 节，联经出版事业公司 1979 年版，第 55 页。

　　⑤ 参见札奇斯钦《〈蒙古秘史〉新译并注释》第 59 节，联经出版事业公司 1979 年版，第 55—56 页。

　　帖木真 9 岁时，父亲领着他到母舅家斡勒忽讷惕人那里，路途遇见翁吉剌惕的德·薛禅，德·薛禅家正好有个与帖木真年龄相仿的女孩，名叫孛儿帖。两家大人看过孩子之后，相互之间都比较满意，于是定下这门亲事。也速该在返回本部的路上遇到塔塔尔人正在举行宴会，因为口渴，于是下马入席。塔塔尔人认出了也速该，想到曾经被他掳掠过的冤仇，在他食物中下了毒。也速该告别塔塔尔人，回家途中发现不好，走了三天到家之后便毒性发作而亡。①父亲也速该英年早逝，给年少的帖木真带来的打击是致命的。没过多久，他的族人便抛弃了他们孤儿寡母而去，从此他们失去了依靠，在不断的侵袭和骚扰中艰难度日。生存环境的艰辛没有击倒成吉思汗兄弟几人，反而为他日后成为全蒙古部落可汗打下了坚实的生活基石。

　　据《秘史》记载，日渐强大起来的成吉思汗于狗儿年（1202年）秋天，向着仇敌塔塔尔部落发起了复仇之战，在苔阑—捏木儿格思之地，征服了全部塔塔尔人。成吉思汗召集族人，商议如何处置战争中掳获的塔塔尔人，那时又重新提到了塔塔尔人对先辈犯下的冤仇，他说：早先，塔塔尔人就杀害了（我们的）祖宗（和）父辈。要给祖宗和父辈报仇雪恨。于是，大家共同商定，凡比车辖（高）的，杀个尽绝。把剩下的，作为奴隶，分散到各处。② 这是对杀害祖辈和父辈们的塔塔尔人的雪仇之履，从中可以看出成吉思汗及他的族人，对待仇敌时的血腥和残忍。

　　另一则故事是与蔑儿乞惕人之间的仇怨。该仇怨起因是成吉思汗父亲也速该·把阿秃儿，当年抢了蔑儿乞惕人也可赤列都新婚夫人诃额仑做了自己夫人，她便是成吉思汗的母亲诃额仑·兀真。此事过去将近 20 年，其间帖木真多次经历同胞泰亦乞兀惕人的追杀而

---

　　① 参见札奇斯钦《〈蒙古秘史〉新译并注释》第 65—68 节，联经出版事业公司 1979 年版，第 65—67 页。

　　② 参见札奇斯钦《〈蒙古秘史〉新译并注释》第 153—154 节，联经出版事业公司 1979 年版，第 196—197 页。

顺利逃脱。当青年时期的帖木真迎娶了妻子孛儿帖，过着相对平静的生活。这时，他的另一个仇家蔑儿乞惕人来了。他们是三姓蔑儿乞惕人，即兀都亦惕——蔑儿乞惕的脱黑脱阿，兀洼思——蔑儿乞惕的荅亦儿兀孙，合阿惕——蔑儿乞惕的合阿台·荅儿麻剌，这三姓蔑儿乞惕是为了报诃额仑夫人被抢之仇而来。三姓蔑儿乞惕人将帖木真堵在了不尔罕山上，围绕不儿罕山转了三圈，都没能抓到帖木真，不过他们抓去了别勒古台的母亲和孛儿帖夫人。那些蔑儿乞惕人说：为报抢夺诃额仑的仇，如今捉住了他们的妇人，我们已经报仇了！① 于是他们从不儿罕山下来，扬鞭而去。面对蔑儿乞惕人的掳掠，帖木真在安荅札木合，盟友王汗的协助下歼灭蔑儿乞惕部落，夺回了爱妻孛儿帖。此役过后，对待蔑儿乞惕战俘，同对待塔塔尔人一样，消灭殆尽。此处《秘史》里的记载是这样的：把蔑儿乞惕各族的人都用箭射（死）了，甚至把曾经围绕过不儿罕山的三百（三姓）蔑儿乞惕人的子子孙孙都如扬灰一般的，给灭绝了。将所剩下的妇孺，凡可以搂抱的，都给搂抱了，凡可以叫进门里的，都叫进门里（使用）了。② 侥幸逃脱的脱黑脱阿和兀洼思——蔑儿乞惕的荅亦儿兀孙二人，也没能好过多久，成吉思汗分别于鼠儿年（1204年）、牛儿年（1205年）追击他们，将他们的百姓全都掳掠完毕，仅剩脱黑脱阿之子忽都、合勒、赤剌温等几人。成吉思可汗并没有放过他们，命令大将速别额台携带铁车追击歼灭他们。成吉思可汗对速别额台说：送你出征，使我想起小时候三部蔑儿乞惕的兀都衣惕部把不儿罕山围绕三次，来威吓于我。那样有仇的人们，现在又发着誓逃走了。即使到长的梢头，深的尽底，也要和他们周旋到底。③

---

① 参见札奇斯钦《〈蒙古秘史〉新译并注释》第102节，联经出版事业公司1979年版，第107页。

② 参见札奇斯钦《〈蒙古秘史〉新译并注释》第112节，联经出版事业公司1979年版，第127页。

③ 参见札奇斯钦《〈蒙古秘史〉新译并注释》第199节，联经出版事业公司1979年版，第280页。

后速别额台将他们追至垂河，把他们全部灭了。① 这里表现出成吉思汗对待仇敌必杀的决心，令人不寒而栗。

以上是成吉思汗的蒙古部落与邻近部落之间冤仇必报的事例。当统一的民族国家形成之后，随着帝国的扩张和可汗权威的提升，蒙古人的冤仇必报思想会体现在国与国之间的关系中。对待国家之间的恩仇，他们还是采取了这样一个准则。在此只举一列，就可知道他的这种冤仇必报的行事风格。当初成吉思汗不准备出兵征伐花剌子模，于是派兀忽纳为首的 100 名使臣劝降花剌子模，可没想到却被他们扣留杀害。成吉思汗对此事非常生气，决心要亲自征讨花剌子模国，他说：怎能让回回人截断我的黄金缰辔呢？为了为兀忽纳等 100 名使臣，我要以冤报冤，以仇报仇，征伐回回！② 这里，成吉思汗重申了以冤报冤，以仇报仇的道理，决心为此而亲征回回（花剌子模）国一事。

成吉思汗对待忘恩负义者和以下犯上者也是从不留情，一律斩杀，以示该行为是不受他欢迎的行为。这些被他属下掳获来，交给他表示愿意归顺他的，哪怕是他的仇敌，同样不可接纳。札木合几次与成吉思汗为敌，进行过激烈的部族战争。当成吉思汗征讨乃蛮部落，击溃他们的时候，此时与乃蛮为伍的札木合又一次从战争中逃脱而去。逃亡途中，他的五个随从抓住札木合，将他送到了成吉思汗处。可成吉思汗不但不领情，反而说这样的人能跟谁做伴，于是就将这五个人连同亲族，当着札木合的面全部斩杀了。③ 还有一次类似事件，可以看出成吉思汗的行事风格，那便是征服蔑儿乞惕部落之战中，他们的首领王汗与儿子桑昆落荒而逃。逃亡路上王汗被乃蛮哨兵抓住后处死，而桑昆身边只有他管马的濶濶出和他妻子

---

① 参见札奇斯钦《〈蒙古秘史〉新译并注释》第236节，联经出版事业公司1979年版，第353页。

② 参见札奇斯钦《〈蒙古秘史〉新译并注释》第254节，联经出版事业公司1979年版，第385页。

③ 参见札奇斯钦《〈蒙古秘史〉新译并注释》第200节，联经出版事业公司1979年版，第282页。

二人陪伴。当桑昆看到野马，下马准备行猎时，却被他的马夫所抛弃。马夫澜澜出和他妻子二人来到蒙古部，面见成吉思汗诉说缘由之后，成吉思汗赦免了他妻子，对澜澜出说，这样的人，如今要给人做伴，谁敢信任！① 于是叫人砍死了他。与杀父夺妻之仇相比起来，忘恩负义和以下犯上行为算是小事，但这里边蕴含着忠诚与背叛的严肃道理，表达了道德取舍之行为规范，对待这种行为，成吉思汗依然表达出了决不姑息的态度。用他自己的话说，这样一个背叛主子，背弃亲族的人，过来给人做伴，谁敢信任他，他又能跟谁做伴。的确，道理如此。忠诚于本族，保护本族利益，这在当时社会来讲是个强有力的道德标准，也是实践以冤报冤，以仇报仇行动的思想根基。

对待恩人，成吉思汗表现得宽厚有加，这样的事例在《秘史》记述里多处都有所体现，在此我们简单举几起这样的事例，来说明成吉思汗对待恩人所采取的态度。当客列亦惕部落王汗之子桑昆极力说服父亲，趁成吉思汗不备时攻打他的部落，以达到彻底消灭日渐强大起来的成吉思汗的目的。王汗无奈之下同意了桑昆的提议，准备次日凌晨举兵偷袭成吉思汗部落。此事被放马人巴歹、乞失里黑二人听到，于是他们二人连夜赶到成吉思汗那里如实通报了情况，请他立刻动身躲避袭击。成吉思汗相信了二人的话，通知亲信们连夜启程轻装躲避。因为他们二人送来的重要情报，成吉思汗成功躲过一劫，后来征服全部蔑儿乞惕部落之后，分配战争中所获百姓、牲畜和各种物资时，他重点强调了巴歹、乞失里黑二人的功劳，将王汗曾经享用的金撒帐、金银器皿、家具，甚至连王汗汗庭内的管理人员都一同赏赐给了二位功臣，封赏二人为国之荅儿罕（免除赋役），直到子子孙孙。接着成吉思汗降圣旨说，因为巴歹、乞失里黑两个人，在我生命危急之中，救助我；蒙长生天佑护，征

---

① 参见札奇斯钦《〈蒙古秘史〉新译并注释》第188节，联经出版事业公司1979年版，第252页。

服客列亦惕百姓，登了高位。今后，我子子孙孙，凡坐我位的，都要多多想到这样建立功勋的人们！[①] 成吉思汗不但重赏恩人，而且还要教育他的子子孙孙，心中时刻想着有恩于己的人们，凡掌握国家权力者永远要善待他们这样一个道理。

分封九十五千户，封赏建立蒙古帝国的功臣名将时，成吉思汗悉数重申了各千户长、兄弟、儿子和族人们的功德。如封赏孛斡儿出时，他从幼年时期二人结识谈起，谈到追踪八匹银合马；是他最先来做的伴当；共同抵御蔑儿乞惕和塔塔尔人的经历等，他说无论如何不能尽述孛斡儿出的勇武之事，如今要他坐在众人之上，叫他掌管右翼，做以阿勒台山为屏蔽的万户长。按照如此顺序，他从幼年时期的家奴蒙力克老爹开始，分封右翼、左翼万户，封大萨满豁儿赤等，每个人都是论功领赏。他在封赏功臣时，不厌其烦地点评着每个人的功德，甚至个人的性格秉性。他在进行道德伦理教育，是在教育他的后人，应该如何对待恩人的思想，看起来简单，但简单中包含着深刻的社会价值取向。这就是有血有肉的成吉思汗，他的这些道德观和价值观，为他的继任者们继续发扬下去。

三　兄弟互戮故事

《秘史》的书写者没有回避一个问题，那就是成吉思汗家族的内部争斗。翻开《秘史》一书，如果仔细阅读就会发现，在《秘史》中至少有四起兄弟间的互戮事件被记录在案。按照惯常的史书写法来看，这种事情很少见到，尤其作为现任执政家族的史禄，又怎敢写出执政家族的内部秘密，而这内部秘闻带有负面影响的情况下，又为什么会书写到黄金家族建国史籍中，这些问题值得我们思考。

首次发生兄弟间的互戮事件，是在帖木真与别克帖儿之间。别

---

① 参见札奇斯钦《〈蒙古秘史〉新译并注释》第187节，联经出版事业公司1979年版，第250页。

克帖儿是帖木真同父异母兄弟，与别勒古台同为一母所生。有一天，帖木真、合撒儿、别克帖儿、别勒古台四个人同坐在河边钓鱼，有一个很漂亮的小鱼儿被钓上来，被别克帖儿、别勒古台两兄弟从帖木真、合撒儿处夺去。帖木真、合撒儿回家后告诉母亲被抢夺一事，母亲劝他们二人不要因为这些小事而破坏了兄弟间的友爱，她还引用祖先的家训说道："你们怎么像以前阿兰母亲的五个儿子一样不和呢！不要那样！[①]"可是帖木真、合撒儿却不这样认为，嘴里说着以前还曾被他们二人抢夺雀儿的事，说到我们怎么能一同相处呢？就这样走了出去。当有一天别克帖儿独自一人放马，坐在小山上的时候，帖木真与合撒儿一前一后包夹了他，从他前后两个方向射箭，射死了别克帖儿。[②]关于别克帖儿的记载只在《秘史》里有，其他史书都没有提及。他能与一奶同胞别勒古台一起两次抢夺帖木真、合撒儿的猎物，从中可以看出此时的他应该比帖木真稍大些。这时的帖木真初长大成人，是少年转向青年时期的帖木真。仅仅因为两次被抢小小的猎物，就痛下杀手，杀死了自己同父异母的兄弟。《秘史》有意识地记录了这一起事件，通过它反映成吉思汗的成长经历，以及他的性格特征。在他的性格里，容不得受人欺负，无论是谁他都要进行还击，最终他要达到战胜一切为目的。

其次是成吉思汗收服主儿乞氏百姓，除掉薛扯·别乞、泰出和不里·孛阔三个人。主儿乞氏人与成吉思汗属同源同祖，他们的曾祖父是统辖全部蒙古部落的合不勒可汗。合不勒汗有七个儿子，最长的是斡勤·巴儿合黑，其次是把儿坛·把阿秃儿、忽秃黑秃·蒙古儿、忽图剌可汗、忽阑、合荅安、脱朵延斡惕赤斤。斡勤·巴儿合黑的儿子是忽秃黑秃·主儿乞，忽秃黑秃·主儿乞的儿子是薛

---

① 札奇斯钦：《〈蒙古秘史〉新译并注释》第76节，联经出版事业公司1979年版，第80页。

② 参见札奇斯钦《〈蒙古秘史〉新译并注释》第77节，联经出版事业公司1979年版，第81页。

扯·别乞和泰出两个人，他们就成了主儿乞氏。把儿坛·把阿秃儿
有四个儿子，其中三子是也速该·把阿秃儿，即成吉思汗的父亲。
不里·孛濶是忽秃黑秃·蒙古儿的儿子。[①] 这样一来，成吉思汗与
这三个人之间的关系就清晰了，他们是同一个曾祖父合不勒汗的子
嗣们，相互之间应该是堂兄弟关系。从《秘史》的记载来看，不
里·孛濶的辈分可能要大，在他们四人中应该是叔叔辈，但从后来
的记述看，应该也是兄弟关系。主儿乞人归附成吉思汗，在斡难河
树林里举行宴会时，不里·孛濶与别勒古台产生纠纷，砍伤了别勒
古台的肩膀。成吉思汗看到弟弟被不里·孛濶砍伤流着血，于是他
起身要与他们打架，这时候别勒古台劝成吉思汗说：没伤着，可不
要为了我，兄弟之间起摩擦！我不碍事，我不碍事。在兄弟们刚刚
互相熟识的时候，哥哥可不要打架，暂且忍一忍吧！[②] 在这里，从
别勒古台的语气来看，将不里·孛濶称作兄弟，强调不要伤了兄弟
间的和气。也许《秘史》在前述不里·孛濶的过程中简化了他的血
脉关系，只是强调了他是合不勒汗三子的脉系。但是成吉思汗不听
劝阻，拿起树条和木棍与主儿乞人厮打，制住了他们。

　　在与主儿乞人打架事件发生不久，成吉思汗得到金朝王京丞相
带队攻打塔塔尔人消息，于是成吉思汗通知王汗，二人各自带领军
队，参与了夹攻塔塔尔人的行动。在三方合力围攻下灭掉了塔塔尔
部落，杀死了首领篾古真·薛兀勒图。战争进行过程中，主儿乞人
袭劫了成吉思汗的老营，抢夺了 50 个人的衣服，杀死了 10 个人。
消息传到成吉思汗这里，他非常愤怒，悉数主儿乞人的种种不义之
举，称他们如此靠拢敌人，那么他们也就是敌人之道理，于是带着
军队攻向主儿乞族营地。战斗很快结束，捕获了主儿乞族首领薛
扯·别乞、泰出二人，他们二人因为没有实践对成吉思汗效忠的承

①　参见札奇斯钦《〈蒙古秘史〉新译并注释》第 48—50 节，联经出版事业公司 1979 年版，
第 40—43 页。
②　参见札奇斯钦《〈蒙古秘史〉新译并注释》第 131 节，联经出版事业公司 1979 年版，第
161 页。

诺，于是就按他们的话处分，把他们结果了，撇在那里。① 不里·孛濶是当时全国有名的力士，曾经将别勒古台只用了一只手和一条腿就能绊倒。一天，成吉思汗说，我们叫不里·孛濶、别勒古台两个人摔跤吧！这时，无敌的不里·孛濶故意倒下，于是别勒古台骑在他后背上，回头看成吉思汗，可汗咬了咬自己的下嘴唇，别勒古台明白可汗的意思，从两边交错地扼住不里·孛濶的颈项，向后扯，用膝盖按住，折断了他的脊骨，不里·孛濶就这样丧了命。大力士不里·孛濶疏远成吉思汗一族，而与骄猛的主儿乞族子嗣们做伴，因此被折断脊骨而死。②

主儿乞这个氏族名称由来是这样的，当初合不勒汗七个儿子中，最年长的是斡勤·巴剌合黑，他的儿子是莎儿合秃·主儿乞，因他是合不勒汗诸子中最年长的，就从百姓当中挑选肝强胆壮，拇指善射，满怀雄心，满口傲气，有丈夫技能，有力士强力的人给他，成为有傲气，有胆量，有勇敢，无人能敌的主儿乞族。③ 成吉思汗处决了主儿乞族的两位首领，后又以摔跤的名义除掉他们的得力干将不里·孛濶。他能够制服那样刚勇无畏的百姓，证明了自己是全蒙古百姓首领的地位。通过制服主儿乞人，成吉思汗进一步巩固了在蒙古众部落之中的威望和地位，在蒙古各部族百姓的内部统一方面迈出了标志性的一步。

成吉思汗与札木合之间的恩恩怨怨由来已久，他们二人曾三次结为"安荅"，后因为各种原因分道扬镳。随着成吉思汗阵营的不断强大，他的部族百姓的不断集结扩充，草原上的其他几大部落坐不住了，曾先后与成吉思汗交战，试图遏制住成吉思汗，其中就包括札木合这一支反对势力。说来札荅兰人札木合与成吉思汗的亲缘

---

① 参见札奇斯钦《〈蒙古秘史〉新译并注释》第136节，联经出版事业公司1979年版，第168页。

② 参见札奇斯钦《〈蒙古秘史〉新译并注释》第140节，联经出版事业公司1979年版，第174页。

③ 参见札奇斯钦《〈蒙古秘史〉新译并注释》第139节，联经出版事业公司1979年版，第172—173页。

关系也不算远，他是成吉思汗先祖孛端察儿掳掠来的妻子所生，掳来的妻子当时怀着身孕，来到孛端察儿这里生下一个儿子，因为是外族人之子，取名叫札只剌歹，他就是札荅兰族的祖先。加之他们间的安荅关系，其情谊曾经一段时期胜过亲兄弟。后札木合投靠乃蛮部，与乃蛮塔阳汗一起，与成吉思汗进行战斗，此后不久便战败而逃，由他手下五个随从抓来交给成吉思汗。本来抓来札木合之后，成吉思汗劝他来与其做伴，可札木合没有接受，反而请求成吉思汗赐死，用札木合的话说，我在应当来做伴的时候没有做伴，如今"安荅"已经把整个国家平定了、把一切外邦统一了，在汗位已经指向了你，在天下已成定局的时候，我来做伴，还有什么益处呢？反倒在黑夜入你的梦，白日扰你的心，成为你领子上的虱子，你底襟上的草刺。[①] 于是成吉思汗将他按照他本人的意愿，使其不流血而处死，殓葬了他的尸骨。

据《秘史》记载看，成吉思汗四子拖雷之死与他三哥窝阔台有关。成吉思汗驾崩，依照他的遗嘱，由三太子窝阔台继承了帝位。鼠儿年（1228年），窝阔台完成登基仪式，之后便继续他父亲的伟业，展开了对外扩充的战争。兔儿年（1231年），窝阔台汗征伐金国，越过居庸关，窝阔台汗便驻营于龙虎台。在这里，窝阔台汗患病，口舌麻木不灵，请来巫师占卜，卜卦者说金国地方山川的神祇，因为他们的百姓人烟被虏，城市被毁，急遽作祟。以占卜告诉说，给他们百姓、人烟、金银、牲畜、食物和替身，他们仍不肯放过，反而更加作祟占卜。再问：可否由一个亲族代替？他们就放开了。这时可汗睁开了眼睛，问道：在近侧的子弟们有谁？拖雷正在跟前，于是巫师们以拖雷为替身开始诅咒，把诅咒的水给拖雷喝了。他坐了一会儿就说：我醉了，等我醒过来的时候，请可汗哥哥好好关照孤弱的侄辈，寡居的弟媳妇吧！我还说什么呢？我醉了。

---

① 参见札奇斯钦《〈蒙古秘史〉新译并注释》第201节，联经出版事业公司1979年版，第285页。

说罢出去，就逝世了。① 这就是拖雷之死经过，是替他可汗哥哥窝阔台而死。从正面结果来看，拖雷英明大义，为了保全国家权力的正常运行而死。但从另一个角度看待此事，不得不提出怀疑，怀疑这是窝阔台在加害拖雷。从当时成吉思汗分配遗产的情况看，不是没有这个可能性。当初成吉思汗把国之大权交给窝阔台，由他执政，掌管国家政权。而将军队的绝大部分归了四子拖雷掌管。据拉施特《史集》中的统计，成吉思汗在位时他的中央军总规模为129000 人，其中拖雷继承了101000 的军队。② 而窝阔台的军队，继承父亲汗位而得来的，曾是保卫成吉思汗黄金性命的 8000 散班、2000 宿卫，另加自己受封的 4000 军人，总计也就是 14000 人的规模。③ 由此看来，窝阔台即便是执政者，但他与拖雷之间的势力对比悬殊，有可能感觉政权不固，因此他施此计谋，除掉拖雷。从蒙古帝国政权更迭的总的情况看，窝阔台系只延续了父子两代皇权，之后便转移至拖雷子孙手里，而且这两大家族之间矛盾相对突出，是否跟拖雷之死有关不得而知。

单个的历史事件，如一件一件巧合与偶然发生之事，但要是把这些巧合与偶然的事件放到整体历史的发展进程中来分析，就会发现这些历史事件绝不是巧合与偶然能够说明的，其中有它必然的规律性。这样一来，我们就比较容易明白，《秘史》所记这四起兄弟间的互戮行为，每一件都是不可避免的事件了。当《秘史》书写完毕之后不久，1253 年欧洲人鲁布鲁克前往蒙古汗庭，在旅途中听说贵由汗之死与钦察汗国君主拔都有关。据他记载，贵由汗是吃了一种投给他的药而死，据估计投药者是拔都。不过还有另一种说法。贵由曾召拔都去向他表示臣服，而拔都已经声势浩大地出发了。拔

----

① 参见札奇斯钦《〈蒙古秘史〉新译并注释》第 272 节，联经出版事业公司 1979 年版，第431 页。

② 参见拉施特《史集》第一卷第二分册，余大钧、周建奇译，商务印书馆 1983 年版，第362—363 页。

③ 参见札奇斯钦《〈蒙古秘史〉新译并注释》第 269 节，联经出版事业公司 1979 年版，第424 页。

都和他的人马都很害怕，所以他派他的一个兄弟，名叫司提堪的，先他前去。当司提堪见到贵由，不得不向他敬酒时，他们之间发生了争吵，都想把对方杀死。① 这是有关贵由汗死因的唯一信息，其他史书都没有提及贵由汗死因的报道。拔都是成吉思汗长子术赤之子，贵由是窝阔台之子，二人也是堂兄弟。这与前述《秘史》的记载如此相似，这就是历史，这样的历史可能还会延续下去。

四　象征寓意故事

《秘史》在写作手法上非常成功。它大量运用民间口头叙事体例，表达方法灵活多变。整部《秘史》的写作顺畅自如，表述不拘于形式，民间口承智慧随手拈来，时机把握恰到好处。《秘史》在表达某种意义的时候，多次运用象征寓意的表现手法，有时将一些内涵丰富的意思表述得简明具体，有时将简单而不便明指的事理表述得委婉妥帖，有时象征吉祥之事，有时象征凶险之事。

帖木真9岁时，父亲也速该·把阿秃儿领着他，到他母舅家族斡勒忽讷兀惕人那里，找一个女儿定亲。走到扯克彻儿、赤忽儿古两山之间，遇见了翁吉剌惕族的德·薛禅。德·薛禅问出也速该·把阿秃儿将领着儿子到斡勒忽讷兀惕族相亲之事后说，你儿子是个眼中有火，脸上有光的孩子啊！接着德·薛禅就讲述了夜间梦到的情景：

也速该亲家！我夜里做了一个梦，（梦见）白海青抓着太阳和月亮，飞来落在我的手臂上，我把这个梦讲给人说："太阳和月亮是能望得见的，如今这个海青却拿着来落在我的手臂上，白（海青）降下来了。这是要叫（我）看见什么好预兆呢？"也速该亲家！我这个梦，原来是叫你带着你的儿子前来

---

① 参见《柏朗嘉宾蒙古行纪、鲁布鲁克东行纪》，耿昇、何高济译，中华书局1985年版，第257页。

的预兆啊。梦做的好！（这）是什么梦呢？（必）是你们乞牙惕人的守护神前来指教的。①

在这里，德·薛禅将也速该·把阿秃儿带着儿子帖木真来的事，用了一个象征寓意的表现手法，表述得非常完美。当时帖木真还是个刚刚 9 岁的孩子，而他的父亲也速该虽说是蒙古乞颜部一名出色的战士，但还不是蒙古部落的首领，一切还是个未知数。但在德·薛禅的描述中，将他们父子二人比作太阳和月亮，将父子二人的到来视为应了天意，是蒙古乞牙惕氏族的守护神带给他的预示前兆。一切都是顺应天神的安排，因此两家人的姻缘注定是完美的结果。德·薛禅的女儿名叫孛儿帖，他与帖木真婚后育有四个儿子，日后被称为蒙古帝国的四根柱子。

在帖木真还年轻的时候，同族的泰亦乞兀惕同胞袭击了他。他们的理由是"雏儿脱毛了；羔儿长大了！②"害怕帖木真长大成人、羽翼丰满之后，对他们实施报复，对他们而言，帖木真始终是个潜在的威胁。这一次，帖木真敌不过泰亦乞兀惕人，骑马钻进了密林丛生的帖儿古捏山里。泰亦乞兀惕人前去追赶，进不去，就在密林外围等着他出来。于是就出现了下面所描述的情形：

> 帖木真在密林里住了三夜，想要出来，正牵着马走的时候，他的鞍子从马上脱落下来，回头一看板胸照旧扣着，肚带照旧束着，鞍子竟脱落了。（他）想："肚带板胸都扣着，（鞍子）怎能脱落呢？莫非是上天阻止我吗？"就回去。又过了三夜，再要出来的时候，在密林出口，有帐房那么大的白岩石倒下来塞住了出口。（他）想："莫不是上天阻止（我）吗？"就

---

① 札奇斯钦：《〈蒙古秘史〉新译并注释》第 63 节，联经出版事业公司 1979 年版，第 62 页。

② 札奇斯钦：《〈蒙古秘史〉新译并注释》第 79 节，联经出版事业公司 1979 年版，第 85 页。

又回去过了三夜。（这样）没有吃的东西住了九夜。（他）想："怎能无名的死去呢？出去吧！"①

　　他一出来，泰亦乞兀惕人正在外面守着，于是就将帖木真抓住带走了。这里两次出现奇怪现象，帖木真自己还想着：这是上天阻止我，不要我出去吗？的确，这是天神在告示帖木真，不要出去，因为出口有泰亦乞兀惕人守着抓他。但因为没有吃的东西，实在无法再坚持下去了，如果再不出去就等于饿死在山里，帖木真想着，不能这样无名死去，所以才从山林中走出来。天神又一次出现在帖木真的身边，象征着帖木真是个必将成就大业之人。

　　帖木真依靠客列亦惕的脱斡邻勒汗、札荅兰的札木合帮助下夺回妻子孛儿帖，摧毁了蔑儿乞惕人的老营盘之后，他在蒙古部落百姓中的地位日渐上升，众多蒙古氏族纷纷投向了这个未来的可汗，其中就有巴阿邻氏的萨满巫师豁儿赤。豁儿赤来到帖木真阵营之后说：

　　　　我们是圣贤孛端察儿擒获的妇人所生的，我们与札木合同是一个肚皮、一个胞衣的。我们本不应该和札木合分离的。（上天的）神告临到我，使我亲眼看见了。有黄白色乳牛，围绕着札木合走，把他的房子车辆都撞了以后，就撞札木合，弄折了一支犄角。还剩了一支犄角，就扬起尘土，连声向札木合吼叫："把我的犄角拿来！"没有犄角的黄白色的犍牛驮着、拉着大帐的椿子，在帖木真的后边，顺着大车路前来吼叫："天地商议好，要叫帖木真做国家之主，把国家给载来了！"指示教我亲眼目睹，指教给我了。②

────────────────

　　①　札奇斯钦：《〈蒙古秘史〉新译并注释》第79节，联经出版事业公司1979年版，第85—86页。

　　②　札奇斯钦：《〈蒙古秘史〉新译并注释》第121节，联经出版事业公司1979年版，第140—141页。

　　萨满巫师豁儿赤讲述的这段寓意深刻的故事，预示着帖木真将统一蒙古部族百姓，做全蒙古的可汗。他特别提到札木合，按照豁儿赤的预言来看，札木合前途暗淡，没有可汗的命相。豁儿赤说，他们与札木合本是生于同一个肚皮的人，本不应该与札木合分开，是因为应从了上天神灵的指示，所以才离开札木合投奔帖木真。这里的房子、车子象征着权力与财富。黄白色的乳牛将札木合的房子、车子撞倒，与此同时，一头黄白色的犍牛给帖木真载来了大帐的椽子，这一倒一扶之间，蕴含着由谁担当国家之主的象征意义。

　　从当时的情况看，蒙古各部势力中，帖木真与札木合应是两个青年领袖人物。各氏族不知跟随哪一方好。过去，札木合的势力强于帖木真，因此众蒙古氏族聚集在他的麾下，但在平定蔑儿乞惕人之后，势力对比出现了转折，众多蒙古氏族纷纷倒向了帖木真一边。应该来讲，选择帖木真，投靠帖木真，首先是当时的蒙古百姓看好这个未来的草原英雄，其次也不排除门第观念。札木合属迭儿列勤蒙古系，而帖木真则属于尼伦部人。蒙古百姓更愿意相信尼伦部的帖木真才是他们的依靠，他才有资格充当全蒙古百姓的可汗。

　　对于将要发生的凶险之事，蒙古和突厥人也有自己的象征说法。《秘史》记载了乃蛮部落的衰亡，其中就有一段这样的故事情节。乃蛮塔阳汗的母亲古儿别速命人将死去的王汗头颅拿来祭奠，祭奠的时候王汗笑了，因此塔阳汗就将头颅践踏粉碎。这时老臣可克薛儿·撒卜拉黑说：

　　　　您把已经死做（过）汗之人的头，砍下拿来，然后您又弄得粉碎，是应当的么？我们狗吼的声音不好。亦难察·必勒格汗曾说："妻年轻，做丈夫的我已经老了。这个塔阳是由祈祷神灵而生的，可是我儿生来懦弱，能够照料管理众多族类下等不良的百姓吗?"现在狗吼的声音不对。①

狗吼象征着不好的预兆,老臣可克薛儿·撒卜拉黑担心的事情没错,没过多久乃蛮就被蒙古人摧毁。从《汉译蒙古黄金史纲》的记载来看,就能够理解狗吼代表着什么意义了。黄金史上说,如果是狗吠,是太平、宁谧、吉祥、安泰而没有战争,如果是嚎叫,就表明有敌人了。② 相同的记载在《新唐书·突厥传》中也有记录。证明在当时的蒙古和突厥人中,确有这么一种习俗存在。

晃豁坛氏的蒙力克老爹有七个儿子,其中阔阔出是个"贴卜·腾格里",意为萨满教里的通天巫师。有一次他们七兄弟打了合撒儿,合撒儿回来告到成吉思汗这里,因为成吉思汗正为别的事烦心,所以没有理会合撒儿。合撒儿心里不愉快,三天都没来成吉思汗这里。贴卜·腾格里对成吉思汗说:"长生天的圣旨,预示可汗,一次由帖木真掌国,一次由合撒儿。若不将合撒儿去掉,事不可知。"成吉思汗听了这话,连夜赶到合撒儿那里,捉拿了他。幸亏诃额仑母亲得到消息,前去营救了合撒儿,并且痛批成吉思汗的不义之举,令成吉思汗很是羞愧。之后,操着九种语言的百姓聚集到贴卜·腾格里那里,来贴卜·腾格里处聚会的人,比在成吉思汗系马处的都多了。帖木格·斡惕赤斤的百姓也到贴卜·腾格里那里去了,于是派人去要,没有给。自己去要,结果被他们羞辱了一番。斡惕赤斤告到成吉思汗那里,哭诉了事情经过,孛儿帖夫人哭着说,如果不处理贴卜·腾格里他们,当成吉思汗老死,就无人能管得住他们了。于是成吉思汗交代斡惕赤斤弟弟,过一会儿贴卜·腾格里他们就来我这里,你看着办吧。斡惕赤斤找来了三个力士准备好。

---

① 札奇斯钦:《〈蒙古秘史〉新译并注释》第 189 节,联经出版事业公司 1979 年版,第 253 页。

② 参见《汉译蒙古黄金史纲》,朱风、贾敬颜译,内蒙古人民出版社 1985 年版,第 25 页。

过了一会蒙力克老爹和他七个儿子来了。……斡惕赤斤就揪贴卜·腾格里衣领向门外拖。……贴卜·腾格里反过来揪着斡惕赤斤的衣领，共相搏斗。贴卜·腾格里的帽子在相搏中掉在火盘前面，蒙力克老爹拿起帽子闻了一闻，放在怀里。成吉思汗说："你们出去，比试力量！"斡惕赤斤把贴卜·腾格里揪住向外拖，在门前先预备好的三个力士就迎面抓着贴卜·腾格里，拖了出去，折断他的脊骨，扔在左边车辆的尽头。①

势力达到一人之下、万人之上，聚集九种语言百姓的通天巫师阔阔出就这样被除掉了。这里面有一个场景描写，比较特别。斡惕赤斤与贴卜·腾格里搏斗中，贴卜·腾格里的帽子掉了，是掉在火盘前，他的父亲拿起帽子闻了一闻，放进怀里。火一向被蒙古人认为是生命的象征，帽子与头颅是一体的，帽子掉在火盘前，预示着贴卜·腾格里将要丢掉性命。这样的场景描写，笔者认为不是无意的絮叨，而是《秘史》书写者在有意识的描绘，想要表达出其中蕴含的象征寓意。同样是关于贴卜·腾格里的死因，伊朗人志费尼的报道却很简单，他是听可靠的蒙古人的讲述称，有天，在酒宴上，他和一个宗王争吵，那个宗王就在宴会中央把他狠狠摔在地上，以致他再也没爬起来。②

第三节 民间口头叙事诗

《秘史》中运用了大量的民间口头叙事诗，用于表达不同的思想情感，这类口头叙事诗在全文中出现 20 余处，1000 多行诗词。按照其运用的场合，分抒情题材叙事诗、训诫题材叙事诗、通讯题

---

① 札奇斯钦：《〈蒙古秘史〉新译并注释》第 245 节，联经出版事业公司 1979 年版，第 368 页。

② 参见［伊朗］志费尼《世界征服者史》上册，何高济译，内蒙古人民出版社 1980 年版，第 40 页。

材叙事诗和誓言题材叙事四种。民间口头叙事诗，不言而喻是种采用诗词的形式刻画人物和抒发情感，兼得小说与诗歌两种体裁之优势，故事情节完整而集中，所表现人物性格特点鲜明，既有浓厚的诗意，又有简练的叙事，生活场景真实、生动、立体。《秘史》中的口头叙事诗均以第一人称出现，由《秘史》中的历史人物亲自吟诵，因而给人以这样的感触，即当时的人们出口成诗，每个人都是填词作诗的行家里手。

一　抒情题材叙事诗

《秘史》的叙事体裁多变，除了有真实历史事件的记述之外，还运用了民间传说、故事、谚语、叙事诗等多种表达方式。其中民间口头叙事诗的运用很多，抒情题材叙事诗便是一种常见的表达方式。在《秘史》文本中，抒情题材叙事诗主要在表达历史人物的情感抒发，描绘气势恢宏的战争场面，以及对英雄人物的豪放赞美等场合运用。

帖木真被三姓蔑儿乞惕人袭击，逃进林木繁茂的不儿罕山里。那三姓蔑儿乞惕人围绕着不儿罕山转了三圈，想尽各种办法都没能进山，因此帖木真这躲过了一劫。蔑儿乞惕人掳获了他的妻子和家眷之后，就下山回家去了。等蔑儿乞惕人走远之后，帖木真从不儿罕山下来，捶着胸说：

> 使豁阿黑臣母，
> 像鼬鼠般能听的缘故，
> 像银鼠般能看的缘故，
> 才使我身体能够躲避！
> 骑着缰绳绊蹄的马，
> 踏着牡鹿走的小径，
> 拿着柳条做遮蔽，
> 爬上了不儿罕山来，

不儿罕山佑护了我这微如虱蚤的性命！

爱惜我唯一的一条命，

骑着我仅有的一匹马，

循着驯鹿走的小径，

拿着劈开的树枝当掩护，

爬上了不儿罕山来，

不儿罕山荫庇了我这小如蝼蚁的性命！①

　　这是一段帖木真躲过蔑儿乞惕人的追捕，躲进不儿罕幸免于难的故事。帖木真将这一次不幸的逃亡经历，用诗的形式描绘出来，事实情节完整，语言形象生动，故事讲述很是生活化。蔑儿乞惕人清晨赶来偷袭他们，还在睡梦中的人们根本不知情，是豁阿黑臣老母发现了异常，她听到了大地震动的声音，因此叫人们赶快起来逃跑。生活在草原上的人们知道，大批马队行进的声响，如同战鼓急揍般传到很远的地方。帖木真还很形象地描述了慌乱中骑着马，沿着野鹿走出的小径，用树枝做后防挡住敌人前进之路等情形。通过上述情节的描述，继而抒发了对不儿罕山无限的崇敬之情和感恩之心。说完这些，他面向太阳，把腰带挂在颈上，把帽子托在手里捶着胸，对着太阳洒奠祝祷，跪拜了九次。

　　蔑儿乞惕人抓走帖木真妻子孛儿帖，因为当初也速该抢的是也客·赤列都妻子的缘故，就将孛儿帖交给了也客·赤列都弟弟赤勒格儿·孛阔看管。当帖木真联合札木合、脱斡邻勒汗来攻打三姓蔑儿乞惕，夺回孛儿帖的时候，看管孛儿帖的赤勒格儿·孛阔仓皇逃跑去了。逃跑的时候，他说：

老乌鸦的命本是吃皮壳的，

---

　　①　札奇斯钦：《〈蒙古秘史〉新译并注释》第103节，联经出版事业公司1979年版，第108—109页。

竟想吃鸿雁、仙鹤；

我这不能成器的赤勒格儿，

竟侵犯到夫人！

全篾儿乞惕人的罪孽，

已经临到我不肖下民赤勒格儿的黔首之上了！

想逃我这仅有的一条命，

我想钻进幽暗的山缝啊！

可是谁能作我的盾牌呢？

壤白超的命本是吃些野老鼠的，

竟想吃鸿雁、仙鹤；

我这服装不整的赤勒格儿，

竟收押了有洪福的夫人！

全篾儿乞惕人的灾殃，

已经临到我污秽不堪赤勒格儿的骷髅之上了！

想逃我这羊粪般的命，

我想钻进幽暗峡谷啊！

可是谁能作我的围墙呢？[1]

说完这些，赤勒格儿·孛濶逃命去了。这首叙事诗包含两段诗词，采用诗词创作上的比兴、重叠等手法，抒发了赤勒格儿·孛濶从懊悔到沮丧，再到绝望的复杂情感，表达了不应该抓来孛儿帖夫人，因为她的缘故而全篾儿乞惕族遭殃的悔恨之意。以上两首诗词，在创作语境上有相似之处。二作者均处在逆境当中，经历生死考验之际。所不同的是，帖木真是逃出绝境抒发感恩之情，而赤勒格儿·孛濶遭遇绝境抒发了悔恨之意。

对于战时的军队出征与战争场面的描写中，叙事诗体裁的运用

---

① 札奇斯钦：《〈蒙古秘史〉新译并注释》第 111 节，联经出版事业公司 1979 年版，第 125—126 页。

也发挥了渲染气氛的作用。札木合应帖木真、脱斡邻汗之邀，准备出兵攻打蔑儿乞惕人。为了让伙伴帖木真和脱斡邻汗放心备战，札木合以这样的诗词来表达决心：

> 我祭了远处能见的大纛旗，
> 我打了用黑牤牛皮制作有冬冬之声的战鼓，
> 我骑了黑色的快马，
> 我穿上坚硬的铠甲，
> 我拿起钢做的长枪，扣好了用山桃皮囊的箭，
> 我上马前去与合阿惕—蔑儿乞惕厮杀！
> 我祭了远处能见的高军旗，
> 我打了用犍牛皮制作有沉重之声的鼓，
> 我骑了黑脊的快马，
> 我穿上用皮绳系成的铠甲，
> 我拿起有柄的环刀，扣好了带箭扣儿的箭，
> 我要和兀都亦惕—蔑儿乞惕拼个死活！[①]

从这一段叙事诗中，能够了解到当时蒙古骑兵的武器装备，军队出征时的祭祀仪式，以及札木合本人豪迈爽朗的个性和草原英雄气魄。

帖木真征伐乃蛮部落，两军在纳忽山崖的前脚下对阵驻营。那时蒙古哨兵追赶乃蛮哨兵，一直追到乃蛮大中军帐前，这一情况被乃蛮的塔阳汗看到了，他问身边的札木合，他们怎么像狼追羊群，一直追到人家附近一般的追赶前来呢？那样追赶前来的是些什么人？札木合说：我"安荅"帖木真用人肉喂养，用铁索拴着四只狗。那追赶我们哨兵前来的就是他们。那四只狗：

---

① 札奇斯钦：《〈蒙古秘史〉新译并注释》第106节，联经出版事业公司1979年版，第120页。

　　额似青铜，

　　嘴如凿子，

　　舌像锥子；

　　有铁一般的心肠，

　　拿环刀来当鞭子；

　　吃着朝露，

　　骑着疾风而走。

　　他们在厮杀的日子，

　　所吃的是人肉；

　　他们在交绥的日子，

　　拿人肉当行粮。

　　如今挣脱了自己的铁索，那些曾受捆索的，还不高起兴，垂涎而来吗？若问那四狗是谁？两个是者别、忽必来，两个是者勒蔑、速别额台。就是他们四个人。[①] 这段诗词，生动地描绘出了帖木真手下"四狗"勇猛无畏的剽悍形象，以至于乃蛮的塔阳汗吓破了胆，不战而退。

　　成吉思汗重新制定宿卫、散班、弓箭手制度，明确了他们的职责和地位，这时他特别赞颂了多年来一直守卫他的忠诚的护卫们，颁降圣旨：

　　在黑暗阴霾的夜里，

　　环绕我穹帐躺卧，

　　使安宁平静睡眠的，

　　叫坐在这大位里的，

　　是我的老宿卫们。

---

　　① 参见札奇斯钦《〈蒙古秘史〉新译并注释》第195节，联经出版事业公司1979年版，第266页。

在星光闪耀的夜里，
环绕我宫帐躺卧，
使安枕不受惊吓的，
叫坐在这高位上的，
是我吉庆的宿卫们。

在风吹雪飞的风雪中，
在使人发颤的寒冷中，
在倾盆而降的暴雨中，
站在我毡帐周围，
从不歇息的，
叫坐在这快乐席位里的，
是我忠诚的宿卫们。

在众敌环伺扰攘中，
站在我毡帐周围，
目不转睛阻敌而立的，
是我所信赖的宿卫们。

在桦皮箭筒摇动时，
绝不迟误守卫的，
是我敏捷的宿卫们。

在柳木箭筒摇动时，
从不落后守卫的，
是我快速的宿卫们。①

---

① 札奇斯钦：《〈蒙古秘史〉新译并注释》第230节，联经出版事业公司1979年版，第345—346页。

成吉思汗深情地歌颂了他的宿卫们，这些早期的老宿卫，不管是在寒夜还是在白昼，不管是在雪花飞舞的风雪中，还是在倾盆而降的暴雨中，使他安然入睡，使他稳坐高位，雷打不动，日复一日。在这场景的描述中，使人不由自主回到13世纪的蒙古草原，看到了成吉思汗庄严的宫帐和他忠诚勇敢的宿卫们一般。

二　训诫题材叙事诗

训诫题材的叙事诗在《秘史》里出现过几处。比较典型的有诃额仑母亲训斥帖木真和合撒儿二人，他们二人因一些琐事而射杀同胞兄弟别克帖儿，母亲非常生气，矛头指向帖木真大加责骂了他。训诫词是这样的：

> 从我热里突然冲出来的时候，
> 你就生来手里握着一个黑血块！
> 你这像咬断自己衣胞的凶狗般的，
> 像奔向山崖冲撞的野兽一样的，
> 像不能压制怒气的狮子，
> 像生吞活噬的巨蟒，
> 像搏击自己影子的海青，
> 像不出声而吞噬的狗鱼，
> 像咬自己幼儿脚跟的雄驼，
> 像窥伺在暴风雪中的野狼，
> 像赶不走幼雏就吃掉她们的鸳鸯，
> 像那一动就袒护自己窝穴的豺狼，
> 像毫不迟疑捉扑的老虎，
> 像胡冲乱撞的野兽，
> 在除了影子没有别的伴当，
> 除了尾巴没有别的鞭子的时候，

> 在受不了泰亦乞兀惕兄弟们的痛苦，
> 正说谁能去报仇，怎么过活的时候，
> 你们怎自相这般呢!?

如此搜寻着古语，引证着老话，把儿子们痛加斥责了。[1] 这里诃额仑母亲连续运用排比句，将帖木真和合撒儿比作凶狗、狮子、巨蟒、海青、狗鱼、雄驼、野狼、鸳鸯、豺狼、老虎等多个种类的兽禽，还引用古语老话"除了影子没有别的伴当，除了尾巴没有别的鞭子"[2]。如果没有丰富的生活经验，道不出这十多种兽禽的名称，更难以把握它们各自的特性。这着实令人惊叹，叹服那时人们思维的淳朴性和语言想象力的丰富性。

成吉思汗准备出征花剌子模国，临出发前也遂夫人提醒成吉思汗说，可汗打算越过峻岭，横渡大河，长征绝域，平定诸国。但有生之物，不能永存。假如您那大树般的身体倒下去，由谁来管理您这群雀一样的百姓？在亲生的四个儿子中指定谁来继承汗位呢？成吉思汗觉得言之有理，是应该有个继承人选了。于是成吉思汗召集诸子群臣，商议此事。成吉思汗首先叫长子术赤发表意见，没等术赤发言，察阿歹就说：让术赤说，莫非是要托付术赤吗？我们怎能被这个蔑儿乞惕人管辖呢？术赤非常恼火，站起揪住察阿歹衣领就要教训他，于是二人互相揪住衣领不肯让步。这时，孛斡儿出拉着术赤的手，木合黎拉着察阿歹的手劝他们二人，成吉思汗坐着一声不响。濶濶搠思站在左边，说：察阿歹你忙什么？你汗父在诸子之中，是属意你的。在你生以前：

> 星光照耀的天空旋转，
> 诸国造反，

---

[1] 参见札奇斯钦《〈蒙古秘史〉新译并注释》第78节，联经出版事业公司1979年版，第83—84页。

[2] 这句老话在《蒙古秘史》第77节、125节各出现一次。

寝不安席，

互相抢夺劫掠。

草海所覆的大地翻腾，

全国丧乱，

卧难安衽，

彼此攻杀挞伐。

时势如此，

不及思虑，

就互相冲突起来；

不及躲避，

就互相厮杀起来；

不及安息，

就互相攻打起来。

啊！你把你圣明的母后说得，

酥油一般的心都冷却了；

奶子一般的心都凝结了！

你不是温暖暖的从这个肚皮里生出来的吗？

你不是火热热的从这个衣胞里生出来的吗？

不应该让你亲生的母亲气愤，

使她心灰意冷；

不应该让你亲生的母亲哀怨，

使她慈恩消失！

你汗父建国之时，

不顾自己的头颅，

不惜自己的鲜血；

目不暇转睛，

耳不及落枕。

以袖子作枕头，

以衣襟当被褥；

以口中的涎沫来解渴，
以牙缝里的碎肉当宿粮。
前额的汗流到脚底，
脚底的汗冲到的前额。
谨慎缔造之时，
你的母亲共尝艰苦。
高高的梳起头，
短短的束起腰；
紧紧的绑起头，
牢牢的紧着腰；
把你们养大了。
她把要咽下的，
给你们一半；
她把喉咙空着，
叫你们吃足；
她空着肚皮走；
谁提着你们的肩膀，
使你们与男子汉一样高；
谁扯着你们的颈项，
使你们跟别人一样齐？
她把你们的皮袜子收拾干净，
她把你们的脚后跟垫起加高。
使你们能够勾到男子的肩头，
战马的后胯。
如今正要看成功立业。我们圣明的可敦真是：
心明如日，

恩洪似海啊！①

　　这是一首比较典型的训诫题材叙事诗，由敢于直言著称的濶濶搿思来教育和劝诫察阿歹。我们可以从三个方面来探讨该训诫题材叙事诗的内容。首先是关于蒙古高原时局的描述。诗中描述到，当时的蒙古高原天空旋转、大地翻腾，诸国造反、全国丧乱，寝不安席、卧难安衽，人们互相抢夺劫掠、彼此攻杀挞伐，来不及思索就互相冲突、厮杀起来。简单的几行诗词，将当时的时势情况描述得如此具体生动，为母亲字儿帖被抢和创世英雄成吉思汗的出现做了铺垫。其次为教育察阿歹不要伤了母亲心，母亲养育你们很辛苦。濶濶搿思劝导察阿歹不应该提起母亲曾被蔑儿乞惕人掳掠欺侮的过去，因为时局混乱，彼此抢夺劫掠是常有的事，母亲为了养育你们付出得太多，省吃俭用饿着肚皮把你们拉扯成人。再次是父亲成吉思汗建国时的艰辛历程。濶濶搿思在此也提到了汗父成吉思汗建国创业的艰辛历程，他不顾自己的性命，耳不及落枕，衣襟当被褥，以牙缝里的碎肉充饥着创建了蒙古帝国，其过程相当艰辛和危险，汗水流到了脚跟处也不为过。如今即将功成名就，所以更不能兄弟间起冲突，和睦相处才是长久生存的法宝。濶濶搿思如此教导察阿歹，其实是通过这番训导，对成吉思汗诸子进行了人生教育，因为当时成吉思汗四个儿子均在场。

三 通讯题材叙事诗

　　口头叙事诗还有一个功用是起到部落之间相互传达信息的作用。《秘史》多次运用口头叙事诗的方式，相互联络信息，彼此间传达意见和看法。按照现代人的说法，这就叫"捎口信"。这个"口信"常常以叙事诗的体例出现，分析其原因可能有这么几个方

---

　　① 札奇斯钦：《〈蒙古秘史〉新译并注释》第 254 节，联经出版事业公司 1979 年版，第 387—390 页。

面，叙事诗传诵起来朗朗上口，而且便于记忆，也方便使臣来回传递信息。波斯人拉施特在其《史集》中就记录了古代蒙古人部落之间传递信息的习惯：他们的文书多半用巧妙的、押韵的隐喻进行口头传述。①

帖木真被三姓蔑儿乞惕人掳掠，被抢走妻子孛儿帖。先去客列亦惕的脱斡邻勒汗处，得到脱斡邻汗出兵相助的允诺，回来之后派合撒儿、别勒古台两个人到札木合那里去，对他说：

> 三族蔑儿乞惕人来，
> 把我们的床铺给弄空了！
> 我们不是每人有个箭扣儿②吗？
> 怎样报我们的仇呢？
> 把我们的胸脯给弄断了！
> 我们不是肝的亲族③吗？
> 怎样报我们的仇呢？④

札木合听完之后回话道：

> 听说帖木真安荅的床铺被弄空了，
> 我的心都疼了！
> 知道他的胸脯被弄断了，
> 我的肝都疼了！
> 报我们的仇啊！

---

①　参见［波斯］拉施特《史集》第一卷第二分册，余大钧、周建奇译，商务印书馆1983年版，第157页。

②　这里所说"箭扣儿"，应该是指帖木真与札木合之间第二次结为"安荅"时所交换的结义信物，请参阅《秘史》第116节。

③　"肝的亲族"是指帖木真与札木合属同源氏族，并且二人是三次结义的"安荅"关系。

④　札奇斯钦：《〈蒙古秘史〉新译并注释》第105节，联经出版事业公司1979年版，第116页。

奸灭兀都亦惕—兀洼思—蔑儿乞惕，
营救我们的孛儿帖夫人！
击破全部合阿惕—蔑儿乞惕，
救回我们的孛儿帖夫人！①

合撒儿、别勒古台两个人回来将札木合所说的这些话传递给了帖木真。

1206 年，帖木真被众蒙古氏族首领推举为蒙古可汗，号称"成吉思汗"。他将这一消息派使臣通报给了客列亦惕的脱斡邻汗，脱斡邻汗叫使臣回来说：

叫我儿帖木真做可汗，是很对的。你们蒙古人，没有可汗，怎么能行呢？你们：

不要破坏自己的协约；
不要拆散自己的团结；
不要扯毁自己的衣领！②

简单的几句话，传达了脱斡邻汗对帖木真当选蒙古可汗的祝福，同时送去了他对各蒙古氏族长的建议和要求。

后客列亦惕的脱斡邻汗受到其子桑昆的强烈鼓动，无奈之下答应袭击成吉思汗，抢夺他的部落百姓。这一次，成吉思汗提前得到巴歹、乞失里黑二人送来的消息，所以保住了自己，也保护了部落百姓没有受太大的创伤。整顿好自己的部落百姓，待军队休整、马儿吃肥了之后，成吉思汗派遣使臣对脱斡邻汗说：

① 札奇斯钦：《〈蒙古秘史〉新译并注释》第 105 节，联经出版事业公司 1979 年版，第 117 页。
② 札奇斯钦：《〈蒙古秘史〉新译并注释》第 126 节，联经出版事业公司 1979 年版，第 151 页。

我的汗父啊！

为什么嗔怒，

恐吓我呀！

如果要使警惕，

为何不在你不肖的儿子们，

不肖的媳妇们，

睡足的时候怪责呢？

你为什么那样把平平的座位给弄塌了，

把上升的云烟给弄散了一般的恐吓我呢？

我的汗父啊！

莫非你从旁受了别人的刺激，

莫非你横着受到别人的挑拨吗？①

　　说完这些，又将二人在秃兀剌河黑林边结为父子之盟而共同立下的誓言重复了一遍，质问他二人之间的约定怎会如此下场。接着又说道：

我的汗父啊！

我的虽少，

没使你找过那多的，

我虽不好，

没叫你求过那好的。

有两根辕条的车，

如果一根辕条折断，

牛就不能向前拉。

我不是曾和你那根辕条一样吗？②

---

① 札奇斯钦：《〈蒙古秘史〉新译并注释》第 177 节，联经出版事业公司 1979 年版，第 229—230 页。

② 此处所讲车辕一事，《秘史》第 186 节脱斡邻汗弟弟札合敢不归降帖木真时再次出现。

有两个轮子的车，

如果一个轮子折断，

就不能移动，

我不是曾和你那个车轮一样吗？①

在此，成吉思汗把自己与脱斡邻汗之间的关系比作辕条、车轮，因为脱斡邻汗没能信守诺言，破坏二人之间的父子之盟，如今这车再也不能移动了。如此等等，成吉思汗将脱斡邻汗的种种不是之处悉数讲了一遍，脱斡邻汗知道自己的过错，将自己小指割破，盛到小桦木皮桶里叫使臣带回去，表示今后不再生恶念，如有就被人刺出血。成吉思汗并没有至此结束口头征讨，他陆续派遣使臣到桑昆、札木合、阿勒坛、忽察儿等处，征讨他们的背叛之举。后三者是鼓动桑昆攻打成吉思汗的幕后指使者。能够看出叫使臣传话，这在当时已经是很普遍的外交手段了，使臣一般都是带着口信而去，带回的也是口信，也就是我们所讨论的口头叙事诗体例。其语言优美，多使用比喻、拟人等修辞手法，时有引证古语，时而追溯过往历史渊源，既能点到为止，也能一针见血，这种表达方式可谓收放自如。

四　誓言题材叙事诗

誓言题材的叙事诗，顾名思义是将立誓时所表达的决心和态度，用叙事诗的形式表现出来。《秘史》中的誓言体口头叙事诗，在拥立君主、入门仪式、结盟结义等情况下出现，它不受篇幅约束，有时篇幅较长，有时只有几行誓词，从中可以了解到13世纪蒙古社会体制中的个体行为约束，社会规范，部落间的交互关系等许多有意义的内容。

---

①　札奇斯钦：《〈蒙古秘史〉新译并注释》第177节，联经出版事业公司1979年版，第230—231页。

拥立君主内容的口头叙事诗，在《秘史》中出现两次。第一次是立帖木真为蒙古部族百姓的可汗，众蒙古氏族首领们对帖木真表达决心而发誓。他们是忽图剌汗的儿子阿勒坛·斡惕赤斤、捏坤太子的儿子忽察儿·别乞、主儿乞氏的莎儿合秃·主儿乞的儿子薛扯·别乞和泰出等，他们共同商议之后，对帖木真说：

> 立你做可汗！
> 帖木真你做了可汗啊！
> 众敌当前，
> 我们愿做先锋冲上阵去，
> 把姿色姣好的闺女贵妇，
> 把（明朗宽敞）的宫帐房屋，
> 拿来给你！
> 把外邦百姓的美丽贵妇，
> 臀部完好的良驹骏马，
> 拿来给你！
> 围猎狡兽，
> 我们愿给你上前围堵，
> 把旷野的野兽，
> 肚皮挤着肚皮，
> 把谷中的野兽，
> 后腿挨着后腿！
> 厮杀之际，
> 如果违背了你发的号令，
> 叫我们与妻儿家属分离，
> 把我们的头颅抛在地上！
> 和平之时，
> 如果破坏了与你的协议，
> 叫我们与妻妾属下分离，

把（我们）丢弃在无人野地！①

这是帖木真被立为蒙古本部可汗时的誓言，据《蒙古源流》卷三记载，这一年是己酉年（1189 年），即金朝世宗大定二十九年，时年帖木真二十八岁。② 此后，秘史第 255 节成吉思汗重提阿勒坛等人所立誓言，此次是因为阿勒坛、忽察儿等人违背了自己的誓言一事，成吉思汗狠狠地批评了他们二人的这种不义之举。③

第二次出现拥立君主内容的口头叙事诗，是窝阔台被选为皇位继承人时，拖雷所立的誓言。当时术赤、察阿歹两位兄长先是起了内讧，后在濶濶搠思等老臣的劝诫下平息了内讧，二人共推三弟窝阔台为皇位继承合适人选，因此父汗成吉思汗问拖雷对此有何要说的，这时拖雷说：

> 我愿在汗父指名的兄长跟前，
> 提醒已经忘记的，
> 唤醒已经睡着的；
> 做他随时呼唤的伴当；
> 当他枣骝骏马的鞭子。
> 守应诺绝不食言；
> 守岗位绝不空闲。
> 为他长征远地；
> 为他短兵迎敌！④

---

① 札奇斯钦：《〈蒙古秘史〉新译并注释》第 123 节，联经出版事业公司 1979 年版，第 143—144 页。

② 同上书，第 146 页注释⑥。

③ 参见札奇斯钦《〈蒙古秘史〉新译并注释》第 179 节，联经出版事业公司 1979 年版，第 236 页。

④ 札奇斯钦：《〈蒙古秘史〉新译并注释》第 255 节，联经出版事业公司 1979 年版，第 393 页。

拖雷没有违背他的誓言，当窝阔台侵入金朝后重病，听从萨满巫师之言，需要一个亲族的替身时，他毫不犹豫地喝下巫师给的诅咒水而死。喝下诅咒水之前，拖雷提到了自己在汗父成吉思汗前所立誓言，说：如果可汗哥哥死了，又给谁去"提醒已经忘记的，唤醒已经睡着了的"呢？① 他毅然决然地承担起汗兄替身，兑现了自己的誓言。

入门仪式时表达的态度和决心，有时也会用叙事诗的方式口述表达。这里所指的入门仪式，是针对封建亲兵制度而言。关于亲兵制度，苏联学者乌拉基米索夫有详细的考察，他认为亲兵是指以军人的资格，供职于氏族和部族首领以及一般指导者的自由人。其特征是亲兵并不是君主和首领们的部下，同时也不是他们的用人，而是给合法的君主首领供职义务的自由战士。② 在《秘史》里，这种亲兵通常被称作"伴当"。蒙古帝国创建之后，被成吉思汗封为国王，统辖左翼的万户木合黎来做伴当的经过是这样的。当初他们父子在主儿乞族部众里，成吉思汗收服主儿乞百姓的时候，他的父亲古温·兀阿领着木合黎、不合两个儿子拜见了成吉思汗，对可汗说道：

> 我教（他们）做你门限里的奴隶，
> 若绕过你的门限啊，
> 就挑断他们脚筋！
> 我教（他们）做你梯己的奴隶，
> 若离开你的门啊，
> 就剜出他们的心肝！③

① 参见札奇斯钦《〈蒙古秘史〉新译并注释》第 272 节，联经出版事业公司 1979 年版，第 430 页。

② 参见［苏］乌拉基米索夫《蒙古社会制度史》，瑞永译，《亚洲民族考古丛刊第六辑》，第 147—149 页。

③ 札奇斯钦：《〈蒙古秘史〉新译并注释》第 137 节，联经出版事业公司 1979 年版，第 169—170 页。

就这样，古温·兀阿把两个儿子交给了可汗。与此同时，古温·兀阿的二弟赤剌温·孩亦赤也将自己的两个儿子秃格、合失带来，拜见成吉思汗说：

> 我把（他们）献给你，
> 看守你的黄金门限；
> 若敢离开你黄金门限，
> 到别处去啊，
> 就断他们的性命，撇弃！
> 我把（他们）献给你，
> 抬起你的宽阔大门；
> 若敢越出你宽阔大门，
> 到别处去啊，
> 就踏他们的心窝，撇弃！①

研究成吉思汗"伴当"的人很多，但都没有提到立誓这个环节，在此我们看到了这个仪式过程。二者均由其父亲领过来，"献给"成吉思汗做伴当，这时候由他们的父亲表达忠诚于君主的誓言，采用的是口头叙事诗的体例。相同的情况在《秘史》第97节也有记载："兀良哈氏的札儿赤兀歹老人，背着风箱，领着他名叫者勒蔑的儿子，从不儿罕山下来。札儿赤兀歹说：当初在斡难迭里温字勒荅，生帖木真的时候，我给过一个裹小孩的貂皮褥袱。我也曾想把我这个儿子者勒蔑给你，因为还小，就带回去了。现在叫者勒蔑给你备马鞍开门吧"这是成吉思汗重要的战将者勒蔑来做伴当的经过。与前者很相似，只是者勒蔑父亲札儿赤兀歹老人的表达比

---

① 札奇斯钦：《〈蒙古秘史〉新译并注释》第137节，联经出版事业公司1979年版，第170页。

较简略，只说"给你备马鞍开门吧！"一句，就把者勒蔑留给了帖木真。从中能感受到老人的态度坚定，意思表达明确。

　　成吉思汗与王汗二人在秃兀剌河的黑林聚会，结为了父子之间的"安答"之盟。在此次结盟仪式上，二人共同宣誓"征伐众多的敌人，要一同出征；围猎狡猾的野兽，要一同围猎"，这在前面已经论及过，这是结盟结义仪式必须具备的过程。在这宣誓仪式之后，二人又共同商定：

> 我们两个人受人嫉妒，
> 若是被有牙的蛇所挑唆，
> 不要受她挑唆；
> 要用牙用嘴互相说明，
> 彼此信赖。
> 若是被有齿的蛇所离间，
> 不要受她离间；
> 要用口用舌互相对证，
> 彼此信赖。①

　　在这里，二人强调了相互间彼此信赖的重要性，同时说明，如果有人进谗言，挑拨二人间的关系，他们要互相对证，用言语来沟通，不轻信他人的蛊惑。这是一段结盟宣誓仪式上的协约，带有誓言性质的口头叙事诗。

---

　　①　札奇斯钦：《〈蒙古秘史〉新译并注释》第164节，联经出版事业公司1979年版，第208页。

第 三 章

《蒙古秘史》中的日常生产生活民俗

　　《秘史》记载着大量的民俗文化信息，记录了当时蒙古人日常生产活动、生活文化状态，以及人生仪礼等民俗事象。这些记录民俗事象的文字虽不是专门的有意而为之，但从这些点滴记录之中依然可以感受到13世纪蒙古人日常生产、生活状况及人生仪礼方面的民俗生活气息。

　　13世纪的蒙古人生活在中央亚中心的高原地带，远离大海潮湿而温暖的季风，常年处在陆地带来的干旱、凶猛的气流之下。他们生存的土地以高山峻岭、沙地、草原的混合地貌为主，这样特殊的地理位置、气候条件和自然环境中自古以来生活着的便是古代蒙古人。特殊的环境造就了蒙古人独特的生产文化，千百年来蒙古人在追寻自我生存方式的努力过程中，敏锐地发现了人与自然的和谐相处点，那便是放养五畜的游牧生产方式。但在如此艰难的自然条件下，单纯靠游牧生产无法满足民众的生活需要，因而获取自然界赋予的野生动物便成为游牧经济最为有力的补充生产活动。

　　游牧生产作为人类自然选择的两大生产模式之一，它是千百年来的物质文化与精神文化发展成熟的结晶。游牧生产注重人与自然、动物的和谐相处，形成人—自然—五畜的完整循环链条。在此基础上，逐渐形成了游牧蒙古人的生活文化、人生仪礼、宗教信仰等民俗文化生活。

第一节 日常生产民俗

关于 13 世纪蒙古人的生产方式，已有诸多学者进行过考证，他们基本认同当时的蒙古人生产是以游牧和狩猎并重的方式存在的观点。苏联学者乌拉基米索夫在其《蒙古社会制度史》中强调，我们可以知道古代之蒙古人绝不是单纯的游牧民，是游牧狩猎民族。[①] 这是乌拉基米索夫研究《蒙古秘史》，从中列举多处关于蒙古人狩猎活动情况之后得出的结论。日本学者吉田顺一也持有同样态度，强调 11 世纪至 13 世纪的蒙古族始终一贯而且积极热心于狩猎活动，指出这一时期的狩猎活动与游牧生产并存。[②] 其中狩猎活动得到蒙古人如此的重视，与它作为重要的生产手段之一分不开，加之狩猎活动还承担着为军事目的服务和贸易、娱乐游戏等功能。

一 狩猎民俗

13 世纪蒙古人的生产性活动中，狩猎生产占据着重要地位。究其原因，与其所处的自然环境、军事目的、生存压力以及娱乐游戏的需求有关。

蒙古人的发源地是今天的内蒙古呼伦贝尔市额尔古纳河流域，而成吉思汗称雄世界的基地则是现今的蒙古国境内的三河流域地区，这三条河分别是斡难河、土拉河、克鲁伦河，也就是成吉思汗的居住地。成吉思汗对这三条河流以及它的源头不儿罕山非常敬重，这在《秘史》中可以得到验证。据《秘史》第 179 节记载，成吉思汗对同源同祖的泰亦乞兀惕和主儿乞人说过一句"不要让外

---

① 参见［苏］乌拉基米索夫《蒙古社会制度史》，瑞永译，亚洲民族考古丛刊第六辑，第 32 页。

② 参见［日］吉田顺一《蒙古族的游牧与狩猎——十一世纪—十三世纪时代》，《东洋史研究》第 40 卷，第三号。

人在三河的源头安营"的话，自己更是对不儿罕山敬重有加，《秘史》第103节记载，"对不儿罕山，每天清晨要祭祀，每日白昼要祝祷！我子子孙孙，切切铭记！"说完这样的誓词，他面向太阳，把腰带挂在颈上，把帽子托在手里捶着胸，对着太阳洒奠祝祷，跪拜了九次，以此拜谢不儿罕山救命之恩，可见他对不儿罕山的崇敬程度之深。的确，三河流域及其源头不儿罕山是风水宝地，它有着丰盛的水草和多样的自然地貌，既适合游牧牲畜的繁殖，也孕育了多个自然物种，很是适合早期游牧民族的生产生活方式。

关于上述地区狩猎生产信息，《秘史》记载得比较详细。《秘史》第9节：

> 豁里剌儿台·篾儿干在自己的豁里—秃马惕部有貂鼠、灰鼠和其他野物的地方，互相禁猎，彼此交恶，自立为豁里剌儿氏。听说不儿罕山的野物和可猎之物甚多，地方又好，就迁移到不儿罕山的主人们晒赤·伯颜，兀良合族的地方来。[①]

通过豁里剌儿台·篾儿干的这次迁徙，我们清晰地看到了不儿罕山的猎物多的消息，也了解了对于当时的人们来讲，猎物对于生存的重要性。他们为争夺猎物而交恶，又为了获取猎物而长途迁徙，这在当时是一种冒险行为。因为离开原氏族的保护，自立姓氏，很容易成为他族的攻击对象，从而成为他族的奴隶。豁里剌儿台·蔑儿干迁到不儿罕山，带来了自己的女儿阿兰·豁阿，被朵奔·篾儿干娶为妻子，二人生育两个儿子，后朵奔·篾儿干去世，阿兰·豁阿又感光而孕生下三个儿子，最小的儿子叫孛端察儿。在孛端察儿身上再次体现了狩猎与生存的道理，《秘史》详细描述了他的一段狩猎生活经历。母亲阿兰·豁阿死后，孛端察儿没有分到

---

① 札奇斯钦：《〈蒙古秘史〉新译并注释》第9节，联经出版事业公司1979年版，第11页。

牲畜和食物，于是他独自骑着秃尾巴马顺着斡难河去，住到了巴勒谆－阿剌勒的河边草棚里。这时候，他用马尾套住了一只雏黄鹰，带回来喂养训练。没有吃的，他就射杀被狼驱赶困在山崖中的野物，有时也捡来狼吃剩下的东西，养活自己和黄鹰，就这样过了那个冬天。第二年春天到来，他就放鹰捕获野鸭和雁，太多吃不完，挂在枯树上，枯树都臭了。① 可见当时的孛端察儿完全依靠狩猎而生存，同时展现了古代蒙古人如何捕获猎鹰，如何捕杀猎物的各种技能。古代蒙古人这种骑射技能的训练，是从孩提时代就开始了。关于这一点，南宋彭大雅在其《黑鞑事略》里描述如下：其骑射，则孩时绳束以板，络之马上，随母出入；三岁索维之鞍，俾手有所执射，从众驰骋；四五岁挟小弓、短矢；及其长也，四时业田猎，凡其奔骤也，跂立而不坐，故力在蹠者八九，而在髀者一二。疾如飙至，劲如山压，左旋右折，如飞翼。故能左顾而射右，不持抹鞭而已。② 明代萧大亨则记道："今观胡儿五六岁时，即教之乘马……稍长则教之攀鞍超乘，弯弧鸣镝，又教之上马则追狐逐兔……又稍长，则以狩猎为业，晨而出，晚而归，所获禽兽，夫既食其肉，而寝处其皮矣，且射骑与此益精也。③" 两部游记同时记录了蒙古人从孩提时期训练骑射技能，长大之后则以狩猎为业的情况，他们食用猎物，猎物皮毛做日常衣被用。蒙古儿童骑射狩猎技能的训练，既是未来生活和生存的需要，也是他们的游戏和娱乐活动。《蒙古秘史》记载了帖木真与合撒儿射杀同胞兄弟别克帖儿，就是因为一条很亮的小鱼和一只小雀儿被他抢夺的事。一条小鱼、一只雀儿，不太可能是用来吃的很重要的食物，但它们却是娱乐游戏的好伙伴，因此帖木真非常恼火。

---

① 参见札奇斯钦《〈蒙古秘史〉新译并注释》第23—37 节，联经出版事业公司1979 年版，第21—29 页。

② 参见（宋）彭大雅撰、徐霆疏证《黑鞑事略》，王国维笺证，《内蒙古史志资料选编（第三辑）》1985 年版，第40 页。

③ （明）萧大亨：《北虏风俗》，王国维笺证，《内蒙古史志资料选编（第三辑）》1985 年版，第149 页。

狩猎活动对于 13 世纪的蒙古骑兵来讲作用重大，它一来能训练骑兵战术战斗能力，二来能够补充军队食量，因此很受蒙古统治者的重视。军队的狩猎活动，一般都是以围猎方式进行，是一种集体行猎活动。伊朗人志费尼对此记录最为详细：

成吉思汗极其重视狩猎，他常说，行猎是军队将官的正当职司，从中得到教益和训练是士兵和军人应尽的义务，（他们应当学习）猎人如何追赶猎物，如何猎取它，怎样摆开阵势，怎样视人数多寡进行围捕。因为，蒙古人想要行猎时，总是先派探子去探看有什么野兽可猎，数量多寡。当他们不打仗时，他们老那么热衷于狩猎，并且鼓励他们的军队从事这一活动。这不单为的是猎取野兽，也为的是习惯狩猎锻炼，熟悉弓马和吃苦耐劳。每逢汗要进行大猎（一般在冬季初举行），他就传下诏令，命驻扎在他大本营四周和斡耳朵附近的军队作好行猎准备，按照指令从每十人中选派几骑，把武器及其他适用所去猎场的器用等物分发下去。军队的右翼、左翼和中路，排好队行，由大异密率领；他们则携带后妃、嫔妾、粮食、饮料等，一起出发。他们花一两个月或三个月时间，形成一个猎圈，缓慢地、逐步地驱赶着前面的野兽，小心翼翼，唯恐有一头野兽逃出圈子。如果出乎意料有一头破阵而出，那么要对出事原因作仔细的调查，千夫长、百夫长和十夫长要因此受杖，有时甚至被处极刑。……在这两三个月中，他们日夜如此驱赶着野兽，好像赶一群绵羊，然后捎信给汗，向他报告猎物的情况，其数之多寡，已赶至何处，从何地将野兽惊起，等等。最后，猎圈收缩到直径仅两三帕列散时，他们把绳索连接起来，在上面复以毛毡；军队围着圈子停下来，肩并肩而立。这时候，圈子中充满各种野类的哀号和骚乱……猎圈再收缩到野兽已不能跑动，汗便带领几骑首先驰入；当他猎厌后，他们在捏儿格中央的高地下马，观看诸王同样进入猎圈，继他们之后，按顺序进入的是那颜、将官和士兵。几天时间如此过去；最后，除了几头伤残的游荡的野兽外，没有别的猎物了，这时，老头和白髯翁卑恭地走近汗，为他的幸福祈祷，替余下的野兽乞命，请求让它们到有水草的地方去。于是他们把猎获的兽全集中在一起，如果清点各种动物实际不可能，他们只点点猛兽和野驴便作罢。①

这一段记录于 13 世纪中期，关于成吉思汗围猎思想及蒙古军队围猎状况的文字，细致入微、栩栩如生，灵活生动地展现了当时的狩猎面貌，给人以身临其境般的观感。也难怪，只有像志费尼一样，在蒙古帝国首都哈剌和林生活过的人才能有如此生活化的体验。这里充分展现了成吉思汗训练军队的情况，军队围猎与敌军作战如出一辙，分开右翼、左翼、中路三军排列布阵，协同合围猎物，最后捕杀猎物和清点猎物等，与真实的战斗别无二样。同书还有一样记载，说成吉思汗给他的四个儿子每个人都有分管事务，长子术赤分管的是全国的狩猎事务②，可说明狩猎在当时所受到的重视程度。在其之后，关于古代蒙古人围猎的记录在拉施特《史集》《鲁布鲁克东行纪》，南宋彭大雅《黑鞑事略》，明代萧大亨《北虏风俗》均有记载，可见这一狩猎方式在当时的普遍性和常规性，但都不及志费尼的记录这么详尽罢了。

在《秘史》中同样可以见到成吉思汗的军队围猎思想。《秘史》第 199 节讲述成吉思汗命速别额台率领铁车军，远征西域康邻、钦察草原追赶篾儿乞惕残余部众，他教导速别额台说：

叫你前去越过高岭，渡过大江。你要注意路途遥远，在军马尚未消瘦之前，要爱惜军马；在行粮尚未用尽之前，要节省

---

① ［伊朗］志费尼：《世界征服者史》上册，何高济译，内蒙古人民出版社 1980 年版，第 29—31 页。

② 同上书，第 44 页。

（军粮）。军马消瘦之后，再加爱护，是不中；行粮耗尽之后，即使节省仍是无功。在你路上有许多野兽，你要当心（路途）遥远，不要叫军人放马冲向野兽奔跑；不要叫他们无限的围猎。如果为了添补士兵的行粮，壮其行色，围猎的时候，要立定限制，才许围猎。除有限度的围猎以外，不许士兵们套上鞍鞯搭上辔头走。[①]

这说明当时的蒙古军队出征，围猎是补充军粮的重要手段之一，有时也为了调剂长途跋涉之苦，以行猎来增加点行军中的乐趣。但成吉思汗严禁军队无限制围猎，以免耽误军务和拖累军马。

单个人或小集体进行的狩猎行为，在《秘史》中也很常见。它可以作为日常生活中的补充生产，可以消闲娱乐活动来对待，有时可能是为了活命不得已而为之。如《秘史》第 12 节记录，有一天朵奔·蔑儿干上脱黑察黑—温都尔山去打猎。在森林里遇见兀良合族人杀了一只三岁牡鹿，正烤着它的肋骨和内脏；之后，《秘史》第 54 节有也速该·把阿秃儿在斡难河畔放鹰捕猎的情形；还有札木合在逃亡中在倪鲁山猎杀羱羊烧着吃，等等。有时候他们也打鱼来补充食物短缺问题，《秘史》第 75 节记载，他们（帖木真兄弟）就坐在故乡斡难河的岸上，整备了钓钩，去钓有疾残的鱼，用火烘弯了针，去钓细鳞白鱼和鲹条鱼，结成了拦河网去捞小鱼和大鱼。这些捕猎行为很好地说明了本身的存在价值，即是在当时作为很重要的生产活动而存在着。

狩猎所获皮毛等物，可以作为与外族交换日常所需物品的等价物。《秘史》里这类信息不多，第 182 节有一处简短的记录。当成吉思汗驻扎在巴勒渚纳湖的时候，从汪古惕部那里，来了一个骑着白骆驼赶着千只羊的回回人阿三，为了收购貂鼠和灰鼠，也来到了

---

① 札奇斯钦：《〈蒙古秘史〉新译并注释》第 199 节，联经出版事业公司 1979 年版，第 280—281 页。

巴勒渚纳湖这里。他是用羊来换取蒙古人的貂鼠、灰鼠等动物的贵重皮毛，说明当时塞北地区的经济贸易往来比较活跃了，起码从活动范围上来讲，也是很广阔的。《秘史》第 152 节里记载，生活在色楞格河流域的蔑儿乞惕人吃谷物的信息。对此，乌拉基米索夫认为是畏兀儿和回回商人开通了草原森林民族的贸易通道，从远处运来之物是毫无疑义的。但从另外的记载来看，这不完全正确，乌氏忽略了与北方游牧民族世代交往的内地汉民族商人的作用。

札奇斯钦论证到，北亚游牧民族以谷类为食物一事起源甚早，从匈奴与汉朝对立时期就有大量的粮食从南运往北方了。[①] 以致到宋代赵珙的游记《蒙鞑备录》同样记载着蒙古人食用米麦之事。[②] 不论是回回商人还是汉族商人，与北方游牧民族进行商业往来是不争的事实，而游牧民族盛产的家畜和野物的皮毛，应当是被他们最为看中的交换物。

二　游牧民俗

前文已经谈到，13 世纪的蒙古人生产主要以游牧与狩猎并重的方式存在，如果非要区分二者的经济地位的话，游牧业仍旧是基础性的生产活动，而狩猎业在其中同样扮演了重要的产业角色。因为从两种经济生产方式在后来的蒙古人经济生产中的表现来看，游牧牲畜业逐渐占据了主导性产业地位，而狩猎业在产业生产中的地位有逐步下滑之势，以至于逐渐演变成为辅助产业或是游戏娱乐类活动。关于这一点，苏联学者乌拉基米索夫认为，到了中世纪的14—17 世纪，蒙古人仍旧从事狩猎和牧放牲畜，但是狩猎好像不同于以往表演是其最大职能。蒙古人此时已由游牧狩猎民变成纯粹的游牧民，狩猎不过是一种副业或者仅供游戏而已。大规模的围猎显

---

① 参见札奇斯钦《〈蒙古秘史〉新译并注释》，联经出版事业公司 1979 年版，第 195 页注释①。

② 参见（宋）赵珙《蒙鞑备录》，王国维笺证，《内蒙古史志资料选编（第三辑）》1985 年版，第 13 页。

然和其他许多东西一样，已成为传说。① 乌拉基米索夫这一观点是
基于元朝统治崩溃之后，回归草原的广大蒙古人的生产状态而言，
那是因为连年的封建战争，导致国库衰竭，民众陷于贫困，昔日的
帝国繁荣景象一时很难恢复的时期。

关于古代蒙古人的游牧生产生活状况，在《秘史》里没有直接
谈论，但相关游牧与牲畜的信息很多，据此可以推想当时蒙古人的
生产生活面貌是没有问题的。游牧生产的最大特点是四季游牧，逐
水草而居。这种游动性特点，在秘史里有多处提到。例如，《秘史》
第5节里讲述，一天都蛙·锁豁儿同他的弟弟朵奔·篾儿干在不儿
罕山上，都蛙·锁豁儿从不儿罕山上远望，看见一群百姓正顺着统
格黎克小河游牧迁徙而来。同样的景象，《秘史》第28节记录到，
从都亦连山后，顺着统格黎克小河有一部百姓迁移来了。于是，当
时在此地独自一人放鹰行猎为生的孛端察儿就有了伙伴，他白天放
鹰行猎，渴了就到那些百姓那里讨酸马奶子吃。同一处地点，两代
人的故事，同样的游牧迁徙来的百姓身影，从中我们能够推测到，
不儿罕山脚下的这个统格黎克小河草场，是当时水草丰美的游牧狩
猎佳地；孛端察儿能从那些百姓处讨到酸马奶子吃，至少可以断定
这群百姓的身份是放养马群的游牧者。

据乌拉基米索夫在《蒙古社会制度史》中分析认为，11世纪
至12世纪的蒙古人游牧生产状态，可以区分为两种不同的形态。
一面是形成了大集团的游牧生活，另外一面则是各家族或孤立小团
体的游牧生活。上述游牧迁徙至统格黎克小河边的两股游牧者正是
乌氏所说的家族或小团体的游牧者。这类的游牧方式有它的好处，
即牧民可以自由选择水草丰美的草场，有利于家畜的放养，也有利
于牲畜的繁殖和增膘。但这种方式的弊端是危险性高，在战乱和掠
夺频发的时代，不被广泛地选择，一个直接的案例是，后一个迁徙

---

① 参见［苏］乌拉基米索夫《蒙古社会制度史》，瑞永译，《亚洲民族考古丛刊第六辑》，
第245页。

至统格黎克小河来的游牧者不就被孛端察儿他们掳掠成奴隶了吗？于是，那一时期的游牧民还会选择集团游牧的方式，来经营他们的牲畜。《秘史》记录了这样一段由大集团游牧而后分开的事件，这是帖木真与札木合第三次结为"安荅"之后，两个人相互友爱地过了一年，到第二年一半的时候，开始起营迁徙。

> 帖木真、札木合两个人一同在车辆前面走着的时候，札木合说：帖木真"安荅"！"安荅"！靠近山麓住下吧！我们放马的可以得到帐篷住下啊。沿着涧边住下吧！我们放羊、放羊羔的可以得到东西吃呀。帖木真不能体会札木合这句话的意思，一语不发的就停留下来，等着正在移动中落后的车辆。在移动之中，帖木真对诃额仑母亲说……诃额仑母亲还没有作声，孛儿帖夫人就说：人说札木合安荅好厌旧。如今已经到厌烦我们的时候了。……我们别住下，就这样一面移动，一面赶快分开，夜里兼程走吧！①

帖木真听从了孛儿帖夫人的话，就此与札木合分离。从牧养牲畜的角度来讲，大集团式的游牧方式其实不太符合生产规律，一来移动迁徙费力，二来很难为数量庞大的牲畜找到合适的草场和水源，三是各种牲畜的放养规律各异，很难统合在一起。因此札木合说了这样一句难解的话，婉转地表达了二人应该分开游牧的想法。另外一个主要原因在于，帖木真与札木合属于安荅关系，互相并不是隶属关系，牲畜财产归属问题彼此区分明确。两个大的游牧集团合并在一起，的确不是什么好的选择，如果是归属一家大的游牧集团，问题就另当别论了。我们再来看看鲁布鲁克所看到的蒙古大游牧集团的状况：

_____

① 札奇斯钦：《〈蒙古秘史〉新译并注释》第118节，联经出版事业公司1979年版，第133—134页。

他们没有定居在任何地方，他们也不知道他们将去何处。他们自身划分为徐西亚，它从多瑙河延伸至日出之地。而每个首领，按他手下人数的多寡，都知道他牧地的范围，以及冬夏、春秋游牧的地方。因为在冬季他们下到南方较暖和的地区去，夏季他们上到北方较寒冷的地方。[①]

这一描写大集团游牧的文字，比较真实地反映了当时游牧生产的实际情况。

从《秘史》的文字信息来研判当时的牲畜种类，我们通常所说的"五畜"基本都有描述。在成吉思汗建立蒙古帝国，重新订立宿卫制度时也反映了五畜问题。《秘史》第 234 节里，成吉思汗颁降圣旨，命令由朵歹扯儿必管理斡儿朵的家童、放马的、放羊的、放骆驼的、放牛的和宫帐等事宜，等于是任命朵歹扯儿必为宫廷大管家一样。我们注意到，成吉思汗宫廷中有专门的放养马、羊、牛和骆驼等家畜的职司，从中断想到那时的牧业生产畜种基本无误。这与上一次被推举为蒙古本部可汗时的情况相比较而言，显然是分工更加精细化了。那一次，只设立有羊倌和马倌两种职司。[②]

在五畜里，关于马的记载最多。马是蒙古人的财产标志，也是蒙古人最为亲密的生活伙伴，马在蒙古人生活的方方面面无处不在，因此蒙古人也被世人称为马背上的民族。生活在广阔草原上的蒙古人，离开了马，估计什么事情都做不成，无论是进行放牧、狩猎、作战还是走亲访友，都离不开马的贡献。

阅读《秘史》其实不难发现，涉及马的描写格外详细，包括马的毛色、体形特征、装备情况都有细致入微的描述。《秘史》第 24 节里首次出现马。母亲阿兰·豁阿死后，其四位兄长没有给孛端察

---

① 《柏朗嘉宾蒙古行纪、鲁布鲁克东行纪》，耿昇、何高济译，中华书局 1985 年版，第 209 页。

② 参见札奇斯钦《〈蒙古秘史〉新译并注释》第 124 节，联经出版事业公司 1979 年版，第 147 页。

儿分财产，唯一得到的便是一匹背上有鞍疮，秃尾巴黑脊梁的青白马。从马的外形描述来看，这定是一匹饱经风霜的老马无疑，应个急什么的，已经是基本不能指望那一类型的马。当帖木真被泰亦乞兀惕人抓去之后，得到锁儿罕·失剌老人的救助，老人助他逃回家而准备的是：叫他骑了（一匹）不生驹的白口甘草黄骒马……没有给他马鞍和火镰。① 马作为蒙古人家庭重要的财产之一，生驹和不生驹牝马的价值是不一样的。生驹的牝马很受牧民爱惜，一般情况下不会骑乘之用，只等着繁衍马驹，而不生驹的牝马身价则打了折扣。并且没给配马鞍来看，锁儿罕老人还是留了一手，万一帖木真被泰亦乞兀惕人抓到，可以有个不知情的借口，这里锁儿罕·失剌老人表现出的性格特点一目了然。从《秘史》第77节以及其后第90节的记述来看，帖木真青少年时期他家总共有9匹马，这是他家主要的财产。一天，来了一伙强盗，劫走了8匹银合色骟马，另一匹秃尾巴甘草黄马被别勒古台骑去打土拨鼠去了。等到傍晚时分别勒古台回来，帖木真就骑着那匹甘草黄马追踪被盗的八匹骟马而去，追踪三天之后，途中遇到了正在挤马奶的孛斡儿出。孛斡儿出在自己的马群里替帖木真换了一匹黑脊梁的白马，自己骑了一匹淡黄色的快马，二人同去追踪8匹银合色骟马，又过了三天，最终在孛斡儿出的帮助下追回了8匹银合色骟马。这个情谊帖木真终生不忘，在建立蒙古帝国之后，分封诸千户大会上成吉思汗重新提到了孛斡儿出的出手相助，夺回8匹银合色骟马之恩，故封其为掌管右翼的万户长。帖木真在孤立无援的时候，是孛斡儿出帮助了他，从另外一面来讲，是孛斡儿出帮助他追回了他家仅有的家产，孛斡儿出作出的这一贡献，对年轻时的帖木真而言，无论是从兄弟情谊的角度还是家族财产的角度看，其意义都是相当深远，很难用言语来表达。围绕马而出现的故事，在《秘史》里处处都有记述，在激烈

---

① 参见札奇斯钦《〈蒙古秘史〉新译并注释》第88节，联经出版事业公司1979年版，第95页。

的战争中，在狩猎活动中，抑或在逃亡路途中，都离不开马的身影，亦如前面所提到的一样，蒙古人的确是一个地地道道的马背上的民族。

牛和骆驼，蒙古人一般用来搬运房车用。《秘史》中牛的出现较少，只有提到黑篷车的时候才出现。在躲避蔑儿乞惕人的袭击中，豁阿黑臣老妈妈就是用黑篷车套了一匹花脊梁的牛而逃去的。[①] 蒙古人日常饮食中，不可缺少的是牛乳制品，其制作方法多样，牛肉也是蒙古人最常吃的肉品之一，从这点来说，当时的牛群数量应该不会少。骆驼出现则更是鲜有，估计是与回回人交换来的[②]，再有就是成吉思汗征服唐古惕人之后，才可能引入了大批的骆驼。[③] 羊在秘史里多处提到，羊也是蒙古人日常肉食当中的主角，从札木合的话语中可以想象当时的羊群规模一定很庞大。[④]《秘史》只有两处提到山羊，都与客列亦惕的王汗有关。一次是王汗与黑契丹的古尔汗反目，绕道畏兀儿、唐古惕人的诸城逃亡中的他，一路上挤干了五只山羊的奶吃，刺出骆驼血喝，最后逃到成吉思汗处。另一次，是他的弟弟们回忆说，王汗七岁时被蔑儿乞惕人抓去，穿着有黑花的山羊羔皮袄在薛凉格河畔，给蔑儿乞惕人舂米来着。[⑤] 估计那时候蒙古草原的山羊不多，周边的畏兀儿等族有放养山羊，再就是山羊一般都与绵羊一起放牧，因此可能很少单独提及吧。但西方来的旅行家柏朗嘉宾的报道消除了上述疑惑，他记录到：在牲畜方面，他们都非常富有，因为他们有骆驼、黄牛、绵羊、山羊，至于

---

① 参见札奇斯钦《〈蒙古秘史〉新译并注释》第100节，联经出版事业公司1979年版，第106页。

② 参见札奇斯钦《〈蒙古秘史〉新译并注释》第182节，联经出版事业公司1979年版，第240页。

③ 参见札奇斯钦《〈蒙古秘史〉新译并注释》第265节，联经出版事业公司1979年版，第416页。

④ 参见札奇斯钦《〈蒙古秘史〉新译并注释》第118节，联经出版事业公司1979年版，第134页。

⑤ 参见札奇斯钦《〈蒙古秘史〉新译并注释》第151—152节，联经出版事业公司1979年版，第193—194页。

牡马和牝马，据我看来，世界上的任何其他地区都不会拥有他们那样多的数量。[①] 这里提到蒙古人家养的五畜品种齐全，尤其强调了蒙古草原上马的数量惊人。

第二节　日常生活民俗

《秘史》中记载的日常生活民俗，包括饮食、服饰、居住、交通和娱乐宴会习俗等内容。对于从事游牧狩猎经济，不管冬季的严寒，还是夏日的酷暑，一天中的大部分时间都在野外度过的蒙古人来说，在自然气候的艰苦条件下，度过一个又一个漫漫长日，他们必须得到充足的养分才能生存下去。这就决定了他们的饮食一定要提供出足够多的营养和热能，因此蒙古人的饮食以肉食和奶食为主，其主要来源是他们所从事的游牧牲畜和狩猎打到的野生动物；服饰作为民族物质文化的重要载体，代表着一个民族传统文化的精华。蒙古服饰不仅与其所处的自然气候条件、经济方式相适应，而且反映了时代历史特征和社会发展水平；与前述内容相同，古代蒙古人的居住与交通同样受其自然气候条件和经济社会发展阶段的影响。适应于四季游牧的毡房，以及运送游牧生活物资的车辆，均可以理解为上述原因的产物；《秘史》记录了九起古代蒙古人宴会娱乐时的场景，宴会的理由有遇上节日或吉日，推举新的可汗，取得战争的胜利，遇到值得庆贺的喜事等，这时他们要举行盛大的宴会活动，饮酒跳舞，场面壮观。

一　饮食民俗

饮食作为人们生存的基础性条件之一，深受其生存环境以及经济、文化、信仰等因素的影响。13 世纪的蒙古人主要生活在蒙古

---

① 参见《柏朗嘉宾蒙古行纪、鲁布鲁克东行纪》，耿昇、何高济译，中华书局 1985 年版，第 30 页。

高原高寒草原和森林地区，经营着游牧狩猎为主的生产活动，崇拜自然界的一切神灵，因此其饮食习俗必定带着这些特定条件赋予的全部特征。

在与《秘史》几乎同时代完成的《黑鞑事略》里，描述蒙古人的饮食时谈道：其食，肉而不粒。猎而得者，曰兔、曰鹿、曰野彘、曰黄鼠、曰顽羊、曰黄羊、曰野马、曰河源之鱼。牧而庖者，以羊为常，牛次之，非大宴会，不刑马。火燎者十八九，鼎煮者十二三。……其饮，马乳与牛羊酪。……其味，盐一而已。[①] 这一情况基本反映了 13 世纪上半叶之蒙古人饮食习惯，符合蒙古人经营的游牧狩猎经济模式。分析其文，不难发现，蒙古人的饮食分为食物和饮品两大类。食物以肉食为主，主要包括狩猎获得的野生动物肉，如兔子、鹿、野猪、黄鼠、顽羊（羱羊）、黄羊、野马、野驴、各种鱼类等；游牧经营所得家畜肉品，如羊肉、牛肉、马肉、驼肉等，其中又以羊肉为主。饮品以马奶子为主，辅之以牛羊酪。那时的蒙古人多半将肉食烤着吃，很少水煮，但现在的情况正好相反了。蒙古人日常肉食当中除盐以外也很少使用其他作料，这一习惯至今保持不变。西方人鲁布鲁克注意到了这一饮食习惯，他说：他们把肉（羊肉）切得很薄，放在盘里用盐水浸泡，因为他们没有别的作料。然后他们拿特制的尖刀或叉子，颇像我们吃煮梨或苹果用的刀叉，把肉按照客人的多寡分给每人一口或两口。[②] 盐是百味之首，没有盐估计是很难食用肉食，但蒙古人为了保持肉品的原味，拒绝添加其他作料是事实。

在《秘史》里，有关饮食方面的记录达二十五处之多，涉及内容非常广泛，按照饮食时间可将其分为日常饮食、战时的饮食、旅行中的饮食、宴会时的饮食、祭祀时的饮食等内容，这些记录内容

---

① 参见（宋）彭大雅撰、徐霆疏证《黑鞑事略》，王国维笺证，《内蒙古史志资料选编（第三辑）》1985 年版，第 28—29 页。

② 参见《柏朗嘉宾蒙古行纪、鲁布鲁克东行纪》，耿昇、何高济译，中华书局 1985 年版，第 213 页。

基本反映出了蒙古人的饮食结构，为我们了解 13 世纪蒙古人饮食文化提供了有力的证据。

关于蒙古人日常饮食的内容，《秘史》里的记录比较散乱，当然，这跟成吉思汗的艰辛成长历程一路相随相伴。幼年时期丧父，继而被族人抛弃，后来通过努力拼搏，成为蒙古部落可汗，直至建立蒙古帝国，成为万民之可汗，他的饮食结构也随着他的身份地位而发生改变。《秘史》记录了帖木真小的时候，他们一家人的饮食情况，母亲诃额仑曾捡拾野果、野菜养育他们兄弟几个人，那时他们吃的是杜梨、山丁、野韭、野葱等。① 当然，光吃野菜是不行的，他们需要摄入蛋白质含量高的野生动物肉，于是他们兄弟几人在故乡斡难河的岸上，整备了钓钩，去钓有疾残的鱼，用火烘弯了针，去钓细鳞白鱼和鲹条鱼，结成了拦河网去捞小鱼和大鱼吃。② 兄弟几个人逐渐长大成人，这时他们对食物量的需求也逐步增大，所以他们住在古连勒古山下，桑沽儿小河的合刺—只鲁格山的阔阔海子的时候，也曾捕杀土拨鼠和野鼠为食。③ 他们捕杀的野鼠和土拨鼠数量很大，有一次别勒古台去捉土拨鼠，傍晚回来的时候在秃尾巴甘草黄马上驮的土拨鼠，把马都压得颤动。④ 可见他捕捉的土拨鼠数量之大。

这是帖木真一家艰难时期的饮食状况，那么其他人家又是什么样的情况，《秘史》里也有些零散的记述。帖木真的十一世先祖孛端察儿与阿兰·豁阿，曾经吃过腊羊肉⑤、酸马奶子，当然少不了

① 参见札奇斯钦《〈蒙古秘史〉新译并注释》第 74 节，联经出版事业公司 1979 年版，第 76 页。

② 参见札奇斯钦《〈蒙古秘史〉新译并注释》第 75 节，联经出版事业公司 1979 年版，第 79 页。

③ 参见札奇斯钦《〈蒙古秘史〉新译并注释》第 89 节，联经出版事业公司 1979 年版，第 96 页。

④ 参见札奇斯钦《〈蒙古秘史〉新译并注释》第 90 节，联经出版事业公司 1979 年版，第 96 页。

⑤ 参见札奇斯钦《〈蒙古秘史〉新译并注释》第 19 节，联经出版事业公司 1979 年版，第 18 页。

野味，如野鸭和雁之类。孛端察儿在食物最困乏的时期，吃过狼吃剩下的东西。[1] 这在今天的人看来是犯了禁忌，蒙古人认为狼吃剩下的东西不洁，因此禁止吃它。普通蒙古人家的饮食，是将吃不完的肉制作成腊肉或者干肉存放起来，到了冬天或第二年的春天，食物匮乏的时候拿出食用。鲁布鲁克记录了这一情况：关于他们的食物和粮食，你要知道，他们不加区别地吃一切死去的动物，而那么多的羊群和牛群，必然有很多牲口死去。然而，在夏天，只要有忽迷思，即马奶子，他们就不在乎其他食物。所以在这时碰巧有牛马死去，他们便把它切成细条，挂在太阳下通风的地方弄干，因此肉很快失去盐分而变成没有怪味的干肉。他们用马的内脏制成腊肠……剩下的肉他们留下过冬。[2] 那时的人主要的饮品是马奶子，他们很少喝水。《秘史》记录了锁儿罕·失剌老人家的马奶子制作方法，将鲜马奶子灌进酸马奶子皮囊里，一整夜搅拌。[3] 这里所记马奶子制作比较简单，也许是蒙古人对此见怪不怪的原因吧。而西方人则不同，他们用很奇异的眼光看待它，并且专门花心思去记录它的制作过程：在地上拉一条长绳，拴在两根插进地里的桩上。这根绳上他们把要挤奶的母马的小马系上三个时辰。这时母马站在小马附近，让人平静地挤奶。……当他们取得大量的奶时，奶只要新鲜，就像牛奶那样甜，他们把奶倒进大皮囊或袋里，开始用一根特制的棍子搅拌它……他们用劲拍打马奶，奶开始像新酿酒那样起泡沫，并且变酸发酵，然后他们继续搅拌到他们取得奶油。这时他们品尝它，当它微带辣味时，他们便喝它。喝时它像葡萄酒一样有辣味，喝完后在舌头上有杏乳的味道，使腹内舒畅，也使人有些醉，

---

① 参见札奇斯钦《〈蒙古秘史〉新译并注释》第26—28节，联经出版事业公司1979年版，第23—25页。

② 参见《柏朗嘉宾蒙古行纪、鲁布鲁克东行纪》，耿昇、何高济译，中华书局1985年版，第213页。

③ 参见札奇斯钦《〈蒙古秘史〉新译并注释》第85节，联经出版事业公司1979年版，第92页。

很利尿。① 鲁布鲁克详细地记录下了马奶子的制作过程，他还谈到了马奶子的功效，即通便利尿，喝完使人有些醉意。那时的蒙古人在夏天只喝马奶子，上述鲁布鲁克记载已经证实了这一点，宋朝使臣赵珙同样记有：其为生涯，只是饮马乳以塞饥渴。② 可见马奶子在蒙古人饮食中的地位。

蒙古人战时的饮食情况，宋代赵珙描述如下：（蒙古人）出入只饮马乳或宰羊为粮……如出征于中国，食羊尽则射兔鹿野豕为食，故屯数十万之师不举烟火。③ 军队出征只带羊肉和马奶子，每匹军马上必备的装备是皮桶和皮囊，皮桶装肉，皮囊装马奶子。这就是当时蒙古人战时的饮食情况。如果所带食物吃完，那么就地取材，以狩猎来补充军粮。赵珙所反映的情况基本符合实情，《秘史》里的记载印证了他的说法。《秘史》第 175 节记录了军队狩猎为补给的事情，接着在《秘史》第 199 节里，成吉思汗派速别额台西征追杀蔑儿乞惕残余时，详细交代军队狩猎补给时应该注意的事项，说明事实确实如此。有关战时饮用马奶子的情况，《秘史》第 145 节里记载，在阔亦田战争时，成吉思汗受伤。者勒篾半夜独自赤裸摸进对方军营，去偷马奶子，没有寻到马奶子，从对方车里扛出一大桶奶酪。又去找水，用水稀释之后给成吉思汗喝了的事情。者勒篾原本是去偷马奶子的，但是对方军营没有马奶子，原因是战乱之中，马都放走没人挤奶。

生活在广阔草原上的蒙古人，长途跋涉式的旅行是常有的事情，诸如娶亲、迁徙、寻找走失的家畜，甚至是躲避敌人追踪。那么在旷野上骑马行走几天几夜之久，碰不到人烟，他们是如何度过的呢？从《秘史》的记载看，如果是有准备的旅行，他们会与军队

---

① 参见《柏朗嘉宾蒙古行纪、鲁布鲁克东行纪》，耿昇、何高济译，中华书局 1985 年版，第 214 页。

② 参见（宋）赵珙《蒙鞑备录》，王国维笺证，《内蒙古史志资料选编（第三辑）》1985 年版，第 12 页。

③ 同上。

出征相类似，带上他们特有的"干粮"——羊肉和马奶子，而如果是紧急情况下出行，来不及准备行粮，通常情况下是以捕猎来获取食物，否则的话只好碰到什么就吃什么了。据《秘史》第87节记载，锁儿罕老人帮助帖木真逃跑时，煮熟了一只吃两个母羊奶长大的肥羊羔，将大小两个皮桶都装好了食物。这里所提到的小皮桶是一种背壶，应该是装马奶子用的，而大的皮桶是用来装羊肉的。后帖木真追踪八匹银合色骟马，回经孛斡儿出家，给他准备的食物也是满皮桶的肥羔肉，帖木真走了三天三夜才回到家里。[①] 逃亡路上的食物情况，《秘史》也有记载，前面讲过王汗从黑契丹古尔汗那里逃出来，路途上吃山羊奶和骆驼血的故事。札木合战败，离开乃蛮人逃亡，曾登上悦鲁山，杀羱羊烧而食之。[②] 比起前二人更为悲惨的是，合撒儿逃出王汗的军营，寻找他哥哥途中，穷困乏粮时曾吃着生牛皮和牛筋，才走到巴泐渚纳河，与成吉思汗相遇。[③]

宴会与祖先祭祀活动有一个共同的特征，即二者均为礼仪性活动。对于蒙古人而言，他们很重视礼仪仪式，因此在举行宴会或者祖先祭祀活动时，要严格按照祖上传下来的传统去做，仪式活动中的饮食习俗，有特定的礼仪规范。包括享用者的出身、级别，享用的顺序等内容不得随意更改，否则会遭到长者和族人的严厉谴责。帖木真家族与泰亦乞兀惕族之间的矛盾，就是因为诃额仑母亲在祭祖时没有分到合理的胙肉而起，纷争导致他们一家被族人抛弃的严重后果。[④] 与主儿乞族的矛盾，是因为一场宴会而起。斡难河边宴会时，帖木真与诃额仑母亲等贵族有专人司酌马奶子，主儿乞的薛

---

① 参见札奇斯钦《〈蒙古秘史〉新译并注释》第93节，联经出版事业公司1979年版，第100页。

② 参见札奇斯钦《〈蒙古秘史〉新译并注释》第200节，联经出版事业公司1979年版，第282页。

③ 参见札奇斯钦《〈蒙古秘史〉新译并注释》第183节，联经出版事业公司1979年版，第242页。

④ 参见札奇斯钦《〈蒙古秘史〉新译并注释》第70节，联经出版事业公司1979年版，第72页。

扯·别乞嫡母嫌厨官失乞兀儿先于自己给次母酌酒，因而打了厨官失乞兀儿。① 这件事最终引起了双方的打斗，也埋下了与主儿乞之间的矛盾种子。从中可以看出，宴会与祭祖仪式里，食物不是主要的内容，重要的是习俗和礼节，不管谁如果违背了礼仪习俗，都将受到严厉的惩戒。

　　成为帝国可汗的成吉思汗饮食，与此前描述的情况发生了天壤之别。分封九十五千户时，专门设立了宫廷司厨官二人，负责左右两边的大酒局。② 他的继任者窝阔台汗时期，这一制度得到了进一步的完善，命百姓每年从自己羊群里供出一只两岁羯羊，作为宫廷的汤羊；各地千户供出牝马挤奶，为宫廷提供专门的马奶子。③ 这时也出现了蒙古草原不曾有过的饮品，如窝阔台汗在总结当政的四功四过时，作为自己的一个过错，提到了"湎于葡萄酒者，乃我之过也"。④ 当然，这是蒙古帝国最高首领的饮食情况，不可作为普通百姓的日常饮食对待，广大的蒙古百姓依然生活在羊肉与马奶的生活中，且为此乐而不疲。

　　"食物是人类生存的基本条件。通过对某一民族特定历史时期食物的种类结构、消费方式的研究，可以揭示出该民族特定历史时期的经济社会发展状况，进而发掘出该特定社会与其他社会交往的历史面貌。"⑤ 如上所述，通过对《秘史》所记饮食物类的研究，亦达到了解当时蒙古人饮食文化的目的。

---

　　① 参见札奇斯钦《〈蒙古秘史〉新译并注释》第130节，联经出版事业公司1979年版，第159页。

　　② 参见札奇斯钦《〈蒙古秘史〉新译并注释》第223节，联经出版事业公司1979年版，第333页。

　　③ 参见札奇斯钦《〈蒙古秘史〉新译并注释》第279节，联经出版事业公司1979年版，第443页。

　　④ 札奇斯钦：《〈蒙古秘史〉新译并注释》第281节，联经出版事业公司1979年版，第448页。

　　⑤ 双金：《元代宫廷饮食文化探秘》，《西北民族研究》2011年第1期，第205页。

二 服饰民俗

服饰与饮食一样，能够直接反映其生存的环境以及经济、文化形态。生活在北方草原上的蒙古人，因受到干燥寒冷的气候条件影响，衣着一定是长而厚重的衣物，这样才能抵御高原刺骨的寒风。游牧和狩猎的生活方式，又决定了衣物的材质，他们更多是穿用皮革绒毛制品。中国历史上最早记录北方游牧民族饮食衣着的史书是司马迁的《史记》，《史记·匈奴传》是这样描述匈奴人的：自君王以下，咸食畜肉，衣其皮革，被旃裘。[①] 在同传里，还谈到自汉高帝起始，每年都送给匈奴单于很多绢、絮、布、帛之类的纺织物。[②] 这说明，北方游牧民族在穿用皮革绒毛制成的衣物之外，从汉代开始同时也穿着纺织品衣物。这一情况在后来记录蒙古人生活风习的游记类史书里得到了印证。宋代彭大雅《黑鞑事略》里记载有：其冠被发而椎髻，冬帽而夏笠，妇人顶故姑。……其服，右衽而方领，旧以毡毳革，新以纻丝金线，色以红紫绀绿，纹以日月龙凤，无贵贱等差。[③] 这是 13 世纪 30 年代，蒙古帝国时期的服饰写照，反映了这一时期蒙古人服装材质方面的变化情况，这时除有皮革绒毛制成的衣物之外，新的服装采用纻丝金线等纺织帛锦作为材料，俨然与内地汉服用料趋于一致，加之从其日月龙凤图案来判断，这必定与内地运来的服装质料有着某种联系。

伴随着帝国版图的扩张和南北至西东交通线网的开辟，蒙古人的日常服饰方面出现新的发展态势，表现在服装材质上的多元化和服装功能上的区分化特点。关于这一变化特征，我们在西方旅行家的记录里可以感受得到。法国人鲁布鲁克是这样记录的：关于他们的服饰和风俗，你要知道，他们在夏天穿的丝绸和织金的料子以及

① 参见（汉）司马迁《史记·匈奴传》卷110，中华书局1999年版，第2页。

② 同上书，第12—13页。

③ 参见（宋）彭大雅撰、徐霆疏证《黑鞑事略》，王国维笺证，《内蒙古史志资料选编（第三辑）》1985年版，第29—30页。

棉布，是从契丹和其他东部地区，也从波斯和其他南部地区运给他们。从罗斯、摩萨尔，以及从大不里阿耳和帕斯卡蒂尔即大匈牙利和吉尔吉斯等所有北方遍布森林并且臣服于他们的国土，给他们运去值钱的各种皮毛，这些我在我们的家乡没有见过，他们是在冬天穿。他们至少要做两件皮袍过冬，一件的皮毛内向身子，另一件皮毛向外抵御风雪。后一类经常是用狼皮、狐狸皮或狒狒皮制成。但他们坐在屋里时，他们穿上另一件轻便的袍子。穷人用狗和羊（皮）来制作外面的（袍子）。[①] 鲁布鲁克为我们详细描述了蒙古帝国的服装原材料来源地图，从中也看得出到 13 世纪中叶时，发生在蒙古人着装上的阶级痕迹，上层阶级与底层蒙古人的服装材质是有区别的。的确，服装在发展演化过程中，从未抛弃过自身的民族性、时代性、地区性、阶级性等外在化的特征，服装承载着一个国家、民族和区域文化的所有基因图谱。

13 世纪蒙古人的服饰文化，同样被记载到了《秘史》当中，虽然没有一处是专门为了服饰而写作，但从这些零星的记录里可以管窥到其大致情况。《秘史》总共有十四处文字谈到了服饰装扮，内容涉猎帽子、衣服、饰品和靴子等衣物，有的只是片言碎语，但还是为我们提供了有价值的信息，为解开《秘史》时代的蒙古人服饰文化提供了路径。

帽子的作用是保护人体的头部，头部作为人体制高点，代表着人体的全部，因此与其他器官有着不同的地位，自然保护头部的帽子也受到高于其他服饰的尊敬。蒙古人佩戴的帽子按性别分男帽与女帽，在形制与佩戴礼仪上有所区别。在《秘史》里关于帽子的记录共出现五次，一次是女帽，即诃额仑母亲戴的固姑冠；另外四次是男帽，分别出现在帖木真、合撒儿、贴卜·腾格里、曲出身上。《秘史》第 74 节里，谈到诃额仑母亲端正地戴上固姑冠，沿着斡难

---

① 参见《柏朗嘉宾蒙古行纪、鲁布鲁克东行纪》，耿昇、何高济译，中华书局 1985 年版，第 216 页。

河上下奔跑，捡拾野果、野菜养育她孩子们的故事。固姑冠，《秘史》原文是"孛黑塔刺周"，旁译作"固姑冠戴着"，固姑冠是 13世纪蒙古贵妇人戴的帽子。关于固姑冠，13 世纪前叶游历蒙古草原的中原人士均把它当作一种奇特的服饰来记录，如《长春真人西游记》，赵珙的《蒙鞑备录》，彭大雅的《黑鞑事略》，都有描绘固姑冠的制作材料和形制特点。除此之外，西方人士也同样记录了它。我们来看看鲁布鲁克笔下的固姑冠：他们有一种他们称之为波克的头饰，用树皮或他们能够找到的这类轻物质制成，它大如两手合掐，高有一腕尺多，阔如柱头。这个波克，他们用贵重的丝绢包起来，它里面是空的。……他们在顶端饰以孔雀羽毛，围着（顶的）边上有野鸭尾制成的羽毛，尚有宝石。贵妇们在她们的头上戴上这种头饰，用一条巾向下把它拉紧，为此在顶端替它开一个孔，并且她们把头发塞进去……把波克紧拉在颚下。[①] 这里描述的波克，柔克义注解为蒙古语的 boghtahg，汉文译作固姑。这里清晰地发现，《秘史》中记录的"孛黑塔刺周"与蒙古语发音 boghtahg 对上了音，符合蒙古语的语法习惯，不然只看汉文资料上的"固姑"，很容易使人产生误解。鲁布鲁克的记录为我们澄清了一点，即 13 世纪中叶的蒙古地区，贵族妇女仍然戴着固姑冠，并且将其称作波克塔克（boghtahg）。

关于蒙古男帽，《秘史》没有谈到它的形状。人们依据故宫博物院所藏成吉思汗像，形象地比喻这种帽子为猛禽帽，后被称作栖鹰冠。《秘史》记录了蔑儿乞惕人惊慌逃走的时候，军队从他们的营地里捡到一名戴着貂皮帽的五岁男孩，因为穿着贵重衣物，而且目中有火，就将他送给了诃额仑母亲收养，这个人后来成为了成吉思汗麾下的一名千户长，名叫曲出。[②] 从这里看得出，曲出出身一

①　参见《柏朗嘉宾蒙古行纪、鲁布鲁克东行纪》，耿昇、何高济译，中华书局1985 年版，第 217 页。

②　参见札奇斯钦《〈蒙古秘史〉新译并注释》第 114、202 节，联经出版事业公司 1979 年版，第 129、288 页。

个上等人家里，不然怎会有貂皮帽戴着，说明那一时期的蒙古上层人士比较注重帽子的质地，从另一个角度说，帽子的质料显示出戴者的身份地位。帽子还承载着其他象征意义，有时它象征着权力与尊严。成吉思汗在祭拜不儿罕山救命之恩时，将帽子摘下，托在手里，对不儿罕山叩拜了九次①，表现出他对不儿罕山的极度谦卑。对合撒儿有篡权之嫌而质问他时，又将合撒儿的帽子取下，拷问他。② 这就等于剥夺了合撒儿的职衔。值得注意的是，两次事件都有将腰带同时解下的情节，可以认为帽子与腰带有同样的象征意义。在某些特定场所，它等同于佩戴者的头颅，帽子掉了也就意味着这个人的死去，如本书象征故事里所讲贴卜·腾格里丢掉性命一事。

关于 13 世纪蒙古服装质料和款式，前文《黑鞑事略》与《鲁布鲁克行纪》讲述得已经很清楚了，情况不会有太大出入。《秘史》出现几处衣装记录文字，如孛斡儿出来做成吉思汗伴当，当时他在马上只驮了一件青毛衫儿（第 205 节称灰毛袄)③，还有合荅安在战地寻找成吉思汗搭救其丈夫时，穿的是一件红色衣服。④ 说明当时的蒙古人春夏季节穿着毛线衣、布衣之类的衣服，就如鲁布鲁克所看到的：穷人用棉布裁衣，或者用尽可能从粗羊毛中挑选出的细毛来制作衣物。⑤ 但孛斡儿出是有名的富翁纳忽·伯颜之子，不是穷人，分析起来可能与早期的蒙古与外界贸易往来少有关。冬季多是穿羊皮袄，别勒古台母亲和七岁时的王汗被蔑儿乞惕掳去之

①　参见札奇斯钦《〈蒙古秘史〉新译并注释》第 103 节，联经出版事业公司 1979 年版，第 110 页。

②　参见札奇斯钦·《〈蒙古秘史〉新译并注释》第 244 节，联经出版事业公司 1979 年版，第 365 页。

③　参见札奇斯钦《〈蒙古秘史〉新译并注释》第 95 节，联经出版事业公司 1979 年版，第 101 页。

④　参见札奇斯钦《〈蒙古秘史〉新译并注释》第 146 节，联经出版事业公司 1979 年版，第 184 页。

⑤　参见《柏朗嘉宾蒙古行纪、鲁布鲁克东行纪》，耿昇、何高济译，中华书局 1985 年版，第 216 页。

后，都曾穿着羊皮袄，所不同的是别勒古台母亲穿着一个有洞的破羊皮袄①，而王汗穿的是带黑花的山羊皮袄。② 这里不得不提的是貂皮，它可是那个时代达人显贵的专属品，代表着地位和价值。帖木真将自己当翁姑时得到的礼物，一件黑色貂皮褡送给王汗，王汗收到礼物非常高兴，作为酬报，答应帮助帖木真灭掉蔑儿乞惕人，抢回被夺走的妻子和背离的百姓。③ 一件貂皮褡竟有如此大的动力，表明其价值应该不菲。另有一件事情，可以充作补证。在破掉的塔塔尔人营地里，成吉思汗捡到一个穿金花绫丝缎子，用貂皮做里子小袄的小男孩儿，送给了母亲诃额仑。母亲见到孩子之后说：这必是好人家的儿子，是有好渊源人家的子孙啊！于是将他收养为第六个儿子，他就是失吉·忽秃忽。④ 想必诃额仑母亲还是依据男孩身上的缎子貂皮小袄，才称赞他为有好渊源人家的子孙的。

《秘史》里对饰物的记载不多，只有一处明确记录是上述失吉·忽秃忽的装扮，当时的他戴着金耳环（金项）圈。一般来讲，蒙古男人出行必备的装备是刀子、火镰和弓箭，尤其是在那个战乱频发的年代。《秘史》第80节记录，帖木真躲避泰亦乞兀惕人逃进密林深处，没有食物住了九天九夜，当他下山时路被堵住，于是就用他削箭的刀子，砍断一些树枝慢慢下来。可见帖木真随身带着一把刀子。还有就是前文所述，锁儿罕老人给帖木真准备的是一张弓、两支箭，没有给他火镰。这里特意强调了没有给火镰和只给两支箭一事，据分析应该是锁儿罕老人希望帖木真快点回家，路上不要耽搁之意，那两支箭只是用来防身的。

---

① 参见札奇斯钦《〈蒙古秘史〉新译并注释》第112节，联经出版事业公司1979年版，第127页。

② 参见札奇斯钦《〈蒙古秘史〉新译并注释》第152节，联经出版事业公司1979年版，第194页。

③ 参见札奇斯钦《〈蒙古秘史〉新译并注释》第96节，联经出版事业公司1979年版，第101页。

④ 参见札奇斯钦《〈蒙古秘史〉新译并注释》第135节，联经出版事业公司1979年版，第166页。

关于《秘史》里的靴子，只有一处记录小孩子脚上穿着母鹿皮靴子的事①，而无大人的记载。蒙古男人和女人一样，都有穿靴子的习惯。只是男女靴子的颜色有些差别，女人穿的靴子颜色更鲜艳些，从靴子的质料上来看，有皮质的，也有布棉质的靴子，冬季最寒冷的时候，有时会穿毡靴。明代萧大亨记道："女不为弓鞋，与男俱靴，靴之底甚薄，便于乘骑也。②"可见蒙古女人与男子一样穿靴子，为了便于骑乘，靴子底做得比较薄而已。

三　娱乐宴会民俗

关于 13 世纪蒙古人的节日娱乐活动，史料记录得很少。马可·波罗在其旅行纪当中描述了元大都庆贺元旦的盛况，这是目前能够找到的时间尚早的一个节庆活动记录。他说：其新年确始于阳历 2 月，届时大汗及其一切臣属复举行一种节庆，兹述其情形如下：是日依俗大汗及其一切臣民皆衣白袍，至使男女老少衣皆白色，盖其似以白衣为吉服，所以元旦之服之，俾此新年全年获福。是日臣属大汗的一切州郡国土之人，大献金银、珍珠、宝石、布帛，俾其君主全年获有财富欢乐。臣民互相馈赠白色之物，互相抱吻，大事庆祝，俾使全年纳福。③ 这里马可·波罗详细叙述了蒙古人过元旦的盛况，大汗臣属与国土百姓之间的礼仪仪式，服装穿着，以及表达出的节日祝福等，展现了元朝时期蒙古人重要的节日仪式。元旦在蒙古语里称作查干萨日，译成汉语为白月。白色是蒙古人的吉祥颜色，代表着吉庆和福寿，届时全体蒙古人穿着白色衣袍，互相赠送白色礼物，以示庆祝。

《秘史》里记录着九起宴会活动，但准确记录时间的只有一起。

---

① 参见札奇斯钦《〈蒙古秘史〉新译并注释》第114节，联经出版事业公司1979年版，第129 页。

② （明）萧大亨：《北虏风俗》，王国维笺证，《内蒙古史志资料选编（第三辑）》1985 年版，第144 页。

③ 参见［意］马可·波罗《马可波罗行纪》，冯承钧译，内蒙古人民出版社 2008 年版，第129 页。

即泰亦乞兀惕人抓住帖木真，在其部族百姓当中徇行轮宿期间，那时正当孟夏四月十六日的"红圆光日"，泰亦乞兀惕人在斡难河岸上举行宴会，日落才散。① 关于这里所提四月十六日，学界争议较多，有人认为是当时蒙古的新年，亦有论证是成吉思汗诞辰的说法，但都没有可信赖的佐证资料。按照蒙古草原上的气候条件和物产情况判断，这个时节应该是天气变暖、乳奶丰盛的季度，因此人们举办宴会扫除冬季的压抑，这是可以说得通的理由，不必再另寻没有根据的说辞。但从成吉思汗本人的成长经历来说，这次宴会为他的逃跑提供了有利的条件，因此，也有可能是《秘史》写作者有意识的一笔记载。

《秘史》记载的三起宴会活动，既没有说明时间，也没有说明宴会缘由。如《秘史》第67节，途中也速该·把阿秃儿在扯克扯儿的失剌—客额儿，遇见塔塔尔人正在宴会。因为渴了，就下马入席。塔塔尔人认出是乞颜的也速该·把阿秃儿，在其食物中下毒，害死了他；《秘史》第184节，王汗毫不介意的，正立起了金撒帐，举行宴会。消息传到成吉思汗那里，被成吉思汗偷袭成功，曾经雄霸草原的客列亦惕部落就此退出历史舞台；《秘史》第240节，朵儿伯带领一小股军队，砍断树木，爬到山上，正如从天窗下降一般，出其不意的，将正在宴会中的秃马惕百姓们掳获了。这是成吉思汗派军队第二次征服秃马惕百姓时的情况，当时他们在宴会。三起宴会没有说明直接缘由，但有个共同点，均与成吉思汗本人的成长经历与征讨战争息息相关，有着重要的阶段性历史意义。在这一点上，与前一起宴会意义相似。

帖木真联合王汗、札木合打败仇敌蔑儿乞惕人之后，王汗带领军队回营，余下二人一同安营住下。帖木真与札木合二人回顾了前两次的结拜情谊，第三次结为"安荅"，互相交换了礼物。之后，

---

① 参见札奇斯钦《〈蒙古秘史〉新译并注释》第81节，联经出版事业公司1979年版，第88页。

在豁儿豁纳黑山翼，忽勒达合儿山崖前面一棵枝叶茂盛的大树下，彼此互称安荅，互相友爱，大开宴会，一起享乐，夜间共被而眠。① 这一次的宴会，我们暂且将它理解为安荅仪式的组成部分。这与古代匈奴人的"杀敌庆功"习俗有点不同②，如果是杀敌庆功宴的话，应该在之前，王汗还没有与他们二人分开之前举行才对。

另有两起宴会活动，所引发的后果相似，其历史意义重大，因此也被《秘史》记录在案。一次是成吉思汗与札木合矛盾公开化之后，从札木合那里来了很多百姓，包括兀鲁兀惕的主儿扯歹、忙忽惕氏的忽余勒荅儿、晃豁坛的蒙力克老爹等人，带领着自己的部属百姓投靠而来。来了这么多的百姓，成吉思汗他们很高兴，于是成吉思汗、诃额仑夫人、合撒儿、主儿乞的薛扯·别乞、泰出等都说：咱们在斡难河的树林里宴会吧。③ 另一次为史上号称的"长子西征"时期，拔都、不里、古余克、蒙哥等人攻破蔑格惕城，掳获斡鲁速惕百姓，使十一个外邦人民入于正轨。大家说：在拉起辔缰将要回去的时候，举行离别的宴会。④ 为什么将这两次宴会放在一起讨论呢？是因为这两起宴会比较特殊，其间均发生了不愉快事件，所导致的后果也相似，即引发了蒙古贵族内部的严重分歧。前次宴会期间，成吉思汗家族与主儿乞族发生斗殴，矛盾导致薛扯·别乞带着他的部属主儿乞全族人离开了成吉思汗。⑤ 后一起宴会期间，不里、古余克二人与拔都发生争吵，不欢而散。后来的蒙古皇权斗争中，术赤系的拔都坚决支持拖雷系后代蒙哥，而察阿歹系的不里等人支持窝阔台系，事件表明是本次宴会的直接后果使然。

---

① 参见札奇斯钦《〈蒙古秘史〉新译并注释》第117节，联经出版事业公司1979年版，第132—133页。

② 参见（汉）司马迁《史记·匈奴传》卷110，中华书局1999年版，第10页。

③ 参见札奇斯钦《〈蒙古秘史〉新译并注释》第130节，联经出版事业公司1979年版，第159页。

④ 参见札奇斯钦《〈蒙古秘史〉新译并注释》第275节，联经出版事业公司1979年版，第437页。

⑤ 参见［波斯］拉施特《史集》第一卷第二分册，余大钧、周建奇译，商务印书馆1983年版，第120页。

从史料记载来看，推举新的首领或帝国可汗，要举行盛大的宴会活动。这样的宴会在《秘史》中只记载一起，其他可汗，包括成吉思汗身上也无记载宴会一事，只是记为召集了大会，而没有宴会情况的报道。

当初，蒙古的俺巴孩可汗被塔塔尔人抓住送给金朝皇帝，临行前派人传话，叫蒙古人在合荅安、忽图剌中选一人当他的继任可汗。

> 俺巴孩可汗提名合荅安、忽图剌二人的话到达之后，全体蒙古泰亦赤兀惕族人便聚会于斡难河畔的豁儿豁纳黑—主不儿地方聚会，奉忽图剌为可汗。蒙古人快活跳跃，筵宴享乐。推戴了忽图剌为可汗之后，他们跳跃起来，把豁儿豁纳黑山翼一棵枝叶繁茂的大树周围附近地方都蹈踏成了到肋骨的路沟，没膝盖的尘埃了。[①]

这是忽图剌当选全体蒙古百姓可汗时的宴会盛况。另有两次可汗当选大会，一是成吉思汗建立蒙古帝国，在斡难河源头召集大会，立起九脚白旄纛成为成吉思可汗；另一次是窝阔台当选蒙古帝国可汗。如：

> 鼠儿年（戊子，1228），察阿歹、巴秃等右翼诸子，斡惕赤斤那颜、也古、也孙格等左翼诸子在中央的拖雷等诸子、公主、驸马、万户、千户等全体，都在客鲁涟河阔迭额—阿剌勒聚会。依照成吉思汗所提名的圣旨，奉窝阔台可汗为汗。[②]

---

① 札奇斯钦：《〈蒙古秘史〉新译并注释》第56—57节，联经出版事业公司1979年版，第53—54页。

② 札奇斯钦：《〈蒙古秘史〉新译并注释》第269节，联经出版事业公司1979年版，第424页。

这里分别记为在斡难河源头召集大会、客鲁涟河阔迭额—阿剌勒聚会，而无宴会情况报道。从前面忽图剌当选蒙古可汗时的宴会，以及后来西方史家的记录、传教士的游记来看，这两次也本应该举行盛大的宴会活动，只是没被记载于《秘史》。

有关窝阔台登基时的宴会情况，伊朗史家志费尼记录得比较详细。这一次的推举大会共进行了四十天，第四十一天才公布结果。他记道："那一整天，直到晚上，他们快乐、友爱地共同议论。同样，一连四十天，他们每天都换上不同颜色的新装，边痛饮，边商讨国事。①" 窝阔台继任者贵由的推举大会，被西方传教士记录下来。柏朗嘉宾有幸见证了贵由可汗的推举大会，他说：当我们到达那里时，人们已经搭好了一个很大的紫色帆布帐篷，据我们认为，这个帐篷大得足可以容纳两千多人。……全体首领被召集到一起……第一天，大家都穿着紫红缎子服装；第二天，换成了红色绸缎，贵由就在这个时候来到了帐篷；第三天，他们都穿绣紫缎的蓝衣服；第四天，大家都穿着特别漂亮的华盖布服装。……于是他们便开始喝马奶，喝得是那样多，一直到晚上为止，看起来简直叫人眼馋。② 在宴会现场的人们都会分到食物和饮料，因为柏朗嘉宾一行是西方人，所以给他们喝的是啤酒，喝得实在喝不下去为止，他们还分到了肉，这是一种没有放盐的熟肉，每四五个人分到一大块肉。因此，每一次可汗推举大宴，都会用掉数量惊人的食物。饮料和食物的日耗量是，三千车的忽迷思和酒，三百头马或牛，以及三千只羊。③

成吉思汗之后的三任蒙古帝国可汗推举大会，均举办了盛大的宴会，参加会议的王公贵族每天穿着颜色统一的服装，因而称之为

---

① ［伊朗］志费尼：《世界征服者史》上册，何高济译，内蒙古人民出版社 1980 年版，第 217 页。

② 参见《柏朗嘉宾蒙古行纪、鲁布鲁克东行纪》，耿昇、何高济译，中华书局 1985 年版，第 96、97 页。

③ 参见［伊朗］志费尼《世界征服者史》下册，何高济译，内蒙古人民出版社 1980 年版，第 679 页。

质孙宴。质孙是蒙古语，意为一致、统一等。这一仪式传统与马可·波罗所记蒙古人的查干萨日穿着统一服装一致，可以证实 13 世纪蒙古人宴会服装习俗。

四 居住与交通民俗

（一）居住民俗

人生存的重要场所是居所。居所的形状、类型受其自然环境、气象条件和经济生活等因素的影响，其发展程度与经济发展水平密切相关。适应游牧移动生活，能够抵御严酷的自然环境而产生的毡房，是蒙古人物质文化生活的一大收获。

13 世纪蒙古百姓的住宅为毡帐穹庐，蒙古语称作 ger（格日）。那时没有"蒙古包"一说，据学者考证，满语将一切的房子均称作 bao（包），于是因满语所说的"蒙古房子"便讹传成了汉语的"蒙古包"。[①] 据此判断，蒙古包的叫法应该是清朝以后出现的事情，且仅限于汉语语汇中使用，蒙古人至今还将毡房称作格日。这种毡帐房子出现的时间很早，司马迁在其描述北方游牧匈奴人的生活时说：随畜牧而转移，逐水草迁徙，毋城郭常处，耕田之业。[②] 这里的游牧匈奴人随牲畜水草迁徙，那他们一定需要一种能够移动的房屋，这种情况在北方游牧民中曾普遍存在。根据文献史料的记载，早期蒙古人居住的移动式的毡房分两种形式，一种为车上载着移动迁徙，不能拆卸的毡房；另一种为能够拆卸组装的毡房。

西方人柏朗嘉宾详细记录了这两种毡房：他们的住宅为圆形，利用木桩和木杆支成帐篷形，这些幕帐在顶部和中间开一个圆洞，光线可以通过此口而射入，也可以使烟雾从中冒出去，因为他们始终是在幕帐中央生火的。四壁与幕顶均以毡毯覆盖，门同样也以毡毯做成。有些幕帐很宽大，有的则较小，按照人们社会地位的高低

---

① 参见札奇斯钦《蒙古文化与社会》，台湾商务印书馆 1987 年版，第 53 页。
② 参见（汉）司马迁《史记·匈奴传》卷 110，中华书局 1999 年版，第 1 页。

贵贱而有区别。有的幕帐可以很快地拆卸并重新组装，用驮兽运载搬迁，有些则是不能拆开的，但可以用车搬运。对于那些小幕帐，只需在车上套上一头牛就足够了；为了搬迁那些大幕帐，则需要三四头或更多的牛。无论他们走到哪里，去进行征战还是到别的地方，他们都要随身携带自己的幕帐。① 相似的毡房记录在《黑鞑事略》以及鲁布鲁克等人均有描述，且大体一致。如《黑鞑事略》里记载：穹庐有两样：燕京之制，用柳木为骨，止如南方罘罳，可以卷舒。面前开门，上如伞骨，顶开一窍，谓之天窗。皆以毡为衣，马上可载。草地之制，以柳木织定硬圈，径用毡挽定，不可卷舒，车上载行。② 鲁布鲁克同样记录了当时蒙古人的毡帐住宅，还特意留意了一下车载式的毡房，他说：他们把这些屋舍造得很大，有时宽为 30 英尺……我估算一下，每辆车用 22 头牛拉一所屋，11 头和车并行，另 11 头走在前头。车轴粗若船桅，并且有个人站在车上房门口，驱赶着牛群。③ 可见这种车载式毡房很大，得用很多头牛拉着前行，想来一般百姓人家很难住得起，必定是富有的显贵人家住宅。今天的蒙古草原已经不见这样的车载毡房踪迹，只剩下另外那一种可卷舒式的毡房了。

《秘史》里关于房屋住宅的报道出现八次，从简易的草棚到宫帐斡儿朵均有记载，可以看出那时蒙古人家的住宅情形。就像前面柏朗嘉宾所讲，按照人们社会地位的高低贵贱之分，所居住的毡房大小规模是有区别的。普通百姓人家住的毡房小一些，四哈那至六哈那不等，而那些帝王将相和千户长、百户长的毡房一定很宽大，由八哈那甚至更多的哈那组成。前面鲁布鲁克所见到的车载大毡房，光是用来搬运迁徙的牛就得需要 22 头，可见非百姓人家能够

① 参见《柏朗嘉宾蒙古行纪、鲁布鲁克东行纪》，耿昇、何高济译，中华书局 1985 年版，第 30 页。

② 参见（宋）彭大雅撰、徐霆疏证《黑鞑事略》，王国维笺证，《内蒙古史志资料选编（第三辑）》1985 年版，第 27 页。

③ 参见《柏朗嘉宾蒙古行纪、鲁布鲁克东行纪》，耿昇、何高济译，中华书局 1985 年版，第 210 页。

拥有的。人处在窘境时，有可能住到更为简陋的住所，成吉思汗的先祖孛端察儿就曾经住过草棚。① 草棚是一种用木杆搭起架子，上面覆盖用草编成的粗绳条而成，其架子可以是塔尖形，也可以是人字形。近代内蒙古东部区，在种植瓜果的田间地头有时也有见到这种草棚。草原贵族和可汗，则居住在大型宫帐斡儿朵里，《秘史》详细记录了成吉思汗宫帐斡儿朵的管理职责等事宜。② 最为豪华尊贵的是一种叫作阿拉坦斡儿朵的金帐。一般用于国王的大型宴会、招待贵宾或推举可汗仪式时。《秘史》第 184 节里，讲述蔑儿乞惕的王汗支起金撒帐举行宴会一事。宋使臣许霆也记录了蒙古立金帐接待他们一事，并且详细记录了金帐的形状和规模。他说：霆至草地时，立金帐，想是以本朝皇帝亲遣使臣来，故立之，以示壮观。前纲邹奉使臣至，不曾立，后纲程大使，更后纲周奉使至，皆不立。其制即是草地中大毡帐，上下用毡为衣，中间用柳编为窗眼，透明，用千余条索拽住，一门阀与柱皆以金裹，故名。中可容数百人。③ 许霆饶有兴致地讲述是因为皇帝亲遣使臣身份才受到金帐接待，前几次奉使均没有享受此待遇。还说，金帐之名是因其柱子与门阀均以金子裹住而得名。关于金帐名称来源，柏朗嘉宾的记载可作补证说明。他曾有幸亲自见证贵由汗登基仪式，这个仪式就是在金帐里举行的。他描述这个金帐为：用来搭幕帐的支柱以金片相裹，然后用金键将其他支柱钉在一起。幕帐的天幕和内壁上也蒙上了一层华盖布，而外面则是用其他织物装饰的。④ 这种金帐非常的宽大，能够同时容纳几百人议事和宴会，足见其有多宏伟壮观。

---

① 参见札奇斯钦《〈蒙古秘史〉新译并注释》第 24、28 节，联经出版事业公司 1979 年版，第 22、25 页。

② 参见札奇斯钦《〈蒙古秘史〉新译并注释》第 232—234 节，联经出版事业公司 1979 年版，第 348—351 页。

③ 参见（宋）彭大雅撰、徐霆疏证《黑鞑事略》，王国维笺证，《内蒙古史志资料选编（第三辑）》1985 年版，第 27 页。

④ 参见《柏朗嘉宾蒙古行纪、鲁布鲁克东行纪》，耿昇、何高济译，中华书局 1985 年版，第 98 页。

（二）交通民俗

13 世纪的蒙古人出行和四季游牧一般靠车辆来完成。生活在广袤无垠的高原草场上的蒙古人，常年需要逐水草而移动生活。从《秘史》的记载来看，车辆在当时蒙古人的生活中占据着重要的位置，不论是移动迁徙，还是在日常生活中出行，处处可见车辆的使用。

《秘史》记载车辆的信息共有九处，从这些零星的信息里可以推想到当时的车辆情况。当初帖木真被推举为蒙古百姓之可汗，古出沽儿就自告奋勇，表示"不叫有锁头的车辆倾倒；不使有车轴的车辆坏在车辙之上"，于是可汗就叫他管理帐幕车辆。① 从文献资料来看，13 世纪的蒙古贵族家庭车辆很多，有时多达几百辆车，而普通百姓家拥有十几、二十辆车。人们将所有日常衣物和饮食、贵重财宝全部装在由毡子覆盖的车上，以便移动迁徙之方便。从上文说的"不叫有锁头的车倾倒"来看就能明白这一点。后成吉思汗建立蒙古帝国，重新强调了由近身宿卫管理他的宫帐车辆事宜，表现出对此事很重视。② 西方传教士鲁布鲁克在蒙古草原上看到这样的车，并将它详细地记述下来了：他们把细枝编织成方形大箱，上面加上一个也用细枝编成的盖子，整个盖严，正面开一扇小门。然后他们用牛脂或羊奶涂抹过的黑毡，把这个箱子，也就是小房屋遮起来，防止漏雨，而且他们同样用五彩图案把它装饰。所有的卧具和贵重物品，他们都放进这类箱子里，再给紧紧系在骆驼拉的大车上，以至过河不会打湿。这种箱子他们从不取下来。……仅一个富裕的蒙古人即鞑靼人便有一百或二百辆这种带箱的车。……一个妇女要管二十或三十辆车，因为土地平坦。他们把牛车或驼车一辆辆连接起来，同时有一个妇女坐在头一辆上赶着牛，其他的用同样的步调跟在后面。① 这一段文字比较生动地记录了当时的箱车情况，对它的制作方法、颜色图案、使用过程以及行进移动等，都有详细描述。

《秘史》里还记录着一种女性乘坐的黑篷车。分别是都蛙·锁豁儿看到一群迁徙来的百姓当中，在一个黑篷车的前沿上，坐着一个好看的姑娘②；也速该·把阿秃儿抢来诃额仑夫人，当时诃额仑夫人也是坐着一辆黑篷车嫁到蔑儿乞惕人那里去的路上③；豁阿黑臣老妈妈想要把孛儿帖夫人藏起来，躲避蔑儿乞惕人，就叫她坐在一辆有篷子的黑车里，套上一匹花脊梁的牛，逆着统格黎克小河走去④；当诃额仑母亲得知成吉思汗正在责难合撒儿时，就连夜用白骆驼驾了黑篷车赶到了合撒儿的驻地。⑤ 这些关于黑篷车的记录，使人联想到它有可能是一种女性专用的车辆，有时会套用牛，有时也有套骆驼出行。从鲁布鲁克的记述来看，它可能是用牛脂或羊奶涂抹过的黑毡裹住的车，不然我们都知道毡子是白色的，怎么会变成黑篷车的呢？它的作用是防止被雨淋湿，再就是用来挡风。这种黑篷车在车轮的规格上有区别，贵族家庭的可能略高于普通百姓人家使用的车轮，不然德·薛禅也不会说："我们不与别人争国土，但叫那脸儿艳美的女儿们，坐在你们可汗人家的高轮车里，驾上黑色的骆驼颠颠地跑着去，一同坐在可敦们的座位里"⑥ 这样的话。

---

① 参见《柏朗嘉宾蒙古行纪、鲁布鲁克东行纪》，耿昇、何高济译，中华书局1985年版，第210—211页。

② 参见札奇斯钦《〈蒙古秘史〉新译并注释》第5、6节，联经出版事业公司1979年版，第8、9页。

③ 参见札奇斯钦《〈蒙古秘史〉新译并注释》第55、56节，联经出版事业公司1979年版，第52、53页。

④ 参见札奇斯钦《〈蒙古秘史〉新译并注释》第100节，联经出版事业公司1979年版，第106页。

⑤ 参见札奇斯钦《〈蒙古秘史〉新译并注释》第244节，联经出版事业公司1979年版，第365页。

⑥ 札奇斯钦：《〈蒙古秘史〉新译并注释》第64节，联经出版事业公司1979年版，第63页。

第三节　人生仪礼

　　源于游牧狩猎经济类型的蒙古族人生仪礼文化，与世界其他民族一样历经千百年的历史跋涉，发展到今天的形式，成为蒙古人重要的生活文化内容，反映着当时蒙古社会的发展阶段和水平。《秘史》中的人生仪礼文化表现在姓氏与起名习俗、婚姻习俗、丧葬习俗及遗产继承习俗等方面，它是 13 世纪蒙古人生活文化的重要组成部分，从中可以看出当时蒙古社会历史发展状态和习惯法的约束力等内容。例如，通过婚姻关系结合成家庭，虽说它是种个体间的关系，却反映了社会历史发展某个阶段的事实。13 世纪的蒙古人实行族外婚和一夫多妻制，但在历史发展进程中，这一婚姻俗制也会发生相应的变化，来适应社会发展的需求。其余习俗无不与此相似。

一　姓氏与起名习俗

　　据拉施特《史集》记载，所有的蒙古人均来自额尔古捏—昆的两对夫妻，即捏古思和乞颜两个家族。捏古思与乞颜两个家族繁衍出许许多多的分支族系，最终走出了额尔古捏—昆，来到了如今的蒙古草原上。他们这些逐渐分化出来的各个氏族又以某个名称称呼自己，并成为单独的某个氏族，人数超过了周围其他氏族和部落，因此很多其他部族的人也以蒙古来称呼自己。最终这些氏族全部汇合在一起，成为迭儿列勤蒙古。

　　成吉思汗的十世祖孛端察儿娶了阿兰·豁阿，孛端察儿死后阿兰·豁阿感光而孕生下了三个儿子，这三个儿子繁衍出的子孙后代各个氏族统称为尼伦蒙古。尼伦蒙古又分为两个分支，一支为原来意义上的尼伦部，包括 19 个氏族，他们是合塔斤、撒勒只兀惕、泰亦乞兀惕、赫儿帖干、昔只兀惕、赤那思、那牙勤、兀鲁惕、忙忽惕、朵儿边、八邻、八鲁刺思、合答儿斤、照列惕、不答惕、朵豁剌惕、别速惕、雪干、轻吉牙惕。另一支是乞牙惕尼伦，他们包括主儿乞、敝失兀惕、乞牙惕—牙撒儿、乞牙惕—孛儿只斤。^① 乞牙惕是乞颜的复数形式，乞颜的意思是山上流下的狂暴湍急的洪流^②；孛儿只斤的意思是蓝眼睛的人。乞牙惕—孛儿只斤出自成吉思汗的父亲一族，他们既是乞牙惕，又是孛儿只斤。孛儿只斤这个氏族名称，在后成吉思汗时代代表着蒙古皇室贵族身份，成员以也速该·把阿秃儿的五个儿子，以及这五个儿子的子子孙孙，成千上万的蒙古人组成。

上述迭儿列勤蒙古，在拉施特看来又分为两大支系。一支是早先从额尔古捏—昆出来的，过去就获得固定称号的真正蒙古族，这部分有 18 个氏族，他们是：捏古思、兀良合惕、弘吉剌惕、亦乞剌思、斡勒忽讷惕、豁罗剌思、额勒只斤、弘里兀惕、斡罗纳兀惕、晃豁坛、阿鲁剌惕、乞里克讷惕、嫩真、速勒都思、亦勒都儿勤、巴牙兀惕、轻吉惕；另一支是后来改作蒙古的，他们是些在蒙古这个名称出现之前就有的民族，这部分蒙古人共有 20 个氏族，他们分别是：札剌亦儿、雪你惕、塔塔尔、蔑儿乞惕、古儿列兀惕、秃剌思、秃马惕、不剌合臣、客列木臣、兀剌速惕、塔木合里黑、塔儿忽惕、斡亦剌惕、巴儿忽惕、豁里、帖良古惕、客思的迷、兀良合、火儿罕和撒合亦惕。^③ 这就清楚了一点，即全部蒙古人分作尼伦和迭儿列勤两大族系，尼伦是出自阿兰·豁阿纯洁腰身的蒙古人，其余蒙古大众则统称为迭儿列勤蒙古，意即普众蒙古。在拉施特写作蒙古史时期，他能够收集到的所有的信息显示，尼伦和迭儿列勤两大族系的蒙古人总计有 61 个氏族，也就是说有 61 个姓氏。当然，拉施特的分类与秘史的记录有些出入，如斡罗纳兀

惕、雪你惕在《秘史》里记为尼伦部①，但在拉施特这里属迭儿列勤蒙古部。

蒙古人以氏族名称作为本人的姓氏，这是自古以来的传统。要想对全部 61 个姓氏起源做考证，已经不太可能，因为有些氏族实在太古老，已经无从考察，但好在《秘史》为我们提供了部分蒙古姓氏的起源信息。

从《秘史》的记载来看，氏族的名称有时来源于历史上某个先祖的名字，这个先祖名字又成为他们的姓氏。如秘史里记载：别勒古讷台成了别勒古讷惕氏。不古讷台成了不古讷惕氏。不忽·合塔吉成了合塔斤氏。不忽·撒勒只成了撒勒只兀惕氏。② 上述四个姓氏之蒙古语意思已经无法考证。有时姓氏则取自与先祖有关联的某种特征。在梳理成吉思汗祖先谱系时，提到了朵儿边氏的起源问题：都蛙·锁豁儿死后，他的四个儿子不把自己的叔叔朵奔·篾儿干当作亲族，小看他，撇弃它，离开迁徙而去，遂成为朵儿边氏族。③ 朵儿边是蒙古语"四"的意思，都蛙·锁豁儿的四个儿子成为了朵儿边氏。

在有些情况下，《秘史》出现的人物名字本身就代表了某种意义，后来这些名字又作为其后人的姓氏，这里既有当时蒙古人的起名习俗特征，也有姓氏来源信息。类似的情况有多处出现，如合臣的儿子名叫那牙吉歹，因性格有点像贵族，就成了那牙勤氏。那牙吉歹是从蒙古语"诺颜"一词转换而来，"诺颜"是蒙古语的长官、贵族之意。合赤兀与合出剌的儿子们有个共同点，即身材高大、吃饭粗鲁，他们就成了八鲁剌思氏。从八鲁剌思的蒙古语意思推测，似乎是"像虎一样"的意思，应了民间那句成语"狼吞虎

①　参见札奇斯钦《〈蒙古秘史〉新译并注释》第 47 节，联经出版事业公司 1979 年版，第 38 页。

②　参见札奇斯钦《〈蒙古秘史〉新译并注释》第 42 节，联经出版事业公司 1979 年版，第 32 页。

③　参见札奇斯钦《〈蒙古秘史〉新译并注释》第 11 节，联经出版事业公司 1979 年版，第 13 页。

咽"。合阑歹的儿子们争吃粥饭，没头没脑，他们就成了不荅阿惕氏。不荅阿是蒙古语"饭食"之意。合赤温的儿子名叫阿荅儿乞歹，因为在兄弟之间搬弄是非，就成了阿荅儿斤氏。现代蒙古语的"阿塔"即作"嫉妒"解释。① 关于札荅兰和八邻氏的起源：当初孛端察儿捉来一个怀孕的女人，归孛端察儿之后，生了一个儿子，因为他是外族人之子，给他起名叫札只剌歹，他就是札荅兰族的祖先。② "札荅"一词在古蒙古语中作"外人"或"异族"解释。那个妇人又跟孛端察儿生了一个儿子，因为是捉拿来的女人，就给那个儿子起名叫巴阿里歹，他就是八邻氏的祖先。③ 巴阿里歹在蒙古语里作"捉拿的"解释。

《秘史》中总共记载着 438 人的名字，仔细总结这几百个人物的名字，可以归纳出些当时蒙古人的起名习俗特点。这些特点表现在以下几个方面：

1. 为纪念某一事件而起名。帖木真这个名字的来源，在《秘史》中是这样记录的：在那里也速该·把阿秃儿掳获了塔塔尔部的帖木真·兀格、豁里·不花等人回来……就在那时生了成吉思可汗。……因为是擒来帖木真·兀格时生的，就起名叫帖木真。④ 父亲也速该为纪念抓来仇敌塔塔尔部的帖木真·兀格，为自己刚出生的儿子起名叫作帖木真，以示战胜敌人的喜悦之情，同时图个吉利。号称成吉思汗"四狗"之一的者别，在蒙古语中意为箭。者别这个名字的由来是这样的：濶亦田战役中，成吉思汗所骑披甲白口黄马的锁子骨被者别射断，于是成吉思汗欣赏他的能力和勇气，叫

---

① 参见札奇斯钦《〈蒙古秘史〉新译并注释》第 46 节，联经出版事业公司 1979 年版，第 37 页。

② 参见札奇斯钦《〈蒙古秘史〉新译并注释》第 40 节，联经出版事业公司 1979 年版，第 30 页。

③ 参见札奇斯钦《〈蒙古秘史〉新译并注释》第 41 节，联经出版事业公司 1979 年版，第 31—32 页。

④ 参见札奇斯钦《〈蒙古秘史〉新译并注释》第 59 节，联经出版事业公司 1979 年版，第 55—56 页。

他来做伴，并因为前述原因而改称者别。① 其实他的原名叫只儿豁阿歹，意思是"六"或"六岁的"。

2. 以动物名称来命名。《秘史》中以动物来命名的人物很多，这与当时蒙古人的生产方式，即与游牧狩猎并举式生产方式有关。如忽难，忽难是三岁幼虎或三岁牛犊；札里·不花，不花是牡牛；巴剌、巴剌·扯儿必、八鲁剌思，巴剌是老虎；合撒儿，合撒儿是猛犬；忽阑，忽阑是野马；阿只乃，阿只乃为骏马；纳臣，纳臣为鹰；兀忽纳，兀忽纳是公山羊之意。

3. 依照身体某部位的特征命名。都蛙·锁豁儿，都蛙是独，锁豁儿是眼睛，意思是独眼人；也客·你敦，也客为大，你敦为眼睛，合为大眼；塔儿忽台·乞邻勒秃黑，塔儿忽台意为肥胖，乞邻勒秃黑意思是好嫉妒，意思是好嫉妒的胖子。

可克薛兀·撒卜剌黑，乃蛮大将，拉施特《史集》说："可克薛兀"，意为由于咳嗽与胸疾说话嘶哑的人。"撒卜剌黑"为地名，人们按这个地名来称呼他。② 蒙格秃·乞颜，蒙格秃为脸上有痣，连起来为乞颜氏的脸上有痣者；莎儿忽黑秃·主儿乞，莎儿忽黑秃的意思是身上有胎痣的人，主儿乞是胆子大，也是氏族名，合起来主儿乞氏的身上有胎痣的人。

4. 还有一种常见的起名习俗，是在名字后面加上各种尊称、称号组成其名字。如也速该·把阿秃儿、速别额台·把阿秃儿，其名字分别是也速该、速别额台，把阿秃儿意思为英雄，合起来构成本人的名字；朵奔·篾儿干、豁里察儿·篾儿干，篾儿干的意思为善射者、神箭手，常用作善射箭的男子的美称；屯比乃·薛禅、札木合·薛禅，这里薛禅的意为聪明；纳忽·伯颜、朵奔·伯颜，伯颜是富有的人；不里·孛阔、朵里·孛阔，孛阔是摔跤手；薛扯·

---

① 参见札奇斯钦《〈蒙古秘史〉新译并注释》第147节，联经出版事业公司1979年版，第185—186页。

② 参见［波斯］拉施特《史集》第一卷第二分册，余大钧、周建奇译，商务印书馆1983年版，第151页。

别乞、忽察儿·别乞，别乞为贵族的尊称，有时会出现在女性贵族身上①，如成吉思汗女儿阿剌合·别乞、王汗的女儿叫察兀儿·别乞，具体意思不明；苔里台·斡惕赤斤、阿勒坛·斡惕赤斤、帖木格·斡惕赤斤，斡惕赤斤是蒙古和突厥共同用语，意思为"灶火和禹儿惕之主"②；忙豁勒真·豁阿、阿兰·豁阿，豁阿是蒙古语的漂亮之意，用于女性名字。

上述这些起名习俗，对于《秘史》400 多个人物名字来说，只能说是一个大致的归纳而已，但从中也看到了那时蒙古人的起名习俗与文化特点。还有很多姓名，因其古蒙古语的意义已经无从知晓，所以无法对其进行科学的考证，这是件遗憾的事情。蒙古人的姓氏与名字在早先是一体的，很多人的名字变成其后代子孙的姓氏，与此同时，很多姓氏在早先被与其名字连起来称呼，成为其名字的一部分。除姓氏与名字之外，蒙古人的辈分称呼叫法也很丰富，拉施特的《史集》就记载了蒙古人能够上溯至七代祖先称呼的事情③，说明那时蒙古人的伦理观念很健全，相关语汇发展得也比较充分。

二 婚姻习俗

13 世纪蒙古人的婚姻习俗，在《秘史》中基本体现无余。从秘史的零散记录当中，总会找到当时婚姻习俗的种种规律性特征，结合一些其他文献资料的辅助记载，基本能够还原那一时期蒙古人的婚姻习俗全貌。婚姻习俗可分为婚姻俗制、婚姻形态和婚姻仪礼等不同内容。婚姻俗制包含族外婚和一夫多妻制两种形制；婚姻形态分抢婚、议婚、交换婚、收继婚四个类别；婚姻仪礼中将介绍时

---

① 参见札奇斯钦《〈蒙古秘史〉新译并注释》第 49 节，联经出版事业公司 1979 年版，第 42 页。

② 参见［波斯］拉施特《史集》第一卷第二分册，余大钧、周建奇译，商务印书馆 1983 年版，第 71 页。

③ 同上书，第 79—80 页。

代性和民族性特点突出的仪礼内容，下面将分别讲述其具体习俗表征。

族外婚制。古代蒙古人严格遵循族外婚制，同一个氏族之内严禁成婚，用以维持男性为主干构成的家族血脉的纯正性。正因为如此，有些氏族部落之间逐渐形成了世代通婚的联姻关系。《秘史》记载了帖木真9岁时，他的父亲也速该·把阿秃儿为给他从母舅家，找一个女儿定亲，带着他去母亲诃额仑的娘家，斡勒忽讷兀惕人那里的事情。[①] 这一次的长途寻亲之旅，中途遇到翁吉剌惕的德·薛禅而改变，遂与德·薛禅之女孛儿帖定亲。但也速该·把阿秃儿的另一个儿子，帖木格·斡惕乞斤还是娶了斡勒忽讷兀惕女子为妻。《史集》记载到，斡惕乞斤的长妻名叫孙都黑真，因为她是成吉思汗母亲的族人而很受尊敬。[②] 这种联姻关系，在成吉思汗的后人身上仍在延续，成吉思汗将自己的第四个女儿秃马伦嫁给了翁吉剌惕的古儿干驸马，另将自己最为疼爱的小女儿，第五个女儿阿勒塔鲁罕嫁给斡勒忽讷惕部塔术驸马的儿子札兀儿薛禅，塔术驸马是成吉思汗的母舅。[③] 从史料上记录来看，还有像察合台所娶二妻，蒙哥之一妻，忽必烈至少有二妻，旭烈兀七妻中的二妻，阿八哈之一妻，阿合马之二妻，阿鲁浑之二妻，合赞之一妻等，均来自翁吉剌惕氏。[④] 可以看得出，孛儿只斤氏至少与翁吉剌惕、斡勒忽讷惕两个氏族保持了比较稳定的联姻关系，难怪翁吉剌惕的德·薛禅在遇到也速该·把阿秃儿时，便亲切地称呼他"也速该忽苔"。

一夫多妻制。13世纪蒙古人基本还是实行一夫多妻制，这在多处文献记载中均有所体现。需要澄清一点，这种一夫多妻制受个

---

① 参见札奇斯钦《〈蒙古秘史〉新译并注释》第61节，联经出版事业公司1979年版，第60页。

② 参见［波斯］拉施特《史集》第一卷第二分册，余大钧、周建奇译，商务印书馆1983年版，第71页。

③ 同上书，第88页。

④ 参见［意］马可·波罗《马可波罗行纪》，冯承钧译，内蒙古人民出版社2008年版，第114页案（3）。

人需要和财力状况限制，因此没有具体婚配数量可循，完全因人而异。《黑鞑事略》记载：霆见其俗，一夫有数十妻或百余妻子，一妻之畜产至富，成吉思立法，只要其种类子孙繁衍，不许有妒忌者。① 柏朗嘉宾在其游记中称：在娶妻纳室方面，每个人都可以拥有他们维持其生活的妻妾数目，某人娶纳一百人，某人五十名，某人十人，多少各有所异。② 从《秘史》的记录来看，成吉思汗先祖孛端察儿有三名妻妾。③ 孛端察儿有一名孙子叫赤都忽勒·孛阔，他的妻子很多、儿子繁多，因此成为篾年—巴阿邻氏族。④ 篾年有"像雾一样多"的意思，具体妻妾数量不清。《秘史》记录里有成吉思汗所娶纳妻妾分别有孛儿帖、忽阑、也遂、也速干、亦巴合·别乞以及古儿别速六名，据拉施特著《史集》称：成吉思汗的后妃有五百左右，她们是他从各个部落中取得的。若干后妃是他按照蒙古婚礼娶来的，但大部分却是他征服各国、各部落时掳掠来的。⑤ 其中，有名有姓，受人尊敬的即包括《秘史》有记载的这几名妃子。钦察汗国君主拔都有 26 名妻妾，每一名妻子都有一所大宅子，大宅后面尚有安置仆从的小宅子，有 200 辆左右的箱车跟随着这些宅子，看到此景，西方传教士鲁布鲁克不无惊讶地说：一个富足的蒙古人的斡儿朵像一个大镇子，尽管里头没多少人。⑥ 鲁布鲁克形象地描述了拔都的移动"大镇子"，犹如我们亲眼所见一样，13 世纪的游牧者带着众多妻妾、箱车移动的景象仿佛就在眼前。

---

① 参见（宋）彭大雅撰、徐霆疏证《黑鞑事略》，王国维笺证，《内蒙古史志资料选编（第三辑）》1985 年版，第 48 页。

② 参见《柏朗嘉宾蒙古行纪、鲁布鲁克东行纪》，耿昇、何高济译，中华书局 1985 年版，第 98 页。

③ 参见札奇斯钦《〈蒙古秘史〉新译并注释》第 38—43 节，联经出版事业公司 1979 年版，第 29—33 页。

④ 参见札奇斯钦《〈蒙古秘史〉新译并注释》第 41 节，联经出版事业公司 1979 年版，第 32 页。

⑤ 参见［波斯］拉施特《史集》第一卷第二分册，余大钧、周建奇译，商务印书馆 1983 年版，第 85 页。

⑥ 参见《柏朗嘉宾蒙古行纪、鲁布鲁克东行纪》，耿昇、何高济译，中华书局 1985 年版，第 210 页。

　　抢婚。13 世纪的蒙古社会中依然存留着抢婚的习俗。抢婚亦称掠夺婚，是氏族部落时期族外婚的一种衍生婚俗，即使用武力或战争手段抢夺妇女，强迫妇女与其成婚。在历史的发展进程中，抢婚习俗逐渐被纯粹的婚礼仪式所取代，时至今日为止，蒙古族新郎在迎娶新娘时，依然保留着佩戴弓箭，佯装抢夺等仪式活动。《秘史》记录着多起抢婚事件，如孛端察儿先锋在掳掠中，拿住了一个怀孕的妇人——札儿赤兀惕族阿当罕氏的兀良合真[1]；当初，也速该·把阿秃儿抢夺诃额仑，是在蔑儿乞惕族的也客赤列都从斡勒忽讷惕族迎亲的路上[2]；三姓蔑儿乞惕人抢走孛儿帖夫人和别勒古台的母亲，后将孛儿帖夫人和别勒古台的母亲分别配给赤勒格儿·孛阔和不知名的蔑儿乞惕人。[3]有时这种抢夺婚会造成大的骚乱，统领林中百姓的豁儿赤万户长，因为在其属民中挑选 30 名貌美女子而遭到秃马惕族的反抗，已经归顺蒙古的秃马惕人重新独立，后经成吉思汗两次派遣军队，事件才得以平息，豁儿赤也如愿娶了秃马惕百姓的 30 名女子为妻。[4] 除此之外，在成吉思汗时代，以及他的继任者窝阔台时期，每每征服他国百姓的战争之后，就有抢夺女性的事件发生，其数量难以统计。当多年的征讨战争结束，人们恢复了和平的生活环境，那么真实的抢婚就成为一种婚姻的仪式而留存民间。西方人鲁布鲁克就记载：当有人向别的人购买他的女儿为妻时，做父亲的就举行宴会，女孩则逃到她的亲戚那里，藏了起来。这时父亲说："好，我的女儿是你的了，只要你找得到她，就把她带走。"于是他和他的朋友去找她，找到为止。他必须用武力得到

---

　　① 参见札奇斯钦《〈蒙古秘史〉新译并注释》第 38 节，联经出版事业公司 1979 年版，第 29 页。

　　② 参见札奇斯钦《〈蒙古秘史〉新译并注释》第 54、55 节，联经出版事业公司 1979 年版，第 51、52 页。

　　③ 参见札奇斯钦《〈蒙古秘史〉新译并注释》第 102、111、112 节，联经出版事业公司 1979 年版，第 108、124、127 页。

　　④ 参见札奇斯钦《〈蒙古秘史〉新译并注释》第 241 节，联经出版事业公司 1979 年版，第 361 页。

她，并且采取暴力的形式把她带回家。① 显然这里鲁布鲁克所看到的是一种婚姻仪式而已，不是真实的抢夺。蒙古女孩在结婚头一天到亲戚家里"躲藏"，结婚当天新郎带着人寻找新娘，将其"强行"带走，这个习俗一直延续至今。

议婚。议婚是通过媒人作为中介，男女双方家庭商议形成的婚姻形式。从《秘史》的记载来看，这个媒人可以是男女双方的父亲。帖木真与孛儿帖之间的婚姻问题，就是通过父亲也速该·把阿秃儿与德·薛禅亲自商议而订。那时的求婚还是由男方提亲，经女方家庭协商是否同意婚事，决定婚姻关系的确立。《秘史》详细描述了帖木真与孛儿帖之间的婚约经过：

> 德·薛禅就把他们（也速该父子）领到自己的家里住下。也速该一看见他的女儿，果真是个脸上有光，目中有火的女孩子，正合了自己的心愿。她比帖木真大一岁，有十一岁了，名叫孛儿帖。当夜住下，明天向德·薛禅求他的女儿，德·薛禅说："多求几遍，才许给啊，会被人尊重；少求几遍，就许给啊，要被人轻看。但女儿家的命运，没有老在娘家门里的。把我的女儿给你们吧。把你的儿子当做女婿留下，回去吧。"这样约定……就把自己的从马，当作定礼给了，把帖木真留下当作女婿，自己回去了。②

本段文字，详细记载着 12、13 世纪的议婚形态。尤其德·薛禅所说"多求几遍才许给，会被人尊重"等话语，充分显示了那一时期的议婚形式，暗含着议婚形式已经较为普遍存在的现实。也速该将 9 岁的儿子帖木真留给德·薛禅做女婿一事，在《秘史》中仅

---

① 参见《柏朗嘉宾蒙古行纪、鲁布鲁克东行纪》，耿昇、何高济译，中华书局 1985 年版，第 219 页。

② 札奇斯钦：《〈蒙古秘史〉新译并注释》第 65、66 节，联经出版事业公司 1979 年版，第 65、66 页。

此一例，其他史料也很少记到，就如同乌拉基米索夫所说，这是一种母权制的残留痕迹[①]，当时的蒙古社会中已经是少有的现象了。

交换婚。交换婚是一种古老的婚姻形态，世界各地许多民族中都存在类似的婚姻形式。具体来讲，两个氏族家庭的男方将自己的姐妹互做妻子，或者经双方商议，将各家的女儿互换作为对方家庭的儿媳妇。《秘史》亦记载有此类婚姻：成吉思汗想在亲睦之上再加上一层亲睦，要给术赤求桑昆的妹妹察兀儿·别乞，同时把自己的女儿豁真·别乞嫁给桑昆的儿子秃撒合，作为交换。[②]结果傲慢的桑昆不同意这门婚事，鄙视蒙古人，说了些令成吉思汗寒心的话。事情发生在成吉思汗与客列亦惕的王汗结为父子之盟后不久，因为该婚事不成，导致两个势力强大的草原部落就此交恶。交换婚在上层阶级，往往作为政治工具来对待，对于底层百姓来讲，是作为解决自家儿子婚姻大事的一种方法来对待。

收继婚。13 世纪的蒙古社会中曾普遍存在收继婚形式，多位游历蒙古的旅行家均有记载。柏朗嘉宾说：父死后还可以续娶他遗孀，另外，当兄长去世后，其弟还可以续纳其嫂。[③]鲁布鲁克记载：（父死）儿子除他的生母外要娶其父的所有妻妾。[④]马可·波罗：父死可娶其父之妻，唯不娶生母耳。娶者为长子，他子则否，兄弟死，亦娶兄弟之妻。[⑤]另外，明代萧大亨同样有类似的记载。收继婚有两种形态，即父死娶其遗孀，除生母之外的所有妻妾均可以续；兄长死，其弟可以续娶嫂子。前一种婚姻形态基本绝迹，而后一种形式则延续了很久。秘史就记载了一个收继婚事例：察剌孩·

---

① 参见［苏］乌拉基米索夫《蒙古社会制度史》，瑞永译，《亚洲民族考古丛刊第六辑》，第 51 页。

② 参见札奇斯钦《〈蒙古秘史〉新译并注释》第 165 节，联经出版事业公司 1979 年版，第 209 页。

③ 参见《柏朗嘉宾蒙古行纪、鲁布鲁克东行纪》，耿昇、何高济译，中华书局 1985 年版，第 29 页。

④ 同上书，第 219 页。

⑤ 参见［意］马可·波罗《马可波罗行纪》，冯承钧译，内蒙古人民出版社 2008 年版，第 86 页。

领忽所纳为妻的嫂嫂生子，名叫别速台，成了别速惕氏。① 此事在《史集》也有记载，拉施特称：当他（指察剌孩·领忽）的哥哥伯升豁儿死去时，他按照习惯娶了嫂子。② 拉施特的记载比《秘史》更加清晰地表明，察剌孩·领忽的确是通过收继婚的方式娶他嫂子的事实。另外，志费尼的《世界征服者史》记载，窝阔台从其父成吉思汗那里，按照蒙古的风俗继承了木格哈敦的事情③，木格哈敦是成吉思汗的夫人之一。

在婚姻的仪礼方面，13 世纪的蒙古婚礼主要以男方出订婚礼物和结婚彩礼为主，他才能够聘娶新娘。与此同时，女方在嫁女时也会有翁姑礼。前述帖木真 9 岁订婚时，父亲也速该将自己的从马当作定礼留给了亲家德·薛禅。当帖木真长大成人，迎娶孛儿帖为妻时，孛儿帖母亲搠坛带来了一件黑貂皮裘子，作为初见翁姑的礼物。④ 更多的时候，男方所出的彩礼比较重，因此鲁布鲁克显然把这种婚俗当成一种买卖婚来看待了。⑤ 当时蒙古人娶的妻妾众多，但有一条习俗不变，即长妻为重，并以长妻所生儿子为合法的继承人。成吉思汗固然有 500 多个妻妾，生下子女不计其数，但历史记载和事实表明，只有他的原配孛儿帖夫人所生四子才有资格继承蒙古帝国的疆土，其他子女基本被漠视，史书也无更多的记载。另外，从《秘史》记载中还看到一个古老的婚姻习俗，即订婚宴，蒙古语叫作"吃不兀勒札儿"。⑥ 不兀勒札儿意为"羊的脖颈"，这一

---

① 参见札奇斯钦《〈蒙古秘史〉新译并注释》第 47 节，联经出版事业公司 1979 年版，第 38 页。

② 参见［波斯］拉施特《史集》第一卷第二分册，余大钧、周建奇译，商务印书馆 1983 年版，第 28 页。

③ 参见［伊朗］志费尼《世界征服者史》上册，何高济译，内蒙古人民出版社 1980 年版，第 282 页。

④ 参见札奇斯钦《〈蒙古秘史〉新译并注释》第 96 节，联经出版事业公司 1979 年版，第 101—102 页。

⑤ 参见《柏朗嘉宾蒙古行纪、鲁布鲁克东行纪》，耿昇、何高济译，中华书局 1985 年版，第 218 页。

⑥ 札奇斯钦：《〈蒙古秘史〉新译并注释》第 168 节，联经出版事业公司 1979 年版，第 214 页。

块骨头最为坚韧，其肉也耐嚼，用以象征婚姻关系的牢固可靠。这一订婚宴习俗至今保留在蒙古婚俗中。蒙古人的婚俗，送女出嫁，一般由母亲送亲，父亲将女儿送出家门即可，而不到新郎家参加婚宴。这一习俗可能与《秘史》中记载的俺巴孩汗事件有关，或者之前就有的古老习俗。《秘史》记载：俺巴孩可汗把女儿嫁给他们（指塔塔尔人），并且亲自把女儿送去。……我身为万民的可汗，国家的主人，竟因亲身去送自己的女儿，以致被塔塔尔人擒拿。要以我为戒！① 这起事件之后，当帖木真娶亲时，《秘史》的记载是这样的：迎娶前来的时候，在路上，德·薛禅从客鲁涟河的兀剌黑啜勒附近就回去了。他的妻子，孛儿帖夫人的母亲，名叫搠坛。搠坛送她的女儿，一直到帖连勒古山里桑沽儿小河（帖木真家里）。② 德·薛禅半路回去，符合父亲不送亲的习俗，在今天的蒙古婚俗当中，这一习俗依然延续了下来。该习俗是否起始于俺巴孩汗事件，已经无从考证，但至少还是有一定的关联度。

三　丧葬习俗

13 世纪蒙古人的丧葬习俗，一般采取土葬的办法。这是受萨满教文化影响下，人们相信，人死理应回归自然，在大自然中重新获得新的生命。蒙古人的墓地，不留任何遗迹，人死后将其埋在土下，然后将上面的草皮整治如初，草再长起来时，便什么都恢复了原样。如果哪一家有病入膏肓、生命垂危的老者，那家人在自己的帐幕前立一杆长矛，裹上黑毡作为标志，这时一般就不能接待来人，外人也自觉地不再进入该房间，所以没人去探望病人，除非是家人或仆从。因为他们害怕鬼神或者风随人进去，但他们把他们的

---

① 参见札奇斯钦《〈蒙古秘史〉新译并注释》第53 节，联经出版事业公司1979 年版，第49 页。

② 参见札奇斯钦《〈蒙古秘史〉新译并注释》第94 节，联经出版事业公司1979 年版，第100 页。

教士即占卜者召去。① 人死后，家人祭奠逝者，将其生前的遗物、喜爱的马匹、使用过的工具当作陪葬品一同埋掉，之后要进行烧饭礼。这是萨满教之万物有灵论思想下，人死则灵魂不死，逝者在另一个世界依然享用其生前的生活。关于 13 世纪蒙古的丧葬习俗，西方传教士柏朗嘉宾的记录最为详细，我们来看他是如何记录的：

> 当病人死后，如果他官居上品，便把他秘密地埋葬于田野中人们所乐意的地方。届时还要用他的幕帐之一陪葬，使死者端坐幕帐中央，在他面前摆一张桌子，一大盆肉和一杯马奶。同时还要用一匹母马及其马驹，一匹带缰绳和备鞍的牡马等陪葬。当把另一匹马的马肉吃完之后便用稻草把其皮填塞起来，然后再竖于两块或四块木头之上。这样一来，死者在另一个世界也可以有一幕帐作栖身之地，有一匹母马以挤奶喝和饲养牲畜，同时也有可供作坐骑使用的公马。已被吃掉其肉的马匹的骨头为祭其灵魂而被焚烧。②

这是一段详细记载蒙古人丧葬习俗的文字，记录的是一个有一定身份地位和财产的逝者，在他死后的葬俗。这里既有陪葬的幕帐和马匹，也有为逝者进行的烧饭祭奠，但这个烧饭物是马的骨头。而他们将那匹马的肉作为"胙肉"吃掉，这与《元史》的记载相吻合，《元史》卷七七《祭祀·三》里说：其祖宗祭享之礼，割牲、奠马湩、以蒙古巫祝致词，盖国俗也。后在《祭祀·六》补充，割牲指马一、羊三。这个胙肉，一定是本族的人分享，如果某人没有分到祭祖的胙肉，那就意味着有可能被族人离弃。《秘史》记载着这样一起事件：那年春天，俺巴孩可汗的哈敦，斡儿伯与莎合台两个人，在祭祖之地，烧饭祭祀，诃额仑夫人到晚了。因为没

① 参见《柏朗嘉宾蒙古行纪、鲁布鲁克东行纪》，耿昇、何高济译，中华书局 1985 年版，第 220 页。

② 同上书，第 35—36 页。

有等候她，诃额仑夫人就对斡儿伯、莎合台两个人说："因为也速该·把阿秃儿已经死了，我的孩子们还没有长大吗？你们为什么在分领祭祖的胙肉和供酒之时，故意不等我呢？你们眼看着连吃也不给，起营也不叫了！"① 诃额仑夫人的指责没错，很快，泰亦乞兀惕人便将他们母子留在营地，自己带领族人迁徙走了。而关于为死者陪葬幕帐一事，《秘史》亦有记载，即大萨满贴卜·腾格里因为屡次侵犯成吉思汗诸弟，被成吉思汗授意其弟斡惕赤斤将其除掉，于是斡惕赤斤找来力士将其脊骨折断，扔到成吉思汗宫帐前的车辆旁。《秘史》记载：成吉思汗看见贴卜·腾格里脊骨折断，被丢弃在车辆的尽头。就叫从后边拿一顶青色的帐房，盖在贴卜·腾格里的尸体上，说："叫车马进来，我们起营！"说罢就从那里起营了。② 上述情况，在柏朗嘉宾的记录中也有报道，他说他们将死者的幕帐留在旷野外面。③ 死者用过的幕帐，他们就留在那里，不再有人使用它了。

　　从《秘史》的记载来看，当时的蒙古人还有一种葬俗，即有身份的贵族葬在高处。这样的情况在《秘史》共出现三处，如王汗说：我现在老了，要登高山，成为过去。倘若我一旦成了过了，上了山崖，由谁来管理全国的百姓呢？④ 这里王汗所说的"要登高山""上了山崖"，隐晦地表达了自己的"过世"之意，从中可以想到，那时贵族们的墓地是在山崖上。同样，札木合被手下士兵捉拿，交给成吉思汗时，他曾要求将自己的骸骨葬于高地。⑤ 在与客

---

　　① 札奇斯钦：《〈蒙古秘史〉新译并注释》第70节，联经出版事业公司1979年版，第72页。

　　② 参见札奇斯钦《〈蒙古秘史〉新译并注释》第245节，联经出版事业公司1979年版，第368页。

　　③ 参见《柏朗嘉宾蒙古行纪、鲁布鲁克东行纪》，耿昇、何高济译，中华书局1985年版，第37页。

　　④ 参见札奇斯钦《〈蒙古秘史〉新译并注释》第164节，联经出版事业公司1979年版，第207页。

　　⑤ 参见札奇斯钦《〈蒙古秘史〉新译并注释》第201节，联经出版事业公司1979年版，第285页。

列亦惕人的战争中，充当先锋的忙忽惕首领忽亦勒荅儿受伤，其伤还没有痊愈，不听成吉思汗劝阻参加狩猎活动，创伤复发而死。于是成吉思汗命将他的尸骨，安放在合勒合河的斡峏峏讷山半斜的山崖之上。[①] 这是一段直接表述埋葬地的记录，从上述情况看，这种葬俗还是存在的。

《秘史》另有两段记载葬俗的文字，然而他们不是蒙古人，因此也不能与蒙古人的葬俗相提并论。王汗被乃蛮的哨兵杀死，消息传到乃蛮首领处，乃蛮部塔阳汗的母亲古儿别速说："王汗是先前的长老，伟大的可汗，把他的头拿来看看，如果真是，咱们就祭奠一番吧！"说着就差人去到豁里·速别赤那里将他的头割下拿来，一经认出，就放在白色大毡子上，叫她媳妇们行儿媳之礼，斟酒，拉琴献爵祭奠。[②] 另有一处，逃亡中的蔑儿乞惕首领脱黑脱阿中流矢而死。他的儿子们不能收殓他的骸骨，也不能把他的尸体搬去，就把他的头割下来拿走了。[③] 这里所提乃蛮人、客列亦惕人属于突厥系的部族，不是蒙古种。他们的这种祭奠死者头颅的做法，至少表明当时的这两个部族百姓所信仰的是萨满宗教。从乃蛮人所做的祭奠仪式看，除了献祭食物之外，他们也曾拉琴来表达哀思之情。

至于蒙古的皇室成员，成吉思汗家族逝者的埋葬地点，史书讨论已久，但至今无定论，这与蒙古人的秘密埋葬习俗有关，成吉思汗以及他的所有继任者的墓地，至今还是个谜。这个问题，与之前的贵族墓地选择高处埋葬习俗结合起来，我们来做个简单的探索。《多桑蒙古史》有一段记录成吉思汗埋葬地的文字：

> 诸将奉柩归蒙古，不欲汗之死讯为人所知。护柩之士卒在

此长途中遇人尽杀之。至怯绿连河源成吉思汗之大斡儿朵始发丧，陆续陈柩于其诸大妇之斡儿朵中。诸宗王公主统将等得拖雷赴告，皆自此广大帝国之各地奔丧而来，远道者三月始至。举行丧礼后，葬之于斡难、怯绿连、秃剌三水发源之不儿罕合勒敦诸山之一山中。先时成吉思汗至此处，息一孤树下，默思移时，起而言曰："将来欲葬于此。"故其诸子遵遗命葬于其地。葬后周围树木丛生，成为密林，不复能辨墓在何树之下。其后裔数人，后亦葬于同一林中。命兀良哈部千人守之，免其军役。置诸汗遗像于其地，香烟不息。他人不得入其中，虽成吉思汗四大斡儿朵之人亦然。成吉思汗死后百年，尚保存如是也。[①]

本段文字是多桑依据拉施特《史集》的记载写成，多桑说，成吉思汗逝世于 1227 年 8 月 18 日，清水县附近的行宫里，病八日而死。其间曾嘱咐其众将，死后"秘不发丧"。从当时的时局情况看，蒙古方面刚刚受到唐兀惕人议和请求，如果最高统帅逝世的消息被他们发现，有可能会引来敌方动摇或骚乱。据马可·波罗讲述，包括后继者蒙哥汗，也是在战地逝世，因此将其尸骨运回故土的路上，见者必杀，防止消息走漏而影响战局。多桑史详细描绘了成吉思汗的埋葬地情况，是不儿罕山中的一山，这个情况与前面所分析的，蒙古贵族墓地在山崖或高处等情况相吻合。埋葬逝者，再在上面种些树木，一切恢复了自然的状态，任何人再也不得进入此地，蒙古语称之为"yih horig"，意为"大禁地"，这符合蒙古人的自然崇拜信仰。西方游历者柏朗嘉宾说：我们甚至还发现当今皇帝的父亲窝阔台汗为使自己的灵魂得到安宁而让一片灌木林自由生长，并降旨严禁在那里砍伐任何枝条。[②] 中国汉文史料，包括《元史》

---

① ［瑞典］多桑：《多桑蒙古史》上册，冯承钧译，中华书局 1962 年版，第 150 页。
② 参见《柏朗嘉宾蒙古行纪、鲁布鲁克东行纪》，耿昇、何高济译，中华书局 1985 年版，第 36 页。

《南村辍耕录》等均记载蒙古皇族墓地在"起辇谷"，而这个起辇谷与不儿罕山有无关联，至今没有可证实的材料。总之，蒙古人将逝者秘密埋葬，只在节日或祖先祭祀日进行"烧饭"祭祀。

四　遗嘱与遗产继承习俗

从《秘史》的记载看，人死之前留下个人愿望或期冀，希望活者完成他的愿望，这种留遗嘱现象比较普遍。《秘史》共出现五处记载遗嘱的文字，其中第一起出现的遗嘱较为特殊，包含的文化信息最多。

> 俺巴孩可汗……传来话说：去对合不勒可汗的七个儿子中的忽图剌，对我十个儿子中的合荅安太子说："我身为万民的可汗，国家的主人，竟因亲身去送自己的女儿，以致被塔塔尔人擒拿。要以我为戒！你们就是把自己的五个手指甲磨掉，十个手指头磨断也要尽力报我的仇！"[1]

这是蒙古的俺巴孩可汗把女儿嫁给塔塔尔人，并亲自把女儿送去。不料，却被塔塔尔的主因人捉住，送给汉地金国的皇帝。随后被金国皇帝将其钉在木驴上处死。这也是五处遗嘱中唯一的报仇内容的遗嘱，前文我们曾分析到，这与蒙古人强烈的恩仇必报思想有关；再者是婚姻习俗上的一个拐点，或者说体现了蒙古婚俗当中的一个特殊点，即送女出嫁"父亲不送"的习俗。除上述两点之外，俺巴孩可汗所留下的遗嘱还透露出，他已经是"万民的可汗，国家的主人"，他的继任应该在忽图剌或者合荅安两人间产生，因而引起了诸多学者的关注。人们分析，蒙古统一国家政体的形成，应从俺巴孩之前任，合不勒可汗算起，而不是成吉思汗。因为《秘史》

---

[1]　札奇斯钦：《〈蒙古秘史〉新译并注释》第 53 节，联经出版事业公司 1979 年版，第 49 页。

记载：合不勒可汗统辖了全部蒙古。在合不勒可汗之后，按照合不勒可汗的话，虽然他自己有七个儿子，却使想昆必勒格的儿子俺巴孩可汗统辖了全部蒙古。[①] 这时可汗的权位，已经可以通过全体蒙古之贵族大会，即"忽邻勒塔"共同推举而成，而人选的提名则是遵照先汗的遗命。

俺巴孩之后是忽图剌当选为蒙古可汗。拉施特说：阿勒坦汗将他（指俺巴孩）杀死后，过了一段时期，他的亲属们、儿子们和泰亦乞兀惕诸部的异密们会聚在一起，要推举一个人代替他继承大位。会议举行了好久，但没有一致共推出一个人来。[②] 在拉施特看来，推举大会没能推出公认的可汗，而《秘史》明确记载为：俺巴孩可汗提名合荅安、忽图剌二人的话到达之后，所有的蒙古泰亦乞兀惕族人就在斡难河豁儿豁纳黑—主不儿聚会，奉忽图剌为可汗。[③] 忽图剌之后是也速该·把阿秃儿做了蒙古可汗，拉施特说：忽图剌合罕死后，成吉思汗的父亲，巴尔坦·把阿秃儿的儿子也速该·把阿秃儿进行了统治。[④] 种种迹象表明，到了成吉思汗曾祖父合不勒时代开始，蒙古社会出现了统一的局面。原来为数众多的小部落，逐渐合并在一起，形成统一的国家形态。汗权的继承，都是依照先汗的"遗命"，并经过大会推举，可见，汗权和世袭制度已经日趋巩固。

另有四起遗嘱记载，分别是：也速该·把阿秃儿交代身边的蒙力克，叫他带回帖木真，并关照其遗留的孤儿寡母[⑤]；别克帖儿临

①　参见札奇斯钦《〈蒙古秘史〉新译并注释》第52节，联经出版事业公司1979年版，第47页。

②　参见［波斯］拉施特《史集》第一卷第二分册，余大钧、周建奇译，商务印书馆1983年版，第56页。

③　参见札奇斯钦《〈蒙古秘史〉新译并注释》第57节，联经出版事业公司1979年版，第54页。

④　参见［波斯］拉施特《史集》第一卷第二分册，余大钧、周建奇译，商务印书馆1983年版，第58页。

⑤　参见札奇斯钦《〈蒙古秘史〉新译并注释》第68节，联经出版事业公司1979年版，第67页。

死交代帖木真、合撒儿，叫他们不要毁灭其火盆，不要撇弃别勒古台①；忙忽惕氏首领忽亦勒荅儿在厮杀之时，嘱托成吉思汗，今后要关照其孤儿们②；拖雷替兄长窝阔台喝下巫师给的诅咒水，嘱托可汗哥哥好好照顾孤弱的侄辈和寡居的弟媳。③ 遵照遗嘱，蒙力克终身陪伴在成吉思汗身边，正如成吉思汗所说：出生，生在一起；长大，长在的一起④的是蒙力克老爹。别勒古台虽与成吉思汗同父异母，但他始终跟随成吉思汗建功立业，共同创建帝国之伟业，成吉思汗也没有责难过他。为了忽亦勒荅儿先锋的功绩，成吉思汗赏赐其妻儿一百户主儿乞百姓，降圣旨其子子孙孙都可以请求孤儿们应得的恩裳。⑤ 因为拖雷是替窝阔台汗而死，因此窝阔台对拖雷家族既亏欠，也感恩。因此，窝阔台下诏称：只要自己在世，朝政应按他的妻子唆鲁禾帖尼别乞——王汗的侄女，他的几个长子蒙哥可汗、忽必烈、旭烈兀和阿里不哥由她所出的意见处理，而且上述诸子，军队和百姓，大大小小，都应在她的号令和法规、她的生杀予夺的管制之下，不得违反她的训诫。⑥ 可见，13 世纪蒙古的遗嘱有着很强的执行力，人一旦接受遗嘱嘱托，将在余生遵照执行，绝没有违反遗嘱的行为发生。这种建立在朴素的信任基础之上，近似于信仰的留立遗嘱行为，必定得到坚决执行，人们也自觉地遵照受托之事完成先人的遗愿，因而才会有那么多英雄豪杰的出现，他们不顾及个人性命，勇于直面死亡，是因为在其民间存在这样的习俗和

---

① 参见札奇斯钦《〈蒙古秘史〉新译并注释》第 77 节，联经出版事业公司 1979 年版，第 82 页。

② 参见札奇斯钦《〈蒙古秘史〉新译并注释》第 171 节，联经出版事业公司 1979 年版，第 222 页。

③ 参见札奇斯钦《〈蒙古秘史〉新译并注释》第 272 节，联经出版事业公司 1979 年版，第 431 页。

④ 参见札奇斯钦《〈蒙古秘史〉新译并注释》第 204 节，联经出版事业公司 1979 年版，第 307 页。

⑤ 参见札奇斯钦《〈蒙古秘史〉新译并注释》第 185 节，联经出版事业公司 1979 年版，第 245 页。

⑥ 参见［伊朗］志费尼《世界征服者史》下册，何高济译，内蒙古人民出版社 1980 年版，第 655 页。

传统理念的支撑。

据《秘史》记载，成吉思汗对自己继承者的选定是在征讨回回国之前，听从了也遂夫人的提醒，随后召集诸子、诸弟和宗王们商讨。按照《秘史》的记录，那一次会议上成吉思汗的四子均在，最后确定窝阔台为他的汗位继承者。时间是兔儿年（1219 年）或在它之前。[①] 这与《世界征服者史》《史集》的记载有一定出入。征服者史谈成吉思汗立遗嘱，指定窝阔台为汗位继承人是在征服唐兀惕之后，汗得了不良气候引起的不治之症，于是召集其诸子察合台、窝阔台、兀鲁黑那颜（指拖雷）以及其他妃子所生几个儿子开会而定。[②] 史集所记为狗年（1223 年）初春，翁浑—苔兰—忽都黑地方，因得到一个梦，启示其死期将莅临，遂召集离他营地不远的窝阔台和拖雷，立下如下遗言：你们要想过富足满意的生活，享受掌大权的快乐，必须齐心协力抵御敌人，尊崇朋友！接着他立窝阔台合罕为继任者，在遗言和训言的最后吩咐：去统治我所留下的领地：国家和兀鲁思吧！……察合台不在这里，如果他在我死后，违背我的话，在国内引起纷争，那可真不得了，你们去吧。[③] 三段史料记载在时间、地点以及参会人员方面均有一定出入，互不统一。按前述《秘史》的记载看，会上察合台坚决反对由术赤继承汗位，引发二人争吵，最后二人一致推举了三弟窝阔台。不论怎样，立窝阔台为汗位继承者是事实。

对于属民和领土的分配，《秘史》记录着成吉思汗分给其母亲、诸子、诸弟百姓的情况。在《秘史》的原文里称之为"忽必"，表示"份子"的意思。以部属百姓当作份子来分，这是游牧封建制度的特色。游牧封建制度建立在封主与属民，人与人之间的关系之

---

① 参见札奇斯钦《〈蒙古秘史〉新译并注释》第 254—256 节，联经出版事业公司 1979 年版，第 385—395 页。

② 参见［伊朗］志费尼《世界征服者史》上册，何高济译，内蒙古人民出版社 1980 年版，第 212—214 页。

③ 参见［波斯］拉施特《史集》第一卷第二分册，余大钧、周建奇译，商务印书馆 1983 年版，第 319 页。

上，封主将属民当作个人的"梯己"百姓，对其有着无限的管辖权，梯己百姓的多寡表示出个人的财富和地位状况。《秘史》记载：

> 成吉思汗降圣旨说："分百姓给我的母亲、儿子们和弟弟们吧。"分给的时候说："收抚人民，倍受辛苦的是我的母亲；我诸子之长是拙赤；我诸弟中最小的是斡惕赤斤。"说着分给了母亲和斡惕赤斤的一份，一万百姓。母亲嫌少，不曾作声。给了拙赤九千百姓。给了察阿歹八千百姓。给了窝阔台五千百姓。给了拖雷五千百姓。给了合撒儿四千百姓。给了阿勒赤台二千百姓。给了别勒古台一千五百百姓。①

成吉思汗分给母亲、诸子、诸弟百姓的原则一目了然，母亲和幼弟最多，其次是长子，其他儿子和弟弟们的份额少于他们。分配属地时，则遵循幼子继承父母领地的原则，将自己的中央国土交给其四子拖雷管理。② 鲁布鲁克也曾报道称：父母的斡儿朵总属于幼子。③ 幼子在蒙古语中称作"斡惕乞斤"，意为"火盆守护者"，衍生意思是故土的守望者。因此在蒙古人的财产分配中，幼子有着独特的地位。在所有的财产、属民百姓的分配中，遵循长妻嫡子优先原则，其他妻妾妃子所生子女基本不予加入分配中。

窝阔台虽身为帝国汗位继任者，但他并没有得到帝国的中央区域。他管理的属地，其父亲在世时叶密里和霍博地方，后他本人登基，把都城又迁回了他们在契丹和畏兀儿地之间的本土。④ 他所分

---

① 札奇斯钦：《〈蒙古秘史〉新译并注释》第 242 节，联经出版事业公司 1979 年版，第 362 页。
② 参见［伊朗］志费尼《世界征服者史》上册，何高济译，内蒙古人民出版社 1980 年版，第 46 页。
③ 参见《柏朗嘉宾蒙古行纪、鲁布鲁克东行纪》，耿昇、何高济译，中华书局 1985 年版，第 219 页。
④ 参见［伊朗］志费尼《世界征服者史》上册，何高济译，内蒙古人民出版社 1980 年版，第 46 页。

领的军队人数也不多，据拉施特说他与其他两位哥哥的军队规模一样，都是4000人。而拖雷得到的军队数量，却是帝国总的军队人数的绝大部分，即总的129000军人中的101000军人分给了幼子拖雷。种种有利条件都指向了成吉思汗幼子拖雷，名义上是窝阔台继承汗位，实则将帝国的核心部分留给了拖雷，将长子术赤、次子察合台分封至远离蒙古草原的西域地方，这正是成吉思汗平衡诸子利益的谋略和想法的体现。

第 四 章

《蒙古秘史》中的民俗信仰

从《秘史》记载中可以看出，13 世纪的蒙古民众普遍信仰萨满教。蒙古的萨满宗教属于多神信仰的复合体，它最初将大地和自然万物视作神灵来崇拜，并将与其相关的巫术、禁忌、祭祀和仪式活动保留传承下来，天神崇拜亦与之相同。萨满教在其后的发展过程中，又出现了祖先神和偶像神等神灵，继而发展成为融信仰、文化、艺术和民族识别信息为一体的独特文化现象。不论从哪一个角度看待蒙古的萨满教，它都是蒙古人原始民俗信仰的重要表现形式，是蒙古人的文化传统之一。

第一节　萨满巫术与禁忌

巫术与禁忌是对孪生概念。如果说禁忌是人们敬畏超自然的力量或迷信观念驱使下的消极防范措施，那么，巫术则是通过语言力量和观测自然物种现象而实施的一种积极的改造行为。当事物的表象性被视为具备了超自然的神秘力量，那么自然界的一切物质，如奇形怪状的石头、树木、箭镞、动物和植物均被视作具备如此的神秘力量者，人们将此思维方式称为巫术思维。[①] 原生于神灵观念的禁忌，是人们对神圣的、不洁的、危险的事物所持态度而形成的某

---

① 参见［蒙古］沙·毕热《蒙古文化史》上册，齐木德道尔吉转写，民族出版社 2010 年版，第 300 页。

种禁制思想，它的特征表现在危险性和惩罚性两个方面。萨满巫术活动与禁忌思维在《秘史》中均有记载，这反映出了"秘史时代"的宗教思维特征。

一　萨满巫术

蒙古的原生性宗教为萨满教。萨满教属东北亚游牧各民族，包括阿尔泰语系满—通古斯、蒙古、突厥语族各民族普遍信仰的原始宗教。"萨满"一词源自女真语和其他通古斯语族语言，其本意有"智者""晓彻"等含义，蒙古语称"孛额""依托干"，分别指男性和女性萨满。基于"万物有灵论"思想基础上形成的萨满教，有着复杂和多元化的灵魂观念体系，他们信仰大自然，相信自然界的一切动植物和无生物均由某个神灵在保护和管理。而萨满作为神界与人界的中介者，他们相信自己预知未来，能够帮助人们祛除疾病，能够满足人们对于自然神灵的一切诉求和愿望。

13 世纪前半叶的蒙古帝国时期，萨满巫师很是活跃。成吉思汗就曾降旨，授予兀孙老人统管全国萨满师公的职权，叫其"穿白色的衣服，骑白色的骟马，坐在众人之上，议论年月之吉凶，加以敬重"。[①] 萨满作为预知未来的使者，其地位之高可见一斑。直至蒙哥汗时期，萨满巫师的社会地位依然保留不变，就像鲁布鲁克所称：他们的占卜家就是他们的教士，而占卜家说的任何话，都必须马上去做。……他们人数极多，总有一个头目，好像教皇。[②] 鲁布鲁克以西方基督徒的眼光审视着萨满师，他所描述的这个"教皇"似的头目，即是兀孙老人级别的萨满师无疑。

萨满巫师的主要职责之一便是占卜和择日，即成吉思汗所说的"议论年月之吉凶"。蒙古萨满的占卜术采用羊的肩胛骨，将羊肩胛

---

① 札奇斯钦：《〈蒙古秘史〉新译并注释》第 216 节，联经出版事业公司 1979 年版，第 327 页。

② 参见《柏朗嘉宾蒙古行纪、鲁布鲁克东行纪》，耿昇、何高济译，中华书局 1985 年版，第 304 页。

骨放入火里烧灼，再拿出来看其纹理，查验所显示征兆的吉凶，以确定是否采取某种行动。《蒙鞑备录》里说：凡占卜吉凶，进退杀伐，每用羊骨扇以铁椎火椎之，看其兆坼，以决大事，类龟卜也。[1]同样，在《黑鞑事略》里记录：其占筮，则灼羊之枚子骨，验其文理之逆顺而辨其吉凶。天弃天予，一决于此，信之甚笃，谓之烧琵琶。事无纤粟必占，占必再四不已。[2]这里讲述了蒙古人痴迷占卜，遇事必占的处事习俗，中原汉族使史将其描述为龟卜、烧琵琶等，这种占卜术在很多民族中都曾流行过。成吉思汗抓来曾经的安答札木合，在如何处置他的问题上犹豫不决，于是他用占卜术占其结果[3]，但没有卜筮出什么征兆，因此他很是苦恼过。西方传教士鲁布鲁克亲眼见到蒙哥汗宫廷占卜的情景，鲁布鲁克说：我们列队前往蒙哥的宫室，那个僧侣和我们两人，经过搜查没有带刀后，随教士们一同进见他。当我们进入时，一个仆人捧着羊肩胛骨到外面去烧，直到骨头变得跟炭一样黑。我十分惊异这是干什么用的。后来我打听此事，我才知道汗若不先向这些骨头请教，他就不干世上的任何事。他甚至不许人进入他的宫室，如果不先跟骨头商量的话。[4]接着鲁布鲁克详细讲述了这种占卜术的烧灼、查验以及占卜的过程，与之前的文献记载基本一致。另据鲁布鲁克讲述，蒙哥汗痴迷于占卜，几乎每次去拜见大汗，他面前都摆着烧灼过的羊肩胛骨并进行观察，好像在读它的样子。

　　萨满巫师还会观天相、择吉日。《黑鞑事略》里说：其择日行

　　① 参见（宋）赵珙《蒙鞑备录》，王国维笺证，《内蒙古史志资料选编（第三辑）》1985年版，第16页。

　　② 参见（宋）彭大雅撰、徐霆疏证《黑鞑事略》，王国维笺证，《内蒙古史志资料选编（第三辑）》1985年版，第32页。

　　③ 参见札奇斯钦《〈蒙古秘史〉新译并注释》第201节，联经出版事业公司1979年版，第286页。

　　④ 参见《柏朗嘉宾蒙古行纪、鲁布鲁克东行纪》，耿昇、何高济译，中华书局1985年版，第273页。

事，则视月盈亏以为进止，见新月必拜。[①] 古代蒙古人做任何事情，首先请萨满师观察天相，月满为吉日，预示着做事圆满成功。《秘史》记录的唯一具体日期便是"孟夏四月十六日"，这一天是"红圆光日"。这一日期在《秘史》共出现三次，分别在这一天举行宴会，如塔儿忽台·乞邻勒秃黑把帖木真抓去之后，时间恰好碰上孟夏四月十六日的"红圆光日"，泰亦乞兀惕人在斡难河岸上举行宴会，日落才散[②]；起营迁徙，如帖木真、札木合二人互相友爱地过了一年，到第二年的一半，仍是彼此友爱。一天，在他们所住的地方说"咱们起营吧"，说了就在孟夏四月十六日，"红圆光日"，那天起营了。[③] 军队出征打仗，如鼠儿年孟夏四月十六红圆光日，洒马奶子祭了大纛旗出发[④]，这是征服乃蛮人的重要一战。三种不同的活动内容，选择的日期均为"孟夏四月十六红圆光日"这一天，可见蒙古人做事很注重天相，月满在天的十六日是吉祥的日子，可以做大事的吉庆日子。这一点西方传教士也看到了，柏朗嘉宾称：每月在月初或望月的时候，他们便开始从事自己所希望做的一切事，所以他们称太阴为"月亮大皇帝"，对它跪拜和进行祈祷。[⑤]

　　萨满巫师们还通过预言来蛊惑统治者，逐渐得到统治阶层的信任，以此进入蒙古社会的上层阶级。如上所举柏朗嘉宾的游记记载：他们非常重视预言和预兆。《秘史》出现的大萨满豁儿赤，便是通过预言讲述成吉思汗将来可当全体蒙古的可汗，因此他也很受成吉思汗欣赏，后得到管理帝国森林百姓的万户长，可谓显赫一世。而蒙古的统治阶层每遇到事情，必请萨满巫师占卜，请示下一

---

　　① 参见（宋）彭大雅撰、徐霆疏证《黑鞑事略》，王国维笺证，《内蒙古史志资料选编（第三辑）》1985 年版，第 31 页。

　　② 参见札奇斯钦《〈蒙古秘史〉新译并注释》第 81 节，联经出版事业公司 1979 年版，第 88 页。

　　③ 同上。

　　④ 同上。

　　⑤ 参见《柏朗嘉宾蒙古行纪、鲁布鲁克东行纪》，耿昇、何高济译，中华书局 1985 年版，第 35 页。

步的行动策略。正如伊朗人志费尼所称：蒙古人尚无知识文化的时候，他们自古以来就相信这些珊蛮的话；即使如今，蒙古宗王依然听从他们的嘱咐和祝祷，倘若他们要干某件事，非得这些法师表示同意，否则他们不作出决定。① 秘史所记通天巫贴卜·腾格里就是一例，正因为成吉思汗过分信赖他，尊崇他，使其势力过度膨胀，最后导致一命呜呼的结果。

萨满巫师还有一个技能是治病。萨满巫师们通过与神灵的交流，得到神灵的授权，驱除附到个体身上的各种魔鬼和不祥物体，以此达到拯救病患的目的。有时候可能会事与愿违，招来相反的结果也是常有的事。拉施特《史集》里记载了一段故事，讲述合不勒汗的妻子叫豁阿—古鲁古，是合不勒汗六个英雄儿子的母亲，她有个弟弟叫赛因—的斤，有一次赛因—的斤病了，于是请来塔塔尔部的察儿乞勒—讷都亦萨满给他治病，结果赛因—的斤被治死。因为这事，赛因—的斤的宗亲将塔塔尔的萨满杀死，合不勒汗的六个儿子也因与赛因—的斤亲戚的关系，与塔塔尔人开战，双方打了多年的仗。这便是蒙古人与塔塔尔人交恶的缘由。萨满巫师的治病可以理解为灵魂疗法，对于人体的疾病只能起到缓解病痛的作用，因此会出现上述情况，导致两个部落之间多年的杀戮。

萨满巫师在战争中使用一种巫术，可以改变气候云层的移动，可致风雨，这种法术蒙古语叫作"札苔"。札苔是一种类似石头的东西，其形状大的如鸡卵，也有不同形状的小石头，取自走兽腹中。元人陶宗仪就曾记载：往往见蒙古人之祷雨者，非若方士然。至于印令、旗剑、符图、气决之类，一无所用。唯取净水一盆，浸石子数枚而已。其大者若鸡卵，小者不等。然后默持密咒。将石子淘漉玩弄，如此良久，辄有雨。……石子名曰鲊答，乃走兽腹中所产，独牛马者最妙。② 札苔术在战争中的使用，主要作用是使地方

---

① 参见［伊朗］志费尼《世界征服者史》上册，何高济译，内蒙古人民出版社 1980 年版，第 65 页。

② 参见（元）陶宗仪《南村辍耕录》卷四，中华书局 1980 年版，第 52 页。

军队在风雨的冲击下，无法组织有效的进攻，另外，自己的军队借助有利的风雨走势，可轻松战胜敌人。《秘史》记载着一起札荅术在战争中的使用情况，那是澜亦田一战中，两军阵列，剑拔弩张之际，札木合一方不亦鲁黑汗、忽都合二人懂用札荅石招致风雨的法术，就施此术；不意风雨逆袭他们，以致不能走脱，倒在沟壑之中。他们说："上天不喜悦我们。"于是就溃散而去。[①] 这种可致风雨，能够扭转战局的萨满巫术，曾在北亚、西伯利亚，甚至延伸到欧洲的萨满宗教区普遍存在。据伊朗人志费尼史记载，蒙古军西征黑契丹时，曾在札荅术的帮助下，战胜十倍于己方的契丹军。志费尼记载：蒙古军中有个精通扎亦，即使用雨石的康里人，兀鲁黑那颜命他施展法术，又命全军在冬衣上加着雨衣，三天三夜不许下马。这个康里人大施邪法，因此，蒙古人后面开始下雨，最后一天雨转为雪，寒风助威。因他们在冬季都未经历过夏季酷寒，契丹军垂头丧气，蒙古军则斗志昂扬。[②] 最后，契丹军像绵羊一样挤作一团，蒙古军冲向敌人大开杀戮，战胜了契丹人的军队。萨满术士这种能致风雨的法术，鲁布鲁克也曾报道，他说：就是这些占卜者，还用他们的符咒去干预天气。[③]

二　禁忌

西格蒙德·弗洛伊德运用波利尼西亚语的"塔布"作为"禁忌"概念的阐释切入点，对禁忌观念作了较为深刻的分析。弗氏认为，"塔布"具有两种相互对立的含义，一方面，"塔布"具有"神圣的""被圣化的"含义；另一方面，它又具有"神秘的""危

---

① 参见札奇斯钦《〈蒙古秘史〉新译并注释》第143节，联经出版事业公司1979年版，第179页。

② 参见［伊朗］志费尼《世界征服者史》上册，何高济译，内蒙古人民出版社1980年版，第227—228页。

③ 参见《柏朗嘉宾蒙古行纪、鲁布鲁克东行纪》，耿昇、何高济译，中华书局1985年版，第307页。

险的""禁止的"和"不洁的"含义。① 根据弗洛伊德上述论点，我们以为，禁忌是人们对神圣的、不洁的、危险的事物所持态度而形成的某种禁制，它产生于神灵观念，违背禁忌所招致的惩罚和危险后果，由神灵来实施，由此，可将它的特征总结为危险的和具有惩罚性两个方面。禁忌是人们以功利目的为出发点，从而在心理上、言行上采取的自卫措施，它是古代人们敬畏超自然的力量或因为迷信观念而采取的消极的防范措施。禁忌在古代社会中经常起到法律一样的规范和制约作用，就像弗洛伊德所说"人类最早的刑罚制度可以追溯到人类早期的禁忌现象"② 一样，它在今天的人们社会生活当中亦起着影响言行的作用。

13 世纪的蒙古人，他们在社会生活中所遵循的禁忌很多，这个可从那时期文献史料的记载中看到。蒙古人对于逝者，有很多相关的禁忌。如禁止直接提到逝者的姓名、对于"死亡"这个词的禁忌以及对逝者生前使用过的物品的禁忌等。拉施特《史集》里称："拖雷"一词在蒙古语中是镜子的意思，自从拖雷死后，镜子一词迄今犹须避讳。镜子的突厥名为阔思阔，为避讳起见，如今蒙古人遂称镜子为阔思阔。③ 西方传教士柏朗嘉宾说：在三代人之内，任何人都不敢提到他的讳名。④ 这是在指柏朗嘉宾到达蒙古本土，看到窝阔台汗墓地之后所经历的事情，他还说，任何人不得砍伐墓地周边的树枝，否则会遭到严刑拷打。成吉思汗去世之后，窝阔台继承汗位，从《秘史》的记载来看，窝阔台屡次提到"汗父""父汗"等，表示出对父亲成吉思汗的无限尊敬之情，《秘史》的记载也再无帖木真这个名字出现。

---

① 参见［奥］西格蒙德·弗洛伊德《图腾与禁忌》，赵立玮译，上海世纪出版集团 2005 年版，第 27 页。

② 同上书，第 30 页。

③ 参见［波斯］拉施特《史集》第一卷第二分册，余大钧、周建奇译，商务印书馆 1983 年版，第 87 页。

④ 参见《柏朗嘉宾蒙古行纪、鲁布鲁克东行纪》，耿昇、何高济译，中华书局 1985 年版，第 36 页。

　　在语言的禁忌方面，那时的人们有很多指代"死"或者"去世"的词语，一般不会直接表达为死亡。如"兀该字鲁罢"①，其字面意思为"没了"；"那可赤罢"②，意为"去世"。除了这些指代词语之外，《秘史》里还有很多死或死亡的表述方法，从中可了解到那一时期人们对于死亡的态度和心理活动。《秘史》第164节记载，王汗说道："我一旦成了过了，上了山崖"，以此表示自己一旦去世之意，绝口不提"死"字。王汗儿子桑昆决意要攻打成吉思汗，而王汗本人犹豫不决，这时桑昆说道："如果汗父你被白的呛着，被黑的噎着的话……你这些百姓，是叫我们管着，还是叫谁怎样来管理呢？"③ 这里所说被白的呛着，被黑的噎着也是指王汗即将老去时的样子，暗含着即将过世的意义。在表述成吉思汗逝世时，《秘史》记载：猪儿年成吉思汗升天去了。④ 描述通天巫贴卜·腾格里的死时，《秘史》称：贴卜·腾格里叫我悔过，一说要较量，他却不肯，假托着躺下不起来，是个不中用的伙伴！⑤ 斡惕乞斤这么一说，蒙力克老爹立刻就明白了，掉下了眼泪。这里《秘史》用了"假托着躺下不起来"一词，隐晦地表达了他的死亡。而当拖雷替可汗哥哥窝阔台喝下巫师给的水之后，他说道："我醉了……还说什么呢？我醉了。"⑥ 说完这些话，出去便去世了。

　　对于逝者生前用过的物品，人们会认为是不洁之物，需要进行

----

　　① 参见札奇斯钦《〈蒙古秘史〉新译并注释》第11节，联经出版事业公司1979年版，第13页。

　　② 参见札奇斯钦《〈蒙古秘史〉新译并注释》第68节，联经出版事业公司1979年版，第67页。

　　③ 札奇斯钦《〈蒙古秘史〉新译并注释》第167节，联经出版事业公司1979年版，第212页。

　　④ 参见札奇斯钦《〈蒙古秘史〉新译并注释》第268节，联经出版事业公司1979年版，第421页。

　　⑤ 参见札奇斯钦《〈蒙古秘史〉新译并注释》第245节，联经出版事业公司1979年版，第368页。

　　⑥ 札奇斯钦：《〈蒙古秘史〉新译并注释》第272节，联经出版事业公司1979年版，第431页。

火净仪式之后才可以使用或者触碰它们。柏朗嘉宾对此有详细的描述，他说：

> 死者的家属及所有那些居住在他们幕帐中的人都必须允许对他们举行火净仪式。这种净礼按如下方式举行：首先点燃两堆篝火，再往火堆旁插两杆长矛，矛尖拴一根绳子，绳索上再拴几片挺拔织物布片，受净化的人、牲畜和幕帐都要从两堆火之间的这根绳子和上面挂着的布片下通过。有两位妇女分别立于火堆的两旁，不断向火堆泼水和朗诵某种悲歌。如果有马车恰于此地损坏，或者有什么东西掉落在那里，巫师便会将之攫为己有。如果有人被雷电击毙，所有那些栖身于这一地区幕帐中的人也都要以上述方式穿过火堆，任何人都不能触及死者的幕帐、床、马车、毡毯和服装。总而言之，对于过去属于死者的一切东西，所有人都认为这是不洁之物，所以才避而远之。①

上述文字里，柏朗嘉宾叙述了蒙古人举行火净仪式的过程，以及他们对死者生前使用物品的忌讳，所有这一切，均来自人们对死者物品的不洁认识有关，因此人们用火来进行净化仪式。还有甚者，这些接触过死者，或者去世时曾在死者身边的人，不得进入大汗的宫帐。鲁布鲁克称：如果一个成年人死时另一个人在场，那后者一整年不得进入蒙哥汗的宫室；如果死者是孩子，那他一个月不得进入蒙哥汗的宫室。② 这也是一种死者不洁的观念，身边接触到死者的人因此受到禁忌，不得进入大汗的宫帐内。火在蒙古人心目中是洁净之物，净化之物，一切外来的物品和使臣官吏等人，进入蒙古可汗宫廷之前，都要举行火净仪式，这在外来旅行家的记录中

---

① 参见《柏朗嘉宾蒙古行纪、鲁布鲁克东行纪》，耿昇、何高济译，中华书局1985年版，第37—38页。

② 同上书，第220页。

屡有报道。火也象征着生命，蒙古语的"斡惕乞斤"这个名字，是起给家里幼子的，表示幼子是火盆的守望者，以此表达幼子是接班人和传承人的含义。因此人们不得将利器、刀剑之类插入火中，不得在火中任意焚烧杂乱的物品。如果起营迁徙，牧民一定是将帐幕里剩余的火深埋土里，不留余火而去，如果余火还在，那么人们必须绕道而行，不得践踏。如同鲁布鲁克所说：在他（指蒙哥汗）离开后，他扎营的地方，只要还遗留火的余烬，任何人，不管是骑马还是步行，都不得穿过他曾停留之处。①

在干燥寒冷的蒙古高原地区，风雨、雷电交加的恶劣天气是常有的事情。蒙古人忌讳雷电，如果谁家牲畜或人被雷电击中，那么他们认为是被老天爷恶视，将它称为"天下了"，因而人们很害怕。赵珙称：闻雷声则恐惧不敢行师，曰"天叫"也。② 而在《黑鞑事略》里称：遭雷与火者，尽弃其资畜而逃，必期年而后返。③ 为了有效降低被雷电击中的概率，蒙古人一般在春夏之际，很少洗衣洗手，更不得在旷野上晾晒洗过的衣服，否则会受到严厉惩罚。志费尼说：在蒙古人的札撒和法律中规定，春夏两季人们不可以白昼入水，或者在河流中洗手，或者用金银器皿汲水，也不得在原野上晒洗过的衣服，他们相信，这些动作会增加雷鸣和闪电。……每年当他们中间有人遭到雷击时，他们便把他的部族和家室从诸族中赶走三年，在这期间他们不得进入诸王的斡儿朵。同样地，要是他们的牲畜和羊群中有一头也遭雷击，他们如法施行数月之久。④ 可见其惩罚的力度还真不小，最后，他们还要举行某种仪式之后才能解除

---

① 参见《柏朗嘉宾蒙古行纪、鲁布鲁克东行纪》，耿昇、何高济译，中华书局1985年版，第294页。

② 参见（宋）赵珙《蒙鞑备录》，王国维笺证，《内蒙古史志资料选编（第三辑）》1985年版，第16页。

③ 参见（宋）彭大雅撰、徐霆疏证《黑鞑事略》，王国维笺证，《内蒙古史志资料选编（第三辑）》1985年版，第39页。

④ 参见［伊朗］志费尼《世界征服者史》上册，何高济译，内蒙古人民出版社1980年版，第241页。

这个惩罚期限。

在日常生活当中，蒙古人还特别注意不能踩门槛，不得随意触碰长者穿戴的帽子、腰带等象征生命和权力的衣物。鲁布鲁克在哈喇和林拜见蒙哥汗时，多次提到千万不要碰到宫室的门槛。有一次他们在大汗的宫室喝酒，他的一个随从酒喝得很多，告别大汗出来时，匆忙中绊倒在门槛上，当即被抓住送到了审判官布鲁该那里。第二天，布鲁该那颜亲自来审问他们，问他们有没有人告诉过他们不要碰门槛，鲁布鲁克等人以没有翻译，未曾听到警告为由才得以脱险，但他的随从自此再不得进入大汗的任何宫室了。[①] 门槛在蒙古人的思维里如同一个人的脖颈，如果有谁踩在门槛上，意味着踩到了该户主的脖颈，是很不尊重对方的表现，因而要杜绝此类事情的发生。帽子和腰带，正如本书在前面内容里所讲述的那样，象征着一个人的生命和荣耀，是用来保护穿着者重要器官的衣物，因此也很受蒙古人的重视，关于这一点，《秘史》还有一个记载可以作为佐证。当帖木真与札木合二人第三次结为安答时，二人说："凡结为安答的，性命是一体，不得互相舍弃，要做性命的救护者"，这样说着，帖木真把掳掠蔑儿乞惕脱黑脱阿所得的金腰带，给札木合安答系在腰上，札木合把掳掠歹亦儿·兀孙所获的金腰带，给帖木真安答系在腰上。[②] 这里，帖木真与札木合称安答为"性命一体"，因此二人互换腰带，表示出从此二人性命相连的安答之情。腰带在此作为性命的替代物而出现，这也是作者有意识强调的情节之一。总而言之，一般情况下他人不得随意触碰这些衣物，不然被视为有意识地冒犯主人的行为，是不受欢迎的。

---

① 参见《柏朗嘉宾蒙古行纪、鲁布鲁克东行纪》，耿昇、何高济译，中华书局1985年版，第274—276页。

② 参见札奇斯钦《〈蒙古秘史〉新译并注释》第117节，联经出版事业公司1979年版，第132—133页。

第二节　蒙古的原生信仰

古代中央亚游牧民族普遍信奉的萨满宗教属多神教，其神灵上有天父长生天，下有地母额秃根，天地神之间亦有日月、星辰、山川、河流、树木，以及疾风暴雨、闪电雷霆等自然界赋予的一切物种和现象均有神灵，这些神灵由某一个最高的神灵主宰，他便是萨满众神之最高神灵——天神。天神的出现有其一定的社会历史背景，人们由最初的日月、星辰、山川、河流、树木等实物神灵，开始崇拜天神、地神，这是人类从狩猎时代跨入牧业时代，其思维习惯也由平面的、实物的思维模式转换到立体的、虚构的思维模式的结果。从这里可以发现，蒙古人原始信仰的实质是在寻找自然规律，并通过自然规律来解释社会现象的一种努力。萨满教的另一个重要神灵是祖先神。人们用布匹、绸缎、毛毡等物体制作各种形状的偶像，将祖先灵魂依附在这些物体中，在自家住宅中进行供奉仪式，以求得祖先神灵的佑护。天神崇拜与祖先崇拜，是 13 世纪蒙古人原生信仰的重要载体，二者在《秘史》里均有记载。

一　天神崇拜

天在蒙古语中称"腾格里"，是萨满教最高的崇拜对象，也是中央亚游牧民族中属第一类的神灵。正如《多桑蒙古史》记载一样：鞑靼民族之信仰与迷信，与亚洲北部之其他游牧民族或野蛮民族大都相类，皆承认有一主宰，与天合名之曰腾格里。[①] 先于蒙古族驰骋在北方草原的匈奴人，其主要信仰也是天神。《匈奴史》称：大抵匈奴人对于天地十分尊崇，对于鬼神却无限畏惧。匈奴单于在写给汉帝的文书中，总是自称为"天所立匈奴大单于"或"天地所生、日月所置匈奴大单于"。冒顿单于之征服月氏及西域各族，

---

① 参见［瑞典］多桑《多桑蒙古史》上册，冯承钧译，中华书局 1962 年版，第 30 页。

也说是由于"以天之福"。① 与匈奴人相同，古代蒙古也崇信天神，言出必谈"天神"。宋使臣赵珙在其《蒙鞑备录》中称：其俗最敬天地，每事必称天。② 宋朝另一部游记《黑鞑事略》称：其常谈，必曰托着长生天底气力，皇帝底福荫。彼所欲为之事，则曰天教恁地；人所已为之事，则曰天识着；无一事不归之天，自鞑主至其民，无不然。③ 因此，古代蒙古人在日常生活中，最敬重天神，每天想做的事情和已经做了的事情，全部归为天神的意志力，以不得违背天神的意愿为最高宗旨。

"腾格里"一词在《秘史》中出现六十多处，文中对腾格里赋予了种种原始信仰的本源性思想，表达了古代蒙古人对于天神无限的崇敬之情。按照其出现的语境分析，可将其分类为万物的缔造者、汗权的授予者、神力的赋予者和信众的佑护者四类。当然这还只是一个浅显的分类，不能涵盖《秘史》中出现的关于天神崇拜的全貌。

《秘史》中的"腾格里"，即天神，作为宇宙万物之缔造者而出现。《秘史》开篇即讲"成吉思汗的先世，是奉上天之命而生的孛儿帖·赤那"。④ 认为成吉思汗二十二始祖孛儿帖·赤那是"奉上天之命而生"的，由此表达了成吉思汗黄金家族与天神之间存在着某种神秘联系。成吉思汗的十二始祖都蛙·锁豁儿长相奇异，他"额中只有一只眼睛，能看三程远的地方"。⑤ 而十一始祖孛端察儿则感光而生，此事阿兰·豁阿母亲解释为：显然是上天的子息啊！你们怎么能比作凡人呢！等他们做了万民的可汗，那时候凡人们才

---

① 林幹：《匈奴史》，内蒙古人民出版社 2007 年版，第 157—158 页。

② 参见（宋）赵珙《蒙鞑备录》，王国维笺证，《内蒙古史志资料选编（第三辑）》1985 年版，第 16 页。

③ 参见（宋）彭大雅撰、徐霆疏证《黑鞑事略》，王国维笺证，《内蒙古史志资料选编（第三辑）》1985 年版，第 34 页。

④ 札奇斯钦：《〈蒙古秘史〉新译并注释》第 1 节，联经出版事业公司 1979 年版，第 3 页。

⑤ 札奇斯钦：《〈蒙古秘史〉新译并注释》第 4 节，联经出版事业公司 1979 年版，第 7 页。

能明白呢！① 可以看得出，《秘史》在极力强调成吉思汗黄金家族是奉天之命而生的"天子"，他们要么长相奇异，要么感光而生，总之他们不同于凡人，是上天所缔造的统治者。

　　天神不只是皇室贵族之缔造者，他还创造了凡间普众及自然界的一切物种。鼠儿年（1204 年），成吉思汗掳获了蔑儿乞惕部族百姓，其间豁阿思—蔑儿乞惕的苔亦儿·兀孙带着女儿忽阑投奔成吉思汗。兵荒马乱中大将纳牙阿留住了忽阑，三天后安全送到成吉思汗处，对此成吉思汗问罪于纳牙阿，忽阑为开脱纳牙阿罪责说：现如蒙可汗恩典，与其问纳牙阿，莫如按照天命，向（我由）父母所生的肉体查问吧。② 忽阑夫人的身体是父母所生的，而父母所生的每一个人都是尊天命而生，可见天神是人类普众的创造者。《秘史》记载了窝阔台可汗总结自己执政时期的四过时，最后一个过错是：我恐怕由天地所生的野兽跑到弟兄们那里，竟贪妄地筑起墙寨来拦堵，以致我从弟兄们那里听到烦言。这也是过错。③ 可见自然界的野兽均为天地所生。天神作为萨满宗教的最高神灵，他还创造了自然界的风雨和雷电。阔亦田之战，札木合一方有萨满术士不亦鲁黑汗和忽都合·别乞二人懂招致风雨的札荅术，不料招来的风雨逆袭他们，以致不能走脱，倒在沟壑之中惨败。他们说："上天不喜悦我们。"于是溃散而去。④ 上天能够给他们创造风雨，可惜上天已经不喜悦他们了。

　　天神是汗权的授予者。《秘史》一再强调成吉思汗先世们奉上天之命所生或奇异诞生的故事，其意在证明成吉思汗本人也是天子

---

　　① 参见札奇斯钦《〈蒙古秘史〉新译并注释》第 21 节，联经出版事业公司 1979 年版，第 19 页。

　　② 参见札奇斯钦《〈蒙古秘史〉新译并注释》第 197 节，联经出版事业公司 1979 年版，第 273 页。

　　③ 参见札奇斯钦《〈蒙古秘史〉新译并注释》第 281 节，联经出版事业公司 1979 年版，第 449 页。

　　④ 参见札奇斯钦《〈蒙古秘史〉新译并注释》第 143 节，联经出版事业公司 1979 年版，第 179 页。

之命，而非凡夫俗子。成吉思汗"出生的时候在他右手握着髀石般的一个血块"①，9 岁的时候便长成了"眼中有火，脸上有光的孩子"②，德·薛禅形容他们父子二人的到来为"白海青抓着太阳和月亮，飞落在我的手臂上"③。这一切不同凡人的异常表现，已经显示出了这个人日后将成为帝国可汗的预兆。

可汗的权力由天神赋予，这样他的统治才会得到全体民众的信服和归顺。那么，萨满巫师作为天神与凡间的中介者，由他们传达天神的旨意，民众才会认可，这一汗权天授的思想，在当时看来是非常的必要。大萨满豁儿赤脱离札木合，来归顺成吉思汗时说：……（上天的）神告临到我，使我亲眼看见了。……一只没有犄角的黄白色犍牛驮着、拉着大帐的椿子，在帖木真的后边，顺着大车路前来吼叫："天地商议好，要叫帖木真做国家之主，（我）把国家给载来了！"（上天的）指示教我亲眼目睹，指教给我了。④大萨满豁儿赤的这些言论，显然对当时的帖木真起到了莫大的精神作用，另外，对于一心统一毡帐百姓的政治家帖木真来说，也是一个非常有利的宣传。帖木真需要一个正统的权力授予者，大萨满豁儿赤此时恰好出现，并向他，向蒙古百姓传达了上天的旨意，即叫他做国家的主人。另一个大萨满也做了同样的贡献，他便是通天巫贴卜·腾格里。伊朗人志费尼说：我从可靠的蒙古人那里听说，这时出现了一个人，他在那带地区流行的严寒中，常赤身露体走进荒野和深山，回来称："天神跟我谈过话，他说：我已经把整个地面赐给帖木真及其子孙，命他为成吉思汗，教他如此这般实施仁

---

① 札奇斯钦：《〈蒙古秘史〉新译并注释》第 59 节，联经出版事业公司 1979 年版，第 56 页。

② 札奇斯钦：《〈蒙古秘史〉新译并注释》第 62 节，联经出版事业公司 1979 年版，第 61 页。

③ 札奇斯钦：《〈蒙古秘史〉新译并注释》第 63 节，联经出版事业公司 1979 年版，第 62 页。

④ 同上。

政。"① 萨满巫师传达的是天神的旨意，表达了汗权天授的核心思想。成吉思汗建立帝国，整编军队百姓为十、百、千、万户制，他不忘天神的功劳，说：如今在长生天的气力里，天地给增加威力，将所有的百姓纳入正轨，置之于独一的统御之下。② 羊儿年（1211年），成吉思汗派者别攻打金国，金兵大败于东昌城，金国无奈议和。其王京丞相对金朝皇帝说：天地气运时节，已经到大位交替的时候了，蒙古人来得很有威力。③ 王京丞相将金国的衰败，以及蒙古军队的强势来袭看得很明白，他认为这是"天地之命"所定，金国皇帝已经被天神抛弃，真可谓是"成也天神，败也天神"。

天神是神力的赋予者。天神的神力不是所有人都能得到的，他要有选择性地赋予人间幸运儿。成吉思汗作为得到天神眷顾的人间幸运儿，这种神力无处不在眷顾他。成吉思汗在王汗、札木合帮助下，组成三方联军，击败蔑儿乞惕人，夺回了妻子孛儿帖。于是感谢他们二人说：由我的父汗（和）札木合"安荅"两个人给做伴，由天地给增加力量，被有权威的苍天所眷佑，被（有）母（爱的）大地所顾及④的原因，才把男儿必报的仇报了，把蔑儿乞惕人给毁灭掉了。牛儿年（1205年）成吉思汗派速别额台带着铁车军追击蔑儿乞惕的脱黑脱阿之子忽都、合勒、赤勒温等残余部众。他在交代长途征战中的注意事项之后说：如蒙长生天增添气力，擒获脱黑脱阿的儿子们，用不着给我送来。就在那里杀掉！⑤ 成吉思汗建立帝国，分封千户那颜时，对主儿扯歹的功劳格外赞赏，悉数了他的

---

① ［伊朗］志费尼：《世界征服者史》上册，何高济译，内蒙古人民出版社1980年版，第40页。

② 参见札奇斯钦《〈蒙古秘史〉新译并注释》第224节，联经出版事业公司1979年版，第334页。

③ 参见札奇斯钦《〈蒙古秘史〉新译并注释》第248节，联经出版事业公司1979年版，第376—377页。

④ 参见札奇斯钦《〈蒙古秘史〉新译并注释》第113节，联经出版事业公司1979年版，第128页。

⑤ 参见札奇斯钦《〈蒙古秘史〉新译并注释》第199节，联经出版事业公司1979年版，第281页。

功绩：……用"兀出马"箭，射中桑昆的红腮。啊！长生天给我们敞开了门闩！若非（你射）伤桑昆，不知道我们变成什么样子了？那就是主儿扯歹主要的功劳！……教主儿扯歹当先锋，征伐客列亦惕。蒙天地增添气力，征服俘获了客列亦惕人。① 这里，成吉思汗用了"长生天给我们敞开了门闩"和"蒙天地增添气力"等词语，说明对客列亦惕之战的艰难性与重要性，在这样的重要战役中，主儿扯歹两次充当先锋，击败了敌方，因此成吉思汗格外奖赏他，将自己的妃子亦巴合·别乞赏给了他。成吉思汗借助天神的力量，天神对他也格外眷顾，为他"敞开门闩"，给他"增添气力"，因此在重要的战役中屡屡得胜。这样的事例很多，如蒙古军队击败回回人②、唐兀惕国③等，均在长生天赋予的神力下完成。

天神是信众的佑护者。天神总是佑护着那些信众，帮助他们得到幸运的机会和生命的希望。鸡儿年（1201 年），阔亦田战役与泰亦乞兀惕人激烈厮杀，成吉思汗颈部受伤流血不止。者勒蔑在夜色掩护下赤身摸进对方军营，为的是偷些马奶子给成吉思汗喝，但没找到马奶子，扛回一大桶奶酪来。者勒蔑来去之间都没有被人发现，"这真是上天的保佑！"④ 客列亦惕的桑昆密谋偷袭蒙古，他们的牧羊人巴歹和乞失里黑二人将此消息连夜赶来告诉了成吉思汗，成吉思汗及其族人因此躲过了一劫。后成吉思汗整备军队，战胜了强大的客列亦惕部落。成吉思汗高度奖赏巴歹、乞失里黑二人，并将这一胜利归为"长生天的佑护下"⑤取得。而能不能得到天神的

---

① 参见札奇斯钦《〈蒙古秘史〉新译并注释》第208 节，联经出版事业公司1979 年版，第313 页。

② 参见札奇斯钦《〈蒙古秘史〉新译并注释》第260 节，联经出版事业公司1979 年版，第404 页。

③ 参见札奇斯钦《〈蒙古秘史〉新译并注释》第267 节，联经出版事业公司1979 年版，第419 页。

④ 札奇斯钦：《〈蒙古秘史〉新译并注释》第143 节，联经出版事业公司1979 年版，第179 页。

⑤ 札奇斯钦：《〈蒙古秘史〉新译并注释》第187 节，联经出版事业公司1979 年版，第250 页。

保佑，对于当时的人们来说关系到生死存亡，因此，遇事都要考虑能否被天神所佑护。蒙古与客列亦惕之间出现的裂痕，被札木合发觉。于是札木合来到客列亦惕王子桑昆那里，极力挑唆他攻打成吉思汗。桑昆来到父亲王汗处，表示要攻打成吉思汗，这时王汗非常的矛盾。因为他与帖木真之间有"父子之盟"，开始他不同意桑昆的想法，他说：怎能把我赤子（一样）的儿子舍弃呢？到今还拿他依仗，往坏处去想，是应该吗？上天必不庇佑我们。后来王汗爱子心切，同意桑昆的意见，他说：我们果真能为上天所佑护吗？怎能舍弃（我）儿（帖木真）呢？你们尽所能地去做吧。随你们的便！① 这里，表现出了王汗的极度矛盾之情，他知道桑昆的想法不对，是不被上天所佑护的行为，可又很疼爱儿子桑昆，不愿辜负他的想法，因此他很无奈地再次问道：我们果真能为上天所佑护吗？"上天佑护"是人们的行为准则和对错评判标准，更是人们信仰的归宿。违背上天旨意的后果，谁人都不愿承担，因为他们承担不起。

二　祖先崇拜

　　蒙古族原始信仰的另一个主要崇拜对象为祖先神。前文谈到萨满教属多神教，其实质是泛灵论，抑或是万物有灵论。人们相信万物均存在灵魂，而且相信灵魂不死。祖先神灵亦然，人死其灵魂不死，依然生活在另一个世界里，时刻保护着他的后人。正如乌丙安所称："在对于灵魂这种幻想物的崇拜中，祖灵崇拜在中国民间信仰生活中占据特殊重要的位置。以血缘世袭为纽带的氏族、家族的发展和家族生命周期的更迭、延续，使祖先观念与灵魂观念牢牢结合。使亡故的先人，一代一代以其祖宗在天之灵升入神位，成为氏族、家族延续的最可靠的保护神"。② 人们崇拜祖先，祭奠祖先神

---

① 参见札奇斯钦《〈蒙古秘史〉新译并注释》第167节，联经出版事业公司1979年版，第213页。

② 乌丙安：《中国民间信仰》，上海人民出版社1995年版，第130页。

灵，表现出了很强的功利性目的。他们期冀得到祖先神灵的庇佑，在日常生活中，保佑他们人畜平安，在面对外敌的侵犯时，以同族共同体来对抗。在以父系血缘关系为纽带的氏族社会里，为保持这种血缘上的纯洁性，以供奉一个共同的祖先为标志，血缘不纯或怀疑对象可能会被剥夺祭祖的权利。

在《秘史》的记载中，讲述了祭祖仪式中发生的一件事，说明上述观点并不是虚构的。成吉思汗先祖孛端察儿正妻所生的儿子，名叫把林·失亦剌秃·合必赤，孛端察儿把合必赤的母亲从嫁来的女子收了妾，生了一个儿子名叫沼兀列歹，孛端察儿在世时，这个沼兀列歹曾参加以竿悬肉祭天的仪式。当孛端察儿去世之后，合必赤怀疑沼兀列歹可能与阿当合·兀良合歹氏有关联，遂逐出以竿悬肉祭天的仪式。① 对此，乌拉基米索夫分析认为，这是氏族社会为保持血族的纯洁性的举措，被逐出氏族祭祀的人只好另外形成一个氏族。② 于是沼兀列歹就成为沼兀列亦惕氏的祖先，而合必赤则继承了孛儿只斤氏的名分。

同样被族人抛弃的事情在成吉思汗母亲诃额仑身上也有发生。事情发生在祭祖的地方，烧饭祭祀的时候，泰亦乞兀惕族的斡儿伯、莎合台二位夫人，故意不等诃额仑母亲，先于她将祭祖的胙肉和供酒分享了。③ 对此，诃额仑母亲严词训斥了二人，因而双方之间的矛盾公开化。此事导致泰亦乞兀惕族抛下帖木真一家孤儿寡母，并将他们一家推向了生活的低谷和巨大的生存危机中。分领祭祀用肉和供酒是同一祖先成员应得的权利，如果没有分到或者少分均被认作是一种歧视，会发生矛盾直至导致氏族或部落体系的解体。可见祖先祭祀在当时社会中所起到的作用程度之重。与其说是

---

① 参见札奇斯钦《〈蒙古秘史〉新译并注释》第43、44节，联经出版事业公司1979年版，第33、35页。

② 参见［苏］乌拉基米索夫《蒙古社会制度史》，瑞永译，《亚洲民族考古丛刊第六辑》，第58—59页。

③ 参见札奇斯钦《〈蒙古秘史〉新译并注释》第70节，联经出版事业公司1979年版，第71—72页。

祖先祭祀，不如说是祖先崇拜在当时社会中的纽带作用何等重要。

成吉思汗时代之前的蒙古族祖先崇拜以及祖先祭祀活动犹如上述《秘史》记载，其具体祭祀情况有些不明。在伟大的可汗成吉思汗去世之后，在他生前身后统一在蒙古大纛下的全体蒙古百姓、王室贵族延续着对这位祖先的祭祀，以致他成为全体蒙古人的祖先。蒙古历史上的这个出色人物，现如今固化在了民众的精神世界里，被广大蒙古民众所祭拜。德国学者海西希曾说道："历史上的成吉思汗被神化成了先祖的亡灵。"[①] 如今这个神灵还在现实生活里存在，他以全体蒙古人总神祇的身份被人们所祭奠，祭奠的历史已持续了有将近八百年时光。

成吉思汗，蒙古乞颜氏孛儿只斤人，原名叫帖木真。"公元一一六二年诞生于斡难河畔的迭里温—孛勒荅黑"[②] 草原上。"他继承了前辈们的统一蒙古大业，征服了群雄相斗的蒙古各部，于一二零六年在斡难河源头，召集大会，立起九脚白旄纛，建立了大蒙古国。继而创建了横跨亚欧大陆版图的宏伟大业，公元一二二七年，在最后一次攻打西夏时，在西夏朵儿篾该城（今甘肃清水县附近）逝世，享年六十六岁"。[③]

"蒙古人崇拜天地，崇拜大自然。人去世后，使遗体与大地、大自然融为一体，他们一般不立墓碑，而非常重视对灵魂的祭祀。按照蒙古人传统习俗与观念，成吉思汗奉祀之神，就是成吉思汗的象征，比起他的葬身陵墓更为重要。所以，成吉思汗陵在蒙古人心目中仍然是祭祀成吉思汗神灵的宫殿，而不是陵墓。守护、祭祀成吉思汗陵的鄂尔多斯部及达尔扈特人，至今不称成吉思汗陵为

---

① ［意］图齐、［德］海西希：《西藏和蒙古的宗教》，耿昇译，天津古籍出版社1989年版，第433页。

② 札奇斯钦：《〈蒙古秘史〉新译并注释》，联经出版事业公司1979年版，第56页。

③ 见附录部分笔者所做田野调查报告。后发表论文《民俗学视野下的成吉思汗陵祭祀文化》，《内蒙古大学艺术学院学报》2011年第1期，第17页。以下引自笔者本人田野调查部分的内容均发表在同一篇论文中。

'陵'，而将其尊称为'伊金霍洛'或'八白神灵'，即'圣主的院落'。"① "成吉思汗逝世后，成吉思汗季子托雷，将成吉思汗遗体秘密运往故乡的途中，在木纳呼格布尔（阴山以南的鄂尔多斯）建立了白色宫帐，安放成吉思汗一些遗物，进行供奉。将大汗遗体运回漠北密葬后托雷派以乌达吉千户长所属兀良合部千人守护成吉思汗墓所在地也客霍日克（大禁地）"。② 据史书记载，"该地在于怯绿连、斡难、秃剌三水之源头，不儿罕合勒敦诸山之一山中"③，而其真实墓地，至今无人知晓。"在鄂尔多斯和漠北建立的成吉思汗白宫，成为当时大蒙古国的奉祀之神，全体民众的总神祇。成吉思汗三子窝阔台汗继位之后，在都城哈剌和林建立成吉思汗祭祀宫帐，由守护成吉思汗斡尔多的卫士负责守护和祭祀。贵由可汗，蒙克可汗执政期间，亦继承了前辈所建立的祭祀传统。"④

"元朝时期，忽必烈在大都建立八室的同时，在上都也建立了成吉思汗祭祀宫殿。每年他都带黄金家族成员到上都，参加蒙古传统祭祀活动。《元史》卷77《祭祀志》说太庙八室四季祭祀制度属忽必烈钦定，很多研究者依据上述历史文献，认为现在的鄂尔多斯成吉思汗陵八白宫设置和主要的四季祭祀礼俗均受到了元世祖忽必烈的影响。"⑤

"成吉思汗祭祀从十三世纪以来鄂尔多斯部及达尔扈特人世世代代相传，使成吉思汗祭奠从未中断。元朝至顺元年（1330年）所著《十善福白史册》中记载的'成吉思汗系母马九十九匹，祭洒鲜奶'⑥ 的仪式及苏勒德威猛祭等祭祀内容和形式一直保留至今。成吉思汗祭奠一年举行多次。祭祀活动分为日祭、月祭、祝福祭、

①　见附录部分笔者所做田野调查报告。
②　旺楚格编著：《成吉思汗陵》，内蒙古人民出版社2003年版，第16页。
③　[瑞典] 多桑：《多桑蒙古史》，冯承钧译，上海书店出版社2006年版，第141页。
④　见附录部分笔者所做田野调查报告。
⑤　见附录部分笔者所做田野调查报告。
⑥　（元）《十善福白史册》（蒙文），留金锁整理注释，内蒙古人民出版社1981年版，第87页。

公羔祭、台吉祭、香火祭、奉祭等。忽必烈钦定的成吉思汗四时大典，更为隆重。四时大典包括农历三月二十一春季查干苏鲁克大典；五月十五日夏季淖尔大典；九月十二日秋季斯日格大典；十月初三冬季达斯玛大典。"①

成吉思汗哈日苏勒德祭奠，与春季查干苏鲁克祭奠几乎同时举行。其中有日祭、小祭（月祭）、大祭（年祭）、龙年威猛大祭等。除此之外，在鄂尔多斯的查干苏勒德、阿拉格苏勒德以及其他所供奉的圣物，都有各自的祭祀规程。

成吉思汗时期信仰萨满教的蒙古人信仰灵魂观念，相信人去世之后，灵魂永存。成吉思汗去世时，他身边的人们取下一把骆驼额头上的绒毛，吸取成吉思汗最后一口气，留下他的灵魂，放进银质灵柩，存放在白色斡尔朵，进行供奉②。这就是成吉思汗陵寝的前身。最初的时候并不叫成吉思汗陵，清初期，对成吉思汗奉祀之神的称呼，开始出现"成吉思汗陵墓"之类的称呼，受此影响，成吉思汗祭祀宫帐便称为"成吉思汗陵"③。

成吉思汗祭祀白宫始建于现在的鄂尔多斯和蒙古国斡难河畔两处。而据史料记载和学者研究认为，成吉思汗祭祀白宫曾经还有两处祭祀圣地。一处是《元史》中所记载元大都太庙。至元三年（1266 年）秋九月，世祖忽必烈采纳了丞相伯颜、安童的意见，在元大都建立太庙，始作八室神主"④，元大都即现在的北京城。"另一处祭祀圣地则是在辽阔的蒙古草原不同的三个"吉格"（吉格是蒙古语，指地点、地方）上轮换举行。现在的鄂尔多斯祭祀地属下吉格，中吉格在现在的锡林郭勒苏尼特旗努图格上，上吉格在现今的蒙古国哈拉和林一代。那时祭祀活动的举办，每个吉格上祭祀三

---

① 见附录部分笔者所做田野调查报告。

② 访谈对象：查戈德尔，男，72 岁。达尔扈特人，曾任太师雅木特德。访谈人：双金，访谈时间：2010 年 11 月 5 日，访谈地点：伊金霍洛镇成吉思汗陵旅游区管委会院内。

③ 旺楚格编著：《成吉思汗陵》，内蒙古人民出版社 2003 年版，第 17 页。

④ （明）宋濂等：《元史》卷 74《祭祀志》3，中华书局 1976 年版，第 1832 页。

年，上一个吉格三年的祭祀结束之后再到下一个吉格来举行祭祀，如此循环进行下去。再到后来的时候，随着蒙古势力的下滑和政权的分散，不再进行轮换祭祀了。"① 关于其他三处祭祀圣地，文献史料中有文字可查，而关于苏尼特努图格上的祭祀活动则鲜有记录。

"成吉思汗陵八白宫分别有成吉思汗与孛儿帖白宫；忽兰哈屯白宫；准格尔伊金白宫；弓箭白宫；宝日温都尔白宫（圣奶桶）；吉劳白宫（鞍辔）；溜圆白骏白宫；商更斡尔阁白宫（珍藏白宫）。从祭祀对象物看，除了有成吉思汗以及他的二位夫人之外，其他还有成吉思汗生前用过的弓箭、奶桶、鞍辔、白骏马等，这种情况并不难理解。蒙古人认为灵魂有四种存在方式。第一种，将灵魂附在画像或翁根（翁根是指偶像或神灵的蒙古语，这里指毡子做的偶像）之中。第二种，将灵魂请入敖包或苏勒德（指旗帜）里。第三种方式，用白骆驼额头上的毛或白羊毛吸收逝者的最后一口气，将其放入盒中保存，称之为翁根（指神灵）。第四种方式，脐带。将出生孩子的脐带留存，将其装入小布袋里挂在孩子腋下，说脐带是灵魂的居所。"②

"成吉思汗陵寝里保存的正是白驼毛和脐带，所以说成吉思汗陵寝实质上是灵魂的居所，是精神和思想上的依赖，千百年来它以传统习俗的形式流传了下来。其他祭祀物品也都照此理解，比如陵寝里祭祀的成吉思汗用过的马鞍、吉劳、弓箭等等，我们不必去探求他的肉体陵寝。陵寝当中的神物、神器既有成吉思汗的灵魂附着物，也有成吉思汗使用过的遗物。

守望成吉思汗八白宫的是达尔扈特人，他们历经八百年的历史沧桑，忠实地履行了祖上交付的守护和祭祀陵寝的光荣使命。达尔扈特，是"达尔汗"的复数形式，意为"担负神圣使命者"。起初

① 访谈对象：那楚格，男，蒙古族，现年 55 岁。现任成吉思汗陵旅游区管理委员会副主任，成吉思汗研究院院长。访谈人：双金，访谈时间：2010 年 11 月 5 日，访谈地点：成吉思汗陵管委会办公室。

② 见附录部分笔者所做田野调查报告。

守护成吉思汗陵的不叫达尔扈特，而是受托雷委派的兀良哈部落一千人，他们享受免军役的待遇。① 到了元朝忽必烈时期，才正式启用达尔扈特这一名称，之前称这一部分人为"守护鄂尔多的人们"。② 现在居住在鄂尔多斯成吉思汗陵周围的达尔扈特人，是1696 年（清康熙三十五年），为了加强八白室的守护，祭祀任务，境内外蒙古盟旗扎萨克协商，由清朝重新分封的五百户达尔扈特人的后裔，他们集中居住在八白室周围，免除差役、税赋，建立了达尔扈特部落，完善了达尔扈特内部管理体制。③

这些达尔扈特人，他们不仅完整地保留了蒙古民族传统历史文化，而且为继承和发扬 13 世纪以来形成的成吉思汗祭祀文化作出了特殊贡献。成吉思汗祭祀内容包括系统完善的祭祀仪式之外，还包括诸多的祝词、颂词、祭文、祭歌，其内容与形式涵盖了蒙古民族历史、文化、信仰、风俗、语言、文字等各个方面，塑造了以祭祀文化为主要特征的民俗传统文化。很难想象，如果没有忠实的达尔扈特人，如何才能保存下如此殷实的文化遗产，更何谈为他的后人所享用。④

---

① 参见［瑞典］多桑《多桑蒙古史》，冯承钧译，上海书店出版社 2006 年版，第 141 页。
② 旺楚格编著：《成吉思汗陵》，内蒙古人民出版社 2003 年版，第 173 页。
③ 同上书，第 17 页。
④ 见附录部分笔者所做田野调查报告。

结　　语

　　独立于学术界的"蒙古秘史学"，历来受到中外学者的普遍关注。对于《秘史》的研究，从明代就已经开始，至今已有六百多年的研究史。那么，《秘史》为什么受到如此重视，引得中外学界对它的浓厚兴趣？关键由《秘史》重要的学术价值和独特的文献价值所决定。《秘史》是第一部专门记录蒙古民族和蒙古社会发展进程的历史、文学著作，它也是蒙古人用本民族的语言和文字书写的历史、文学著作，它更是记录影响中世纪世界格局的重要国家蒙古帝国的创建史。研究蒙古的社会历史、政治、经济、军事、哲学思想、民俗文化状况，尤其离不开《秘史》的记载。

　　本书的研究，仅限于"秘史时代"民俗文化事象的讨论。历史民俗学的任务在于清理历史上流传下来的民俗文化财富，《秘史》作为人类重要的文化财富，于1989年被联合国教科文组织列入世界名著殿堂。对待这样一部有着重要影响力的著作，笔者的态度是谨慎的，因为它受到来自世界各地研究者的关注。

　　现今对于《秘史》的研究又是全方位的，史地考证、制度文化、哲学思想、文学艺术、经济民生、民俗生活等，从中圈定自己的研究视角和范围，不予越界讨论问题，这是笔者写作初期就设定好的思路。对于《秘史》这样的民俗文化财富的清理工作，先是尽可能将其拆解，将文献中所包含的民俗文化信息逐个筛选，之后将这些信息系统地归类，作为本项目最初始的研究资料库。但是由于受到文献本身的久远性，语言文字注解的滞后性影响，不可能做到穷尽的程度，所以有些疑难文化语汇的研究，还会继续。

这样一个民俗文化事象的讨论研究，是在该史书写作完成作为基准线，不做过多的历史变迁方面的探讨，即不做历史纵深向研究。其实这也不难理解，因为将某个民俗文化事象搁置在某个历史点上，读者自然而然就理解了该民俗事象在现今的状态是什么了。《秘史》的写作完成时代，远离我们七百七十多年，如何能够无缝对接某个民俗事象的变迁轨迹，这个基本很难完成。民俗文化的变迁，受多个内外因素的综合影响下发生。在内部，民俗文化本身有自己发展变化的规律性，没有一成不变的民俗事项。从外部环境来讲，生产方式的改进、政治制度的改变、与外界的经济、文化交流活动等，都会带来民俗文化的悄然变迁，还有时代本身就是改变民俗生活最有力的助推器。在这样的考量之下，笔者将主要的注意力集中在文献本身的记载里，深入挖掘，力图全面展示文献写作者所思所想，或者无意间留下的每一话语。因为他们的书写是权威的，只有他们笔下的民俗生活才可以证明他们当时的民俗生活面貌，其他文人史家的话语，都不能取代文献本身的价值所在。

如果仅仅以《秘史》作为研究对象，很难将一个时代的民俗文化事项全部包罗进去。而且即便是包罗的民俗事项，也很难深入描写，更不能足以证实当时的民俗文化原貌。好在我们还有多部与秘史同时期著录完成的历史、游记、札记、志书文献，将这些文献同时作为研究对象，那么会得到相互印证的科学结论。因此说，本书的研究可以称之为："以蒙古秘史为中心的民俗文献研究"。一部文献很难立足，是说它的历史厚度和平展度均不足以说明一个历史民俗事象，只有将研究文献加厚、加宽，才会有更好的研究效果。

为了研究的更加深入，本书做了祖先祭祀文化的田野考察。祖先祭祀，或者祖先崇拜是蒙古人民间信仰的重要内容，13 世纪初，当蒙古民族统一草原部落，形成一个更大的民族共同体的时候，自然更加注重祖先崇拜和祭祀，这是意识形态的需要，是刚刚完成的民族共同体巩固核心力量的需要。其中，完成民族统一大业的成吉思汗被奉为全体蒙古人的祖先神。对成吉思汗祭祀的完形做田野考察，从中了解蒙古人的祖先意识很有必要，这里包含了民俗文化形成和演化的内在规律性问题。

具体民俗事象的讨论，采取了文献考证与文献民俗志相结合的书写方法。文献考证是指《秘史》中出现的每种民俗文化事象，均力争在其他史书和文献中找到旁证或出处，避免以孤立的文化事象阐发问题。如果仅仅以《秘史》作为个案，来解释 13 世纪上半叶蒙古人的生活文化，那是远远不够的，很难有说服力和可信度，因此，需找到相同的文献记载加以佐证，以提高民俗文化事象的历史可信度。

文献民俗志的书写方法，是以文献本身所反映的民俗事象为依据，在民俗事项的分类，以及书写中遵循民俗志书写规则。在民俗事象的分类上，遵循口头、行为与精神的三维模式，将《秘史》中所呈现出的民俗文化事象分为三大部分，再进行细化研究。民俗志的书写方式，则是对民俗文化事象逐个进行描写，力图展现书写者的原初意境。

总之，《秘史》是一部了解 13 世纪前半叶蒙古人生活文化、民俗文化的重要著作，在某种意义上也可称之为蒙古人民俗文化生活的百科全书。秘史中记载了古代蒙古人口承叙事方面的各种文学体裁，展现了古代蒙古人丰富、高超的语言技能。从《秘史》的记载里，我们可以了解古代蒙古人的生产方式，日常生活文化的方方面面，即物质生产生活的多样性信息。《秘史》也记载着蒙古人的信仰民俗、宗教生活方面的内容，是了解古代蒙古人精神世界的有力途径。

接受这样一个国际化、广泛被多学科交叉研究题目的挑战，可想而知难度有多大。难度不仅仅是来自文献本身，还来自学界的考察审视，以及笔者学术能力的不足等原因，还望专家学者不吝赐教！

主要参考文献

一 《蒙古秘史》与史料文献目录

1. 李文田：《〈元朝秘史〉注》十五卷，《浙西村舍汇刻》本 1896 年版。

2. 高宝铨：《元秘史》李注补正，十五卷，续补一卷，附续补正伪，光绪二十八年（1902）刊本。

3. 王树荣：《元秘史》润文，十五卷，抄本，1906 年版。

4. 沈曾植：海日楼《元秘史》补注，十五卷，《敬跻堂丛书》刊本 1945 年版。

5. 陈彬龢：《元朝秘史》选注，《学生国学丛书》1929 年版。

6. 都嘎尔扎布、［日］服部四郎：蒙文《元朝秘史》卷一，1939 年版。

7. 谢再善：《蒙古秘史》，《开明文史丛刊》1951 年版。

8. 道润梯步：《新译简注〈蒙古秘史〉》，内蒙古人民出版社 1978 年版。

9. 札奇斯钦：《〈蒙古秘史〉新译并注释》，联经出版事业公司 1979 年版。

10. 额尔登泰、乌云达赉：《蒙古秘史》校勘本，内蒙古人民出版社 1980 年版。

11. 余大钧：《蒙古秘史》，河北人民出版社 2001 年版。

12. 鲍思陶：《元朝秘史》，齐鲁书社 2005 年版。

13. 特官布扎布、阿斯钢：《蒙古秘史》，新华出版社 2006 年版。

14. 淖莫本（昌图公）：《元朝秘史》，1917 年版。

15. 布赫和西格：《忙豁仑纽察脱记》，蒙古文化教育会 1940 年版。

16. 格什克巴图：《蒙古意义之元朝秘史》，蒙古文化研究院 1941 年版。

17. 巴雅尔：《蒙古秘史》，内蒙古人民出版社 1980 年版。

18. 额尔登泰、乌云达赉：《蒙古秘史》校勘本，华赛、杜嘎日扎布转写，内蒙古文化出版社 1984 年版。

19. 满仓：《蒙古秘史》，内蒙古人民出版社 1985 年版。

20. 额尔登泰、阿日达扎布：《蒙古秘史注释》，内蒙古教育出版社 1986 年版。

21. 亦邻真：《蒙古秘史》，内蒙古大学出版社 1987 年版。

22. 格什克巴图：《格什克巴图译元朝秘史》，策·阿拉腾松布尔、苏雅拉达来注释，孟克宝音拉丁注音，内蒙古人民出版社 2001 年版。

23. ［蒙古］策·达木丁苏荣：《蒙古秘史》，内蒙古人民出版社 2007 年版。

24. ［蒙古］沙·嘎丹巴：《蒙古秘史》，乌兰巴托国家出版社 1990 年版。

25. ［蒙古］达·策仁苏德努木：《蒙古秘史》译注，民族出版社 1993 年版。

26. ［日］那珂通世：《成吉思汗实录》，抄本，1907 年版。

27. ［日］小泽重男：《元朝秘史全释》（上中下），风间书房，昭和五十九、六十、六十一年版。

28. ［日］小泽重男：《元朝秘史全释续考》（上中下），风间书房，昭和六十二、六十三年、平成元年版。

29. ［日］村上正二：《成吉思汗传》，平凡社，昭和四十五、四十七、五十一年版。

30. ［日］小泽重男：《元朝秘史》，岩波新书（新赤版）1994 年版。

31. ［日］岩村忍：《元朝秘史——成吉思汗实录》，中央公论社 1963 年版。

32. ［日］山口修：《成吉思汗实录》，世界文学全集（卷22），筑摩书房 1961 年版。

33. ［日］小泽重男译：《元朝秘史》（上下），岩波书店 1997 年版。

34. ［俄］帕拉狄由斯：《元朝秘史》，1866 年版。

35. ［波斯］拉施特：《史集》，余大钧、周建奇译，商务印书馆 1983 年版。

36. 作者佚名：《圣武亲征录》，萧大亨：《北虏风俗》，内蒙古文化出版社 2001 年版。

37. ［伊朗］志费尼：《世界征服者史》，何高济译，内蒙古人民出版社 1980 年版。

38.《黄金史》，乔吉校注，内蒙古人民出版社 1999 年版。

39. 赵珙：《蒙鞑备录》，《内蒙古史志资料选编（第三辑)》1985 年版。

40. 彭大雅撰、徐霆疏证：《黑鞑事略》，《内蒙古史志资料选编（第三辑)》1985 年版。

41. ［意］马可·波罗：《马可·波罗行纪》，冯承钧译，内蒙古人民出版社 2008 年版。

42.（元）陶宗仪：《南村辍耕录》，中华书局 1959 年版。

43.（元）熊梦祥：《析津志辑佚》，北京古籍出版社 1983 年版。

44.（明）宋濂等：《元史》，中华书局 1976 年版。

45. ［瑞典］多桑：《多桑蒙古史》，冯承钧译，世纪出版集团 2006 年版。

46.《元典章》，元坊刻本的影印本，中国广播电视大学出版社 1998 年版。

47.《通制条格校注》：方龄贵校注，中华书局 2001 年版。

48.（元）忽思慧：《饮膳正要》，刘玉书点校，人民卫生出版社

1986 年版。

49. ［苏］莉·列·维克托罗娃：《蒙古民族形成史》，陈弘法译，
内蒙古教育出版社 2008 年版。

50. 刘达科：《辽金元诗文史料述要》，中华书局 2007 年版。

51. （元）作者佚名：《十善福白史册》，留金锁整理注释，内蒙古
人民出版社 1981 年版。

52. 《柏朗嘉宾蒙古行纪、鲁布鲁克东行纪》，耿昇、何高济译，中
华书局 1985 年版。

53. 《汉译蒙古黄金史纲》，朱风、贾敬颜译，内蒙古人民出版社
1985 年版。

54. （汉）司马迁：《史记》，中华书局 1999 年版。

55. 林幹：《匈奴史》，内蒙古人民出版社 2007 年版。

56. （明）萧大亨：《北虏风俗》，王国维笺证，《内蒙古史志资料
选编（第三辑)》1985 年版。

57. （北齐）魏收：《魏书》，中华书局 1974 年版。

58. 《明洪武实录》，"台湾中央研究院"历史语言研究所校印本
1962 年版。

59. 陈文和主编：《嘉定钱大昕全集·潜研堂文集》，江苏古籍出版
社 1997 年版。

60. （清）顾广圻：《顾千里集》，王欣夫辑，中华书局 2007 年版。

61. 解玉峰：《元曲三百首》，中华书局 2007 年版。

62. （元）李志常：《长春真人西游记》，张星烺编注，朱杰勤校
订，中华书局 1978 年版。

二 《蒙古秘史》与蒙元历史文化研究文献目录

1. 孙承泽：《元朝典故编年考》十卷，《螺树山房丛书》本 1775
年版。

2. 万光太：《元秘史略》二卷，《昭代丛书戊集续编》1847 年版。

3. 阮惟和：《元秘史地理今释》，清末抄本。

4. 施世杰:《元秘史》山川地名考,十二卷,《鄦郑学庐地理丛书》本 1897 年版。

5. 丁谦:《元秘史》地理考证,《浙江图书馆丛书》第二集 1915 年版。

6. 王国维:《元秘史山川地名索引》一卷,稿本 1925 年版。

7. 陈垣:《元秘史译音用字考》,《陈垣学术论文集》,中华书局 1982 年版。

8. 额尔登泰、乌云达赉、阿萨拉图:《蒙古秘史》词汇选释,内蒙古人民出版社 1980 年版。

9. 方龄贵:《元朝秘史通检》,中华书局 1986 年版。

10. 甄金:《蒙古秘史学概论》,内蒙古教育出版社 1996 年版。

11. 宝力格:《蒙古秘史之民族性》,内蒙古教育出版社 1984 年版。

12. 色音:《〈蒙古秘史〉多层文化研究》,内蒙古文化出版社 1990 年版。

13. 额尔登泰、乌云达赉、阿萨拉图:《〈蒙古秘史〉词汇选释》,阿日达扎布、斯琴高娃译,内蒙古民族出版社 1991 年版。

14. 〔日〕莲见治雄:《〈蒙古秘史〉口承文学研究》,巴旺楚格等译,内蒙古文化出版社 1999 年版。

15. 德力格尔、奥登:《〈蒙古秘史〉写作方法及象征形象研究》,民族出版社 2001 年版。

16. 桂荣:《〈蒙古秘史〉谋略》,内蒙古教育出版社 2001 年版。

17. 双福:《〈蒙古秘史〉还原及研究》,内蒙古人民出版社 2001 年版。

18. 白·特木尔巴根:《〈蒙古秘史〉文献版本研究》,内蒙古教育出版社 2004 年版。

19. 纳·布和哈达:《〈蒙古秘史〉研究》,内蒙古文化出版社 2008 年版。

20. 〔日〕吉田顺一:《〈蒙古秘史〉研究》,青格力等译,民族出版社 2005 年版。

21. 杭爱：《〈蒙古秘史〉跨学科文化研究》，内蒙古人民出版社
    2004 年版。

22. 德·达林泰：《〈蒙古秘史〉神话研究》，内蒙古人民出版社
    2005 年版。

23. 陈中永等：《〈蒙古秘史〉多视角研究》，内蒙古教育出版社
    2001 年版。

24. ［日］莲见治雄：《成吉思汗传说——蒙古口承文艺》，角川书
    店 1993 年版。

25. ［俄］郭增：《注释和汉文译本》，1941 年版。

26. 那木吉拉：《中国元代习俗史》，人民出版社 1994 年版。

27. 史卫民：《元代社会生活史》，中国社会科学出版社 1996 年版。

28. 郭英德：《元杂剧与元代社会》，北京师范大学出版社 1996
    年版。

29. 陈垣：《陈垣学术论文集》（1、2 集），中华书局 1980、1982 年
    版。

30. 蒙思明：《元代社会阶级制度》，世纪出版集团 2006 年版。

31. 陈垣：《元西域人华化考》，世纪出版集团 2008 年版。

32. 赵荣光：《中国饮食文化史》，世纪出版集团 2006 年版。

33. 张景明：《中国北方游牧民族饮食文化研究》，文物出版社 2008
    年版。

34. ［苏］乌拉基米索夫：《蒙古社会制度史》，瑞永译，亚洲民族
    考古丛刊第六辑。

35. ［意］图齐、［德］海西希：《西藏和蒙古的宗教》，耿昇译，
    天津古籍出版社 1989 年版。

36. ［法］谢和耐：《蒙元入侵前夜的中国日常生活》，刘东译，北
    京大学出版社 2008 年版。

37. ［蒙古］纳·尼玛敖德斯尔：《13—14 世纪蒙古的国家及国家
    制度》，内蒙古人民出版社 2006 年版。

38. 旺楚格编著：《成吉思汗陵》，内蒙古人民出版社 2003 年版。

39. ［蒙古］阿·朋斯格：《〈蒙古秘史〉的习俗研究》，乌兰巴托 2010 年版。

三　一般理论论著目录

（一）民俗学

著作

1. 周作人：《周作人民俗学论集》，上海文艺出版社 1998 年版。

2. 顾颉刚：《顾颉刚民俗学论集》，上海文艺出版社 1998 年版。

3. 江绍原：《江绍原民俗学论集》，上海文艺出版社 1998 年版。

4. 江绍原：《发须爪：关于它们的迷信》，中华书局 2007 年版。

5. 钟敬文：《民俗文化学：梗概与兴起》，中华书局 1996 年版。

6. 钟敬文主编：《民俗学概论》，上海文艺出版社 1998 年版。

7. 钟敬文：《民间文艺学及其历史》，山东教育出版社 1998 年版。

8. 钟敬文：《建立中国民俗学派》，黑龙江教育出版社 1999 年版。

9. 钟敬文：《钟敬文文集·民俗学卷》，安徽教育出版社 2002 年版。

10. 钟敬文：《钟敬文文集·民间文艺学卷》，安徽教育出版社 2002 年版。

11. 钟敬文主编：《中国民俗史》，人民出版社 2008 年版。

12. 张紫晨：《中国民俗学史》，吉林文史出版社 1993 年版。

13. 董晓萍：《田野民俗志》，北京师范大学出版社 2003 年版。

14. 董晓萍：《全球化与民俗保护》，高等教育出版社 2007 年版。

15. 董晓萍：《现代民俗学讲演录》，广西师范大学出版社 2007 年版。

16. 董晓萍：《现代民间文艺学讲演录》，广西师范大学出版社 2008 年版。

17. 萧放：《荆楚岁时记研究——兼论传统中国民众生活中的时间观念》，北京师范大学出版社 2000 年版。

18. 萧放：《岁时——传统中国民众的时间生活》，中华书局 2002

年版。

19. 刘德仁、盛义:《中国民俗史籍举要》,四川民族出版社 1992 年版。

20. 色音:《东北亚的萨满教》,中国社会科学出版社 1998 年版。

21. 色音:《蒙古游牧社会的变迁》,内蒙古人民出版社 1998 年版。

22. 陈庆德:《经济人类学》,人民出版社 2001 年版。

23. 丁乃通:《中国民间故事类型索引》,孟慧英、董晓萍、李扬译,春风文艺出版社 2003 年版。

24. 刘守华:《故事学纲要》,华中师范大学出版社 2006 年版。

25. 陈岗龙、乌日古木勒:《蒙古民间文学》,宁夏人民出版社 2008 年版。

26. 黄杰:《宋词与民俗》,商务印书馆 2005 年版。

27. 乌丙安:《中国民间信仰》,上海人民出版社 1995 年版。

28. [美] 理查德·鲍曼:《作为表演的口头艺术》,杨利慧、安德明译,广西师范大学出版社 2008 年版。

29. [美] 阿·贝·洛德:《故事的歌手》,尹虎彬译,中华书局 2004 年版。

30. [美] 阿兰·邓迪斯:《世界民俗学》,陈建宪、彭海斌译,上海文艺出版社 1990 年版。

31. [美] 约翰·迈尔斯·弗里:《口头诗学:帕里 – 洛德理论》,朝戈金译,社会科学文献出版社 2000 年版。

32. [德] 麦克斯·缪勒:《比较神话学》,上海文艺出版社 1989 年版。

33. [德] 艾伯华:《中国民间故事类型》,王燕生、周祖生译,商务印书馆 1999 年版。

34. [俄] 弗·雅·普罗普:《故事形态学》,贾放译,中华书局 2006 年版。

35. [日] 矢岛文夫:《世界最古老的神话》,张朝柯译,东方出版社 2006 年版。

36. ［日］宫田登：《民俗学の方法》，吉川弘文馆 2007 年版。

论文

37. 宝力高：《关于〈阿兰豁阿五箭训子〉的故事》，《内蒙古大学学报》1984 年第 2 期。

38. 阿尔丁夫：《感天狼而生还是感光而生——〈蒙古秘史〉中阿阑豁阿感生神话传说新探之一》，《内蒙古大学报》1993 年第 2 期。

39. 那木吉乐、舍旺：《重读阿阑豁阿感生神话趣谈》，《内蒙古大学学报》1994 年第 2 期。

40. 布仁巴图：《〈蒙古秘史〉中隐喻"死亡"的两个词语》，《内蒙古大学学报》1995 年第 1 期。

41. 阿·朋斯克：《〈蒙古秘史〉中九的象征意义》，《内蒙古师范大学学报》（蒙文）2000 年第 3 期。

42. 巴雅尔：《关于孛儿帖赤那的三个问题》，《内蒙古师范大学学报》（蒙文）2001 年第 2 期。

43. 呼日勒沙：《〈蒙古秘史〉中的英雄诗史根源》，《内蒙古师范大学学报》（蒙文）2001 年第 3 期。

44. 慕·塞吉拉夫：《论〈蒙古秘史〉中的三数》，《内蒙古师范大学学报》（蒙文）2001 年第 3 期。

45. 德·达林泰：《〈蒙古秘史〉神话因素记载十则》，《内蒙古师范大学学报》（蒙文）2003 年第 4 期。

46. 纳·胡尔查毕力格：《〈蒙古秘史〉旁译"烧饭祭祀"纵横谈》，《内蒙古大学学报》2006 年第 1 期。

47. 马莉：《柯尔克孜族英雄史诗〈玛纳斯〉母题探析》，《伊犁师范学院学报》2007 年第 1 期。

48. 孟根娜布其：《论〈蒙古秘史〉的叙事视角》，《内蒙古师范大学学报》（蒙文）2008 年第 1 期。

49. 双金：《元代宫廷饮食文化探秘》，《西北民族研究》2011 年第 1 期。

50. 双金：《民俗学视野下的成吉思汗陵祭祀文化》，《内蒙古大学艺术学院学报》2011 年第 1 期。

（二）人类学、社会学

著作

51. 金泽：《宗教人学学导论》，宗教文化出版社 2001 年版。

52. 杨堃：《民族学调查方法》，中国社会科学出版社 1992 年版。

53. 王明珂：《游牧者的抉择》，广西师范大学出版社 2008 年版。

54. 夏建中：《文化人类学理论学派》，中国人民大学出版社 1997 年版。

55. 黄平、罗红光、许宝强：《社会学·人类学新词点》，吉林人民出版社 2003 年版。

56. 姚南强：《宗教社会学》，东华大学出版社 2004 年版。

57. 蒲慕州：《生活与文化》，中国大百科全书出版社 2005 年版。

58. ［美］克利福德·格尔兹：《文化的解释》，纳日碧戈译，上海人民出版社 1999 年版。

59. ［美］拉尔夫·林顿：《人格的文化背景》，于闽梅、陈学晶译，广西师范大学出版社 2007 年版。

60. ［美］欧文·戈夫曼：《日常生活中的自我呈现》，冯钢译，北京大学出版社 2008 年版。

61. ［美］本尼迪克特·安德森：《想象的共同体》，吴叡人译，上海人民出版社 2005 年版。

62. ［英］艾伦·巴纳德：《人类学历史与理论》，王建民、刘源、许丹译，华夏出版社 2006 年版。

63. ［英］阿雷恩·鲍尔德温、布莱恩·朗赫斯特、斯考特·麦克拉肯、迈尔斯·奥格伯恩、格瑞葛·斯密斯：《文化研究导论》，陶东风等译，高等教育出版社 2004 年版。

64. ［英］马林诺夫斯基：《巫术科学宗教与神话》，李安宅译，中国民间文艺出版社 1986 年版。

65. ［法］米歇尔·福柯：《知识考古学》，谢强、马月译，生活·

读书·新知三联书店 2003 年版。

66. ［法］米歇尔·福柯：《疯癫与文明》，刘北成、杨远婴译，生活·读书·新知三联书店 1999 年版。

67. ［法］米歇尔·福柯：《主体解释学》，佘碧平译，上海人民出版社 2005 年版。

68. ［奥］西格蒙德·弗洛伊德：《图腾与禁忌》，赵立玮译，上海人民出版社 2005 年版。

69. ［日］绫部恒雄：《文化人类学的十五种理论》，周星等译，贵州人民出版社 1988 年版。

70. ［美］C. 赖特·米尔斯：《社会学的想象力》，陈强、张永强译，生活·读书·新知三联书店 2001 年版。

71. ［美］西达·斯考切波：《历史社会学的视野与方法》，封积文等译，上海人民出版社 2007 年版。

72. ［英］德兰逊、恩靳·伊辛：《历史社会学手册》，李霞、李恭忠译，中国人民大学出版社 2009 年版。

73. ［加］大卫·切尔：《家庭生活的社会学》，彭铟旎译，中华书局 2005 年版。

74. ［法］皮埃尔·布迪厄、［美］华康德：《实践与反思：反思社会学导引》，李猛、李康译，中央编译出版社 1998 年版。

75. ［法］菲利普·柯尔库夫：《新社会学》，钱翰译，社会科学文献出版社 2000 年版。

（三）历史学、宗教学

著作

76. 杜正胜：《新史学之路》，三民书局股份有限公司 2004 年版。

77. 牟钟鉴：《宗教·文艺·民俗》，中国社会科学出版社 2005 年版。

78. 张志刚：《宗教研究指要》，北京大学出版社 2005 年版。

79. 何星亮：《中国图腾文化》，中国社会科学出版社 1992 年版。

80. 吕大吉：《宗教学通论新编》，中国社会科学出版社 1998 年版。

81. 马西沙：《中国民间宗教简史》，上海人民出版社 2005 年版。

82. ［美］林·亨特： 《新文化史》，江政宽译，麦田出版 2002 年版。

83. ［英］彼得·伯克：《知识社会史：从古腾堡到狄德罗》，贾士蘅译，麦田出版 2003 年版。

84. ［英］玛丽亚·露四娅·帕拉蕾丝 - 伯克：《新史学：自白与对话》，彭刚译，北京大学出版社 2006 年版。

85. ［英］彼得·伯克：法国史学革命：《年鉴学派》1929—1989，刘永华译，北京大学出版社 2006 年版。

86. ［德］傅海波、［英］崔瑞德：《剑桥中国辽西夏金元史》，史卫民等译，中国社会科学出版社 1998 年版。

87. ［德］卡尔·马克思：《马克思印度史编年稿》，张之毅译，人民出版社 1957 年版。

88. ［日］真田信治、涩谷胜己、陈内正敬、杉户清树：《社会语言学概论》，王素梅、彭国跃译，上海译文出版社 2002 年版。

论文

89. 巴雅尔：《关于〈蒙古秘史〉的作者和译者》，《内蒙古师范大学学报》1978 年第 1 期。

90. 洪煨莲：《〈蒙古秘史〉的版本流传》，张乃骏译，《蒙古学信息》1984 年第 1 期。

91. 武国骥：《试论〈蒙古秘史〉中的腾格里哲学范畴》，《内蒙古大学学报》1985 年第 3 期。

92. 宝力高：《中国〈蒙古秘史〉研究史略》，《内蒙古大学学报》1989 年第 3 期。

93. 甄金：《〈蒙古秘史〉编纂时序剖析》，《内蒙古师范大学学报》1989 年第 4 期。

94. 白·特木尔巴根：《明代著录〈元朝秘史〉考略》，《内蒙古师范大学学报》1990 年第 3 期。

95. 巴雅尔：《〈蒙古秘史〉原文考》，《内蒙古大学学报》1992 年第 1 期。

96. 布仁巴图：《〈蒙古秘史〉写毕地点之考》，《内蒙古大学学报》1994 年第 4 期。

97. 珠飒：《〈蒙古秘史〉萨满名称研究》，《内蒙古大学学报》2002 年第 3 期。

98. 罗依果：《蒙古秘史研究概述》，阿拉坦编译，《蒙古学研究年鉴》，2011 年。

附　录

成吉思汗陵祭祀文化调查报告

　　成吉思汗是一位叱咤风云的千年历史人物，他创建了蒙古民族的第一个大一统国家——大蒙古国。而今天，成吉思汗在他的后人，在广大的蒙古族民众心目中是神圣的先祖和共同的祖先。这个《蒙古秘史》当中的历史人物，现如今固化在了民间精神世界，被民众所祭奠。正如德国学者海西希所说，"历史上的成吉思汗被神化成了先祖的亡灵"。[①] 这个神灵就在我们身边，并且以全体蒙古人总神祇身份被人们祭奠，并且这个历史至今为止已经持续了近八百年时光。为了亲身体验先祖的祭祀历史文化，解开缠绕心中的诸多疑惑，我踏进了本次田野作业地——成吉思汗陵。

　　成吉思汗陵坐落在鄂尔多斯市伊金霍洛旗境内，距离首府呼和浩特市大约三百公里，无论坐火车还是班车四小时左右即可到达。本调查报告是在 2010 年 5 月 3 日至 5 日（5 月 4 日为农历三月二十一——春季大典日）的田野作业，以及 11 月 3 日至 5 日进行的补充调查以及重点人物深度访谈基础上整理而成。

　　成吉思汗，名帖木真，蒙古乞颜氏孛儿只斤人。1162 年诞生于斡难河畔的迭里温—孛勒答黑[②]草原上。他继承父业，统一了群雄相斗的蒙古各部，于 1206 年在斡难河源头，召集大会，立起九脚

---

　　①　［意］图齐、［德］海西希：《西藏和蒙古的宗教》，耿昇译，天津古籍出版社 1989 年版，第 433 页。

　　②　参见札奇斯钦《〈蒙古秘史〉新译并注释》，联经出版事业公司 1979 年版，第 56 页。

白旄纛，建立了大蒙古国。继而创建了横跨亚欧大陆版图的宏伟大业，1227年，在最后一次攻打西夏时，在西夏朵儿蔑该城（今甘肃清水县附近）逝世，享年六十六岁。

成吉思汗逝世后，按照蒙古可汗安葬之地严格保密的习俗，诸将奉柩归蒙古，护柩之士卒在此长途中遇人尽杀之。举行葬礼后，葬之于怯绿连、斡难、秃剌三水之源头，不儿罕合勒敦诸山之一山中①，在那里营造了万世的陵寝，成为全体民众的奉祀之神。而其真身，至今无人知晓。

蒙古人崇拜天地，崇拜大自然。人去世后，使遗体与大地、大自然融为一体。因此，对陵墓看得很淡，而非常重视对灵魂的祭祀。按照蒙古人传统习俗与观念，成吉思汗奉祀之神，就是成吉思汗的象征，比其他的葬身陵墓更为重要。所以，成吉思汗陵在蒙古人心目中仍然是祭祀成吉思汗神灵的宫殿，而不是陵墓。守护、祭祀成吉思汗陵的鄂尔多斯部及达尔扈特人，至今不称成吉思汗陵为"陵"，而将其尊称为"伊金霍洛"——"圣主的院落"或"八白神灵"。

成吉思汗陵园有着深厚的文化底蕴，是蒙古民族草原传统文化的瑰宝，是民族优秀文化的重要组成部分，守望成吉思汗陵的达尔扈特人，世世代代默默奉献，完整地保留下了传统的祭祀文化。采访中，正如成吉思汗陵旅游区管委会那主任所说：祭祀、陵寝、达尔扈特三足鼎立，架起了完整的成吉思汗祭祀文化体系②。

一 神圣与世俗——祭祀历史与文化

成吉思汗逝世后，成吉思汗季子拖雷，将成吉思汗遗体运往故乡的途中，在木纳呼格布尔（阴山以南的鄂尔多斯）建立了白色宫

---

① 参见［瑞典］多桑《多桑蒙古史》，冯承钧译，上海书店出版社2006年版，第141页。

② 访谈对象：那楚格，男，蒙古族，现年55岁。现任成吉思汗陵旅游区管理委员会副主任，成吉思汗研究院院长，曾主持或与他人合作编写过《成吉思汗金册》《千年风云人物成吉思汗》《成吉思汗祭祀文化》等。访谈人：双金，访谈时间：2010年11月5日，访谈地点：成吉思汗陵管委会办公室。

帐，安放成吉思汗一些遗物，进行供奉。将大汗遗体运回漠北密葬后拖雷派以乌达吉千户长所属兀良合部千人守护成吉思汗墓所在地也客霍日克（大禁地）。在鄂尔多斯和漠北建立的成吉思汗白宫，成为大蒙哥国的"奉祀之神"，"全体民众的总神祇"①。

成吉思汗三子窝阔台汗即位之后，在都城哈剌和林建立成吉思汗祭祀宫帐，由守护成吉思汗斡尔多的卫士负责守护和祭祀。贵由可汗、蒙哥可汗执政期间，亦继承了前辈所建立的祭祀传统。

元朝时期，忽必烈在大都建立八室的同时，在上都也建立了成吉思汗祭祀宫殿。每年他都带黄金家族成员到上都，参加蒙古传统祭祀活动。《元史》卷77《祭祀志》6②记载着太庙八室四季祭祀的制度属忽必烈钦定，很多的研究者依据上述历史文献，认为现在的鄂尔多斯成吉思汗陵八白宫设置和主要的四季祭祀礼俗均受到了元世祖忽必烈的影响。这里需要澄清一点，忽必烈所设八室与鄂尔多斯成吉思汗陵八白宫的神灵设置唯有始祖成吉思汗相同，其他均不同，为什么出现不同陵寝设置的情况，其缘由至今没有人能说清楚。再者，四季祭祀制度的祭祀内容和祭祀时间与现在的成陵祭祀是否一致也有待考证。

在北元时期，因政局不稳，几代蒙古可汗征战南北，成吉思汗八白宫随之迁移多处。1510年，巴图蒙克大延汗统一分散的蒙古各部，将全体蒙古划分六个万户，并将分散的成吉思汗八白宫集中在鄂尔多斯万户，重新规范了祭祀制度。1520年以后，博地阿拉克可汗时期，将八白宫由右翼鄂尔多斯万户和左翼察哈尔万户分两部分供奉。1627年林丹汗去青海途中，在鄂尔多斯留下了"全体民众总神祇"组成部分，在察哈尔万户供奉的额希哈屯白宫，大蒙古国的查干苏勒德（九斿白旗），阿拉格苏勒德（花纛）等祭祀圣物及守护，祭祀这些圣物的部分察哈尔部民众。从此，成吉思汗八白宫

---

① 旺楚格编著：《成吉思汗陵》，内蒙古人民出版社2003年版，第16页。
② 参见（明）宋濂等《元史》卷77《祭祀志》6，中华书局1976年版，第1923页。

及旗徽等奉祀之神，全部集中在鄂尔多斯①。

谈起成吉思汗陵祭祀仪式所承载的文化内涵，成吉思汗陵旅游区管委会那楚格主任真是滔滔不绝，有条有理，令人钦佩。充分展现出了作为一名学者型地方官员的内在文化修养。他说：成吉思汗祭祀是成吉思汗去世之后，他的内臣要员们，当然那时候也没有达尔扈特这一称呼，都是些宫廷守卫组成的人员开始了保护陵宫和祭祀陵宫的活动。当时的祭祀活动是按照萨满教方式进行，主要有祭祀先祖和祭火等，基本是蒙古族古老的祭祀仪式。那么到了斡阔歹汗时期祭祀基本达到系统化，什么时间该做什么样的仪式等。达尔扈特的出现是在忽必烈斯钦汗时期，忽必烈斯钦汗时期将四时大典用法律的形式规范下来②。

接着说：四时大典也不是忽必烈斯钦汗空想出来的，每个祭祀活动都有它的历史积淀。过去，不叫四时大典，叫四时宴会。宴会是什么意思很清楚，是聚会，是娱乐。所以说将聚会日指定为祭祀日的时候祭祀与聚会二者结合在一起。近些年来我们通过翻阅资料和学习琢磨发现，四时祭奠都有其明确的法律和经济生产活动目的。如三月二十一（下均为农历时间）查干苏鲁克祭祀，为什么将这一天指定为祭祀日呢？原因是在过去，蒙古草原进入春季，马驹、牛犊、羊羔等开始吃上新鲜的青草，同时牧民也会吃上鲜奶。这个过程跟生产活动紧密相关，祭祀活动本身跟经济、政治、法律和宗教信仰相关，并不仅仅是简单的祭祀仪式，也不能简简单单地理解为只是一种祭祀仪式。说起来我们这个祭祀包含着多种礼仪、习俗的内容。从经济方面来说，对蒙古人来讲挤奶生产是很重要的经济生产活动之一，那什么时间开始挤奶呢，即三月二十一开始，因此这个祭祀也称作"厄苏格祭祀""撒出拉嘎祭祀"或者"查干

---

① 参见旺楚格编著：《成吉思汗陵》，内蒙古人民出版社 2003 年版，第 37 页。

② 访谈对象：那楚格，男，蒙古族，现年 55 岁。现任成吉思汗陵旅游区管理委员会副主任，成吉思汗研究院院长。访谈人：双金，访谈时间：2010 年 11 月 5 日，访谈地点：成吉思汗陵管委会办公室。

苏鲁克祭祀"。蒙古人是个游牧民族，他们认为牛马等五畜是上天赐予的，也可以说是天、地、人结合的思想。三月二十一开始挤奶，那么将这个新年以来的第一次挤出的鲜奶祭洒予上天，表达对上天的感恩，感谢上天赐予丰富多样的东西。

夏季祭祀。夏季淖尔祭祀是五月十五，这个时候是草原奶食产品达到顶点的时节，因此叫淖尔祭祀。意思是牲畜奶子像湖泊一样溢满草原。这个时候，包括成吉思汗在世的时候也是，主要为了奖赏他的文武大臣们的功绩，钦点每位功臣的事迹，该给予什么样的奖励等，都在这一天进行宣布。奖赏过后就要举行盛大的宴会，用湖泊一样多的鲜奶举行祭洒仪式，先进行取悦天地的仪式，然后是大家共同享用美食美酒，举办盛大的那达慕大会。

秋季斯日格祭祀是九月十二日。九月说明天气逐渐变冷，这个时候你要是还将放任马驹和牛犊任由吸食母乳，母畜无法积累足够的脂肪，那么如果遇到冬季白灾母畜将无法过冬。因此叫斯日格祭祀。斯日格是防止幼畜吸食母乳的一种器具，绑在幼畜嘴部带尖刺的东西。这一天，马驹子拴在绳子上，进行祭洒仪式，之后就不允许马驹等幼畜再行吸食母畜。这里就涉及一个法律的问题，即从当天起谁也不许解开幼畜嘴上的斯日格，违者将受到法律的制裁。因此，这一天的斯日格祭祀仪式也可以说是一种法律的宣布日，祭祀仪式让全体民众知道一个生产季节的更替，而且带有强制性意义。比如说，当时的成吉思汗时代有皇家牧群，有大量的马倌、牛倌等人员为其服务，怎样管理这些人？如何使这么多的人步调一致地禁奶？就是要通过这种祭祀仪式的举行来宣示。如果这一天之后还要挤奶，使得牲畜瘦弱而无法过冬，那么将会追究你的法律责任。所以说祭祀仪式在当时起着一种法律颁行的功用，形式上是大型宴会或聚会①。

---

① 访谈对象：那楚格，男，蒙古族，现年55岁。现任成吉思汗陵旅游区管理委员会副主任，成吉思汗研究院院长。访谈人：双金，访谈时间：2010年11月5日，访谈地点：成吉思汗陵管委会办公室。

谈完四时大典与当时的政治、经济、宗教信仰之间的关系，那楚格主任还说，当时的八白宫承担着多个角色任务。如黄金家族权力更迭的时候，继任者一定要来到八白宫进行祭祀仪式，宣告自己是谁谁的后代，第几代人，将要继承什么样的职位等均一一禀报，形成某种政治宣誓仪式。

四时大典由忽必烈斯钦汗制定实施，举行什么样的仪式，怎样进行祭祀活动等，同时也制定了达尔扈特的职责权限。如八个雅木特德：太师雅木特德、太保雅木特德、彻尔彼雅木特德、哈斯嘎雅木特德、洪晋雅木特德、宰相雅木特德、图利雅木特德、呼和雅木特德等，各有各的职责任务，这些职责任务和祭祀礼节等汇编成册，当时形成了一个祭祀《金册》。不管延续几代人、时间过去多久，祭祀传统将一如既往地传承下去，不得改变①。从上述访谈中可以看出，四时祭奠各司其职，分别承担着经济、政治、文化、信仰等世俗的功能，有时这些世俗的社会功能又相互纠结，使得祭祀活动几百年来完整地保存了下来。我们不得不承认信仰的强大，与此同时也不得不敬仰前人伟大的文化创造力。

成吉思汗祭祀从13世纪以来鄂尔多斯部及达尔扈特人世世代代相传，使成吉思汗祭奠从未中断。元朝至顺元年（1330年）所著《十善福白史册》中记载的"成吉思汗系母马九十九匹，祭洒鲜奶"②的仪式及苏勒德威猛祭等祭祀内容和形式一直保留至今。

成吉思汗祭奠一年举行多次。祭祀活动分为日祭、月祭、祝福祭、公羔祭、台吉祭、香火祭、奉祭等。忽必烈钦定的成吉思汗四

①　访谈对象：那楚格，男，蒙古族，现年55岁。现任成吉思汗陵旅游区管理委员会副主任，成吉思汗研究院院长。访谈人：双金，访谈时间：2010年11月5日，访谈地点：成吉思汗陵管委会办公室。

②　（元）《十善福白史册》（蒙文），留金锁整理注释，内蒙古人民出版社1981年版，第87页。

时大典，更为隆重。四时大典包括农历三月二十一春季查干苏鲁克大典；五月十五夏季淖尔大典；九月十二秋季斯日格大典；十月初三冬季达斯玛大典。

成吉思汗哈日苏勒德祭奠，与春季查干苏鲁克祭奠几乎同时举行。其中有日祭、小祭（月祭）、大祭（年祭）、龙年威猛大祭等。除此之外，在鄂尔多斯的查干苏勒德、阿拉格苏勒德以及其他所供奉的圣物，都有各自的祭祀规程。

下面一段访谈内容，对于了解民国时期以来的成吉思汗陵祭祀历史很有帮助。也是我进行本次深度访谈的个人化的一个问题。记得 2002 年三月二十一春季大典，那时我还在读硕士研究生，也是第一次来成吉思汗陵进行田野调查。我们一行四位研究生同学从旗政府所在地阿勒腾席热镇出发，搭乘早晨第一班班车赶往成吉思汗陵，车上我问旁边一位带着小孩的年轻父亲关于上午祭祀活动的情况，当时他说了一句话深深刺痛了我。他说："你是东部区的吧"，之后就不太愿意搭理我了。这件事情至今困扰着我，他为什么会产生排斥呢？我心中的答案即是"当地年轻一代人认为成吉思汗祭祀是鄂尔多斯人的"。这也坚定了我的决心，我要写点什么，让人们知道成吉思汗陵祭祀在历史上的原貌，消除因历史原因造成的种种误解。

围绕着这一心结我就问：我本人出生在东部的科尔沁左翼中旗，小时候没有听说过鄂尔多斯这边有成吉思汗陵祭祀这回事。最近我看了些文献，说成吉思汗陵园对外开放是 1985 年之后的事情。那么我可不可以理解为成吉思汗陵祭祀仪式过去是个封闭的，内部的祭祀，也就是鄂尔多斯人的，更小了说只是达尔扈特人的祭祀呢？

那楚格主任做了这样的回答，他说：不是的，这个过程说来比较复杂。实际上成吉思汗陵祭祀神不仅仅是鄂尔多斯的神灵，而是全体蒙古人的总神祇。七十多年前祭祀的时候，全蒙古各盟旗都派人来拜谒和祭祀。不仅这样，还有蒙古国、俄罗斯联邦布里亚特、卡尔梅克、图瓦等国的人也都来拜祭。那为什么说间隔了七十年呢？这个呀是因为1939年的事情。

　　1939年出现了一个变化，日本人侵入了内蒙古中东部地区。当时的日本提出"如果想占领中国，首先要占领蒙古和满族。而想占领蒙古人，首先要占有成吉思汗陵"，现在的乌兰浩特市成吉思汗庙①也是日本人创建的。当时，日本派出特务乌吉达悄悄来到鄂尔多斯，会见了当时的伊克昭盟盟长扎萨克旗旗长沙克都尔扎布，会见的主要目的是要将成吉思汗陵东迁至日本人占领的归绥。沙克都尔扎布时任国民政府委员，与蒋介石私人关系也很好，他迅速向国民政府通报了日本人的意图。在国民政府的积极策划下，1939年成吉思汗陵正式西迁。据翻阅前人回忆录得知，最初西迁的目的地是青海的果洛，后来在迁徙途中改变了线路，到达了兰州附近的兴隆山，在那里一待就是十年，西迁过程中达尔扈特人始终伴随在陵寝前后。

　　成吉思汗陵西迁之后，这里的祭祀活动就无法再有从前的规模了，其他地区的蒙古人来祭拜的也逐渐少了。

　　1949年，西部青海等地逐步得到解放。当时的西北军阀马宏逵怕成吉思汗陵寝落入共产党之手而转移到了青海的塔尔寺。

　　1954年，内蒙古政府成立了成吉思汗陵迎灵代表团，同年4月7日将陵寝接回到了大伊金霍洛。当时的迎灵代表团成员三十六人目前健在的只有两位了，一位是代表团团长克力更先生，另一位是随团记者内蒙古日报社的斯钦先生，二位老人现在都已经年过九十高龄。

　　1954年接回陵寝并逐渐恢复了祭祀，不过没多久1966年"文化大革命"又开始了，当时的雅木特德成员都是受害者，受到了严重的迫害。祭祀活动也完全停止，一直到1984年，又开始恢复了

---

　　①　笔者注：该庙始建于1940年，1944年完工投入使用。笔者于2010年7月27日曾到访过此庙。

祭祀活动，持续了二十多年达到了现在的规模。

自 1939 年到 2010 年，已经过去七十年时间。在这七十年当中，祭祀活动基本失去了与其他众蒙古部族之间的联系，所以你刚才提到的不知道成陵祭祀也是情有可原。其实就连当地出生长大的中青年一代人都不知道具体情况了，认为成吉思汗陵只受鄂尔多斯人祭拜，其实不然，他应该是全体蒙古人的神灵[①]。

那主任的一席话讲得非常清楚，他将 20 世纪动荡年代的成吉思汗陵遭遇简明扼要地讲了出来，也很好地回答了我的问题。

二　神秘的陵寝——八白宫

成吉思汗陵，被人们称为"成吉思汗八自宫""八白神灵"和"成吉思汗陵"，不同的历史阶段有着不同的称谓。它是从 13 世纪蒙古汗国及元朝以来，历代蒙古民族公认的正式祭祀成吉思汗的神圣地方，也是世界各国、各族人民祭祀、拜谒世界伟人成吉思汗的神圣地方。

成吉思汗时期信仰萨满教的蒙古人相信人人有灵魂，人去世之后，灵魂永存。成吉思汗去世时，他身边的人们取下一把骆驼额头上的绒毛，吸取成吉思汗最后一口气，留下他的灵魂，放进银质灵柩，存放在白色斡尔朵，进行供奉——老雅木特德查戈德尔老人如是讲到[②]。这就是成吉思汗陵寝的前身。

最初的时候并不叫成吉思汗陵，清初期，对成吉思汗奉祀之神的称呼，开始出现"成吉思汗陵墓"之类的称呼，受此影响，成吉思汗祭祀宫帐便称为"成吉思汗陵"[③]。

---

① 访谈对象：那楚格，男，蒙古族，现年 55 岁。现任成吉思汗陵旅游区管理委员会副主任，成吉思汗研究院院长。访谈人：双金，访谈时间：2010 年 11 月 5 日，访谈地点：成吉思汗陵管委会办公室。

② 访谈对象：查戈德尔，男，72 岁。达尔扈特人，曾任太师雅木特德。访谈人：双金，访谈时间：2010 年 11 月 5 日，访谈地点：伊金霍洛镇成吉思汗陵旅游区管委会院内。

③ 旺楚格编著：《成吉思汗陵》，内蒙古人民出版社 2003 年版，第 17 页。

成吉思汗白宫始建于现在的鄂尔多斯和蒙古国斡难河畔两处。而据史料记载和学者研究认为，成吉思汗祭祀白宫曾经还有两处祭祀圣地。一处是《元史》中所记载元大都太庙。至元三年（1266年）秋九月，世祖忽必烈采纳了丞相伯颜、安童的意见，在元大都建立太庙，始作八室神主[1]，元大都即现在的北京城。另一处是在进行调查访谈的时候听成陵旅游区管委会那主任讲到的，他说：当时的蒙古努图格土地辽阔，成吉思汗祭祀仪式在不同的三个"吉格"（笔者注：吉格是蒙古语，指地点、地方）上轮换举行。现在的鄂尔多斯祭祀地是属于下吉格，中吉格在现在的锡林郭勒苏尼特旗努图格上，上吉格在现今的蒙古国哈拉和林一代。那时的祭祀活动是这样举办的，下吉格三年——中吉格三年——上吉格三年，上吉格三年的祭祀结束之后再到下吉格来举行祭祀，如此循环进行下去。再到后来的时候，随着蒙古势力的下滑和分散，不再进行轮换祭祀了……[2]也就是说，过去还有两个祭祀圣地——元大都和苏尼特努图格。关于前三处祭祀圣地，文献史料当中有文字可查，而有关苏尼特努图格上的祭祀活动则鲜有记录。

我们知道，鄂尔多斯是因为斡耳朵（注：宫殿）多，所以才被称作这个名称。据记载鄂尔多斯地区原先有二十九个斡耳朵。其中包括成吉思汗八白宫斡耳朵在内，跟它相关的斡耳朵有六个，如哈撒尔斡耳朵、别勒古台斡耳朵、拖雷斡耳朵、额希哈屯斡耳朵、窝阔台的苏勒德斡耳朵、诃额仑哈屯斡耳朵等。除此以外，还有苏勒德（注：战旗）斡耳朵十个，如有哈日苏勒德、查干苏勒德、阿拉格苏勒德等，加上洪声乌兰布日耶[3]（笔者注：军用长号角）……

1956年成陵建成的时候，依照乌兰夫主席的指示将上述这些散

---

①　参见（明）宋濂等《元史》卷74《祭祀志》3，中华书局1976年版，第1832页。

②　访谈对象：那楚格，男，蒙古族，现年55岁。现任成吉思汗陵旅游区管理委员会副主任，成吉思汗研究院院长。访谈人：双金，访谈时间：2010年11月5日，访谈地点：成吉思汗陵管委会办公室。

③　参见旺楚格编著《成吉思汗陵》，内蒙古人民出版社2003年版，第56—66页。

落各旗县的斡耳朵聚集在成吉思汗新陵①。所以说成陵祭祀神除八白宫神灵之外还有其他诸多的神灵在接受祭拜。

成吉思汗陵八白宫是指：成吉思汗与孛儿帖白宫；忽兰哈屯白宫；准格尔伊金白宫；弓箭白宫；宝日温都尔白宫（圣奶桶）；吉劳白宫（鞍辔）；溜圆白骏白宫；商更斡尔阁白宫（珍藏白宫）。那么八白宫中祭祀的诸神、神物是怎么形成为今日的情况？它有什么历史文化依据或者说法？对此，成陵管委会副主任兼成吉思汗研究院院长那楚格先生给予了答复，他说：过去呀，八白宫中祭祀的诸神是很神秘的东西，一般老百姓根本不知道是什么。很多人只能看到白色的毡房而已，加上油然而生的敬畏感，不得讨论，不能细看。蒙古人作为游牧民族，信仰萨满教，他们认为世间万物来自自然而回归自然，相信"灵魂永存"的理念。人体以水、火、木、金、土五行组成，人死将其埋入大地，他将随着时间的流逝自然分解，重新融入大自然之中。

那楚格先生认为蒙古人灵魂有四种存在方式。第一种，将灵魂附在画像或翁根（笔者注：翁根是指偶像或神灵的蒙古语，这里指毡子做的偶像）之中。第二种，将灵魂请入敖包或苏勒德（笔者注：指旗帜）里。第三种方式，用白骆驼额头上的毛或白羊毛吸收逝者的最后一口气，将其放入盒中保存，称之为翁根（笔者注：指神灵）。这种方式在鄂尔多斯延续到20世纪70年代都有。第四种方式，脐带。将出生孩子的脐带留存，将其装入小布袋里挂在孩子腋下，说脐带是灵魂的居所。

成吉思汗陵寝里保存的正是白驼毛和脐带，"文化大革命"期间有人打开看过，据说还有骨灰一样的东西，到底是不是成吉思汗的骨灰这就不好说啦。所以说成吉思汗陵寝实质上是精神灵魂，是思想上的东西，千百年来以传统习俗的形式流传了下来。其他祭祀物也都可以这样理解，比如陵寝里祭祀的成吉思汗用过

---

① 参见旺楚格编著《成吉思汗陵》，内蒙古人民出版社2003年版，第86页。

的马鞍、吉劳、弓箭等，我们不必去探求他的肉体陵寝。陵寝当中的神物、神器既有成吉思汗的灵魂附着物，也有成吉思汗使用过的遗物①。

现在的成吉思汗陵于 1954 年建成。之前的八白宫是分散的，那么 1954 年之后八白宫聚集到了成吉思汗陵，没有了从前的陵宫聚集仪式过程，这对于古老的祭祀仪式是否有某些方面的改变呢？带着疑问我采访了那楚格主任，那主任说：没有。是这样的，一百来年前八白宫分散在几个地方，只有在祭祀的时候才聚集在一起。现在的陵地这地方原来供奉有成吉思汗白宫、胡日萨德格（弓箭）白宫和商更斡尔阁白宫。商更斡尔阁白宫是成吉思汗宫帐的珍藏室，一直没离开过成吉思汗白宫，就立在成吉思汗灵帐旁边。

忽兰哈屯白宫供奉地离这里十五里地左右偏西南方向的地方叫黄陶勒盖，人们所说的小伊金霍洛。

宝日温都尔（圣奶桶）白宫、溜圆白骏神马白宫、准格尔伊金白宫原先在准格尔旗境内。我们现在所说的准格尔旗跟古时候不一样，面积小了很多。溜圆白骏供奉的地方是现今的凉城县至包头萨拉齐二百里草场，这一片地区是溜圆白骏的放牧地。这个记录在档案上有记载，中华人民共和国成立后由内蒙古自治区政府发工资的记载，每月有四十五元工资。这个工资证明前些年当地的一个老太太给过我，但现在找不见了，应该还在书架或档案盒里，因为搬家忘了放置地点了。

吉劳（鞍辔）白宫原来是在康巴什，分上吉劳和下吉劳分别供奉。关于准格尔伊金，过去达尔扈特说并不知道具体神灵是何物，祖祖辈辈只说是准格尔伊金。祭祀活动前准格尔伊金白宫来到陵地附近，祭祀活动结束后又回到原来的安放地准格尔旗。那么通过我们查阅历史文献得知，所谓的准格尔伊金应该是指成吉思汗的两位夫人也遂和也速干才对。但是对此有些老一辈的达尔扈特并不赞同，说准格尔伊金应该是指古日别勒津高娃哈屯的白宫。但还没有具体的依据，只是在《成吉思汗小祭文》最后一段中提到："沿着木纳罕山阴行进/统帅您的蒙古国/征服了唐古特国/处决了希都尔古国王/纳古日别勒津高娃为妃的/成吉思汗"① 这么一句，但据我看来并不能说明什么②。

因此说呀，八白宫在伊金霍洛祭祀已经有近八百年的历史了，清乾隆时期以来的成陵以及祭祀仪式有档案为证（笔者注：那楚格先生为证明这一说法，还特意从书柜里找出蒙文版《成吉思汗八白宫》一书，给我看相关内容的记载）。可以说自有档案记载以来祭祀基本保持了它的传统性特征。当然，至于在清乾隆时期之前有无变化还有待进一步查证。

三　八百年的忠诚——达尔扈特人

守望成吉思汗陵的鄂尔多斯达尔扈特人，他们不仅完整地保留了蒙古民族传统历史文化，而且为继承和发扬 13 世纪以来形成的成吉思汗祭祀文化作出了特殊贡献。成吉思汗祭祀内容包括系统完善的祭祀仪式之外，还包括诸多的祝词、颂词、祭文、祭歌，其内容与形式涵盖了蒙古民族历史、文化、信仰、风俗、语言、文字等各个方面，塑造了以祭祀文化、游牧文化和民俗文化为主要特征的鄂尔多斯民俗传统文化。很难想象，如果没有忠实的达尔扈特人，怎么能保存下如此殷实的文化遗产，为他的后人们所享有。

达尔扈特人经历八百年的历史沧桑，忠实地履行了祖上交付的

---

① 采访中那楚格主任顺嘴就读出了"纳古日别勒津高娃为妃的"这一句祭文，前后祭文由笔者查阅了旺楚格编著《成吉思汗陵》第 287 页内容补充。

② 访谈对象：那楚格，男，蒙古族，现年 55 岁。现任成吉思汗陵旅游区管理委员会副主任，成吉思汗研究院院长。访谈人：双金，访谈时间：2010 年 11 月 5 日，访谈地点：成吉思汗陵管委会办公室。

守护和祭祀成吉思汗陵寝的光荣使命。达尔扈特，是"达尔汗"的复数形式，意为"神圣"或者"担负神圣使命者"的意思。起初守护成吉思汗陵的不叫达尔扈特，而是受拖雷委派的兀良哈部落一千人，享受免军役的待遇①。到了元朝忽必烈时期，才正式启用达尔扈特这一名称，之前称这一部分人为"守护鄂尔多的人们"②。现在居住在鄂尔多斯成吉思汗陵周围的达尔扈特人，是 1696 年（清康熙三十五年），为了加强八白室的守护，祭祀任务，经内外蒙古盟旗扎萨克协商，由清朝重新分封的五百户达尔扈特人的后裔，他们集中居住在八白室周围，免除差役、税赋，建立了达尔扈特部落，完善了达尔扈特内部管理体制③。

据成吉思汗陵旅游区管委会祭祀文化办公室斯琴毕力格介绍，达尔扈特人目前在鄂尔多斯大概有五千人口，伊金霍洛旗有一千多人。过去都说五百达尔扈特，这是当时的忽必烈斯钦可汗制定的祭祀建制，但是后来不断增减，变化也不小。最近的统计显示将近有两千多户，五千左右的人口。另据统计，达尔扈特人总共由八十一个种姓的人组成，有的甚至有朝鲜族人和突厥人④。

达尔扈特人有两样基本的职责，也就是保护成吉思汗陵寝和祭祀成吉思汗的任务。保护职责是指达尔扈特人保护陵寝不受侵犯，防止有人偷盗陵寝内的祭祀神器。再者是祭祀职责，达尔扈特人在祭祀的时候有参与的职责，同时还承担搬运分散在各地的八白宫的任务。主持祭祀仪式的是由达尔扈特人内部选拔而来的雅木特德组织来完成。

雅木特德属于达尔扈特人里面的高层，是贵族阶层。雅木特德组织成员有权享受特别待遇，按现在的情况来说，他们就是成陵管

---

① 参见［瑞典］多桑：《多桑蒙古史》上册，冯承钧译，上海书店出版社 2006 年版，第141 页。

② 旺楚格编著：《成吉思汗陵》，内蒙古人民出版社 2003 年版，第 173 页。

③ 同上书，第 17 页。

④ 访谈对象：斯琴毕力格，男，蒙古族，现年 30 岁。成吉思汗陵祭祀文化办公室工作人员。访谈人：双金，访谈时间：2010 年 11 月 4 日，访谈地点：成吉思汗陵管委会办公室。

委会的工作人员，每个月都有相应的工资待遇。雅木特德组织的人员继承关系，简单说就是世袭，父传子，子承父业的形式来一代代传承下去。在过去，一个太师如果年长而不能胜任职务的时候，他要指定某个儿子接替。然后他领着接班的这个儿子到济农（笔者注：伊克昭盟盟长兼任济农职务）处禀报，通过济农批准登记之后才可以正式履行太师职责。

那楚格主任说，现在这个叫济农的组织机构已经不复存在，审批雅木特德的职责由成陵管委会来执行。这个过程既有继承者本人的申请，那么根据申请由管委会讨论之后再行任命①。雅木特德组织机构中的人员继承关系的变化，反映了时代特色，也体现了历史发展的踪迹。

四　春季大典——查干苏鲁克祭奠

查干苏鲁克是蒙古语，意为"洁白的畜群"。据那楚格先生讲，春季查干苏鲁克祭奠有两种传说在民间流传。一是成吉思汗五十大寿之时，忽染贵恙，两个月后方愈，遂谓从此了结81天的凶兆，便在三月二十一这天，拉起万群牧畜的链绳，用九十九匹白骒马之乳，向九十九天祭酒，并将"溜圆白骏"涂抹成圣，谓之大帝的神马。另一传说讲，大汗五十大寿那年遇罕见的荒年旱月，认为春三月主凶，是个凶月，便用九十九匹白母马之乳，向苍天祭酒，逢凶化吉，并将一匹白马用白缎披挂使之成圣，作为洁白畜群的象征加以供奉。每年举行一次这样的仪式，称之为"查干苏鲁克"祭奠。祈求苍天保佑人畜兴旺，大地平安②。

蒙古史学家札奇斯钦先生另有一种说法。他在《蒙古文化与社

---

① 访谈对象：那楚格，男，蒙古族，现年55岁。现任成吉思汗陵旅游区管理委员会副主任，成吉思汗研究院院长。访谈人：双金，访谈时间：2010年11月5日，访谈地点：成吉思汗陵管委会办公室。

② 访谈对象：那楚格，男，蒙古族，现年55岁。现任成吉思汗陵旅游区管理委员会副主任，成吉思汗研究院院长。访谈人：双金，访谈时间：2010年5月3日，访谈地点：成吉思汗陵管委会办公室。

会》一书中写道："三月二十一是蒙古的一个大节日。这是成吉思可汗的大祭日。相传这是成吉思可汗遭受突袭后，重整旗鼓，反败为胜，从此就一直赢得了胜利的日子。"[1] 札奇斯钦先生以《蒙古秘史》中的记载为依据，推论出《秘史》第168节所记克烈亦惕部桑昆嫉恨成吉思可汗势力日大，假设许亲宴，图谋暗杀成吉思汗。而当成吉思汗听从蒙力克老人劝阻，以春天马瘦为由中途返回之后，桑昆举兵攻击，使得可汗吃了败仗。经过此次经历，重整之后的成吉思汗所向披靡，为此这一天被蒙古人永久纪念。

民间流传的成吉思汗五十大寿时的身染重病和荒年旱月之灾，或蒙古史学家的历史推论，二者在某些方面还是较为接近的。例如，都说成吉思汗遇到了某种灾难或危险境地，而当灾难过后为了纪念这一天而有了该祭祀日。

春季祭祀大典于每年的农历三月二十日至二十四日举行，其中二十一日为主祭日。此时蒙古各地民众及鄂尔多斯各旗的人们都会集在伊金霍洛成吉思汗陵。近年来的春季大典日成吉思汗陵都会聚集几万人，届时大车小车停满陵前广场，来自国内外的朝拜者手拿着黄油、酒和哈达等祭祀物品潮水般地涌入成吉思汗陵园大殿。陵园工作人员为安全有序着想，引导祭拜者首先从大殿西门进入，依次由西殿大厅到中殿大厅，再到东殿大厅进行朝拜和祈福，最后从东殿走出去。

大典祭祀活动主要包括：嘎日利祭、祭天仪式、金殿大祭、招福仪式等。祭祀大典不仅是祭祀活动场地，也是来自国内外游人观光交流的场所。下面将依照春季大典的具体祭祀仪式进程逐一介绍，由于朝拜者人数多而且拥挤异常，许多祭祀仪式没能很好地记录，这里提供一个简略的现场描述，仅供初步了解祭祀规程之用。

嘎日利祭：三月二十日晚举行。过去是由成吉思汗黄金家族后代为祖先进行的烧饭祭礼叫嘎日利祭。现在这个嘎日利祭由太师贺

---

[1] 札奇斯钦：《蒙古文化与社会》，台湾商务印书馆1987年版，第111页。

希格的祝颂者主持，首先献哈达、神灯、香、酸奶和圣酒各三巡，然后祭酒鲜奶，锁闭圣主宫帐之门，绕宫三九二十七圈后开宫门进入殿内献神灯、献香、点燃火炬之后去嘎日利之地，祭祀的人们用火炬将三堆嘎日利之火点燃，在火中焚烧九个哈图全羊（注：风干全羊），献九尊圣酒，由祝颂者诵读"嘎日利金册"，呼唤黄金家族过去的可汗、先祖的名号，向火堆祭洒食物九次并进行膜拜礼。主持者将一条羊的左前腿与羊尾、肚子、肥肠等放入奶桶，绕嘎日利香火转三圈，唱着嘎日利之歌返回金殿，最后是举行嘎日利招福仪式。这时参加祭祀仪式的人们口中默默祈祷，祈求祖先降福于后人，降福于自己。

祭天仪式：三月二十一日大典日举行。这个仪式从成吉思汗时代一直传承至今，用 99 匹白骒马乳汁洒祭长生天的古老仪式。举行仪式的时候，雅木特德和参加祭祀的人们来到系马的"吉勒"（练绳）旁向"宝日温都尔"（圣奶桶）献上一只全羊，献一尊圣酒，并将 99 白骒马挤出的 300 斤鲜马奶斟满宝日温都尔。在离"宝日温都尔"27 步的地方竖立起阿拉坦嘎达斯（金马桩），在阿拉坦嘎达斯西北 81 步的地方竖起 81 个象征着"天座"和"天马桩"的"札勒玛"（将一尺长的枳芨棍儿分成 9 节，用白绵羊毛蓬蓬地缠起来，插在地上）。祭天仪式开始，扮演过去济农角色的祭司手持专门祭酒马奶的器皿——楚楚格，从宝日温都尔中将鲜奶三舀三祭，为祭酒跑场揭幕。之后由各旗派来的代表继续祭酒，称为跑场。一只楚楚格后有三个人跟着跑，绕宝日温都尔、阿拉坦嘎达斯、留圆白骏和插着"札勒玛"的地方跑。在祭洒仪式进行的同时，祝颂者们吟诵《九十九匹白马之乳祭洒祝词》，场面非常隆重，让人不由得产生敬畏之情。

金殿大祭：三月二十一日大典日举行。金殿大祭是在祭天仪式开始之后紧随其后而举行。在过去，金殿是搭建在祭祀营地上的，用金黄色的绸缎做外套的成吉思汗宫帐，而现在的金殿摆放位置发生了变化，进驻到了陵宫中殿。雅木特德揭开祭祀鲜奶的序幕之后，便来到成吉思汗金殿（中殿）中，举行金殿大祭仪式。首先在金殿前宰杀牲羊，雅木特德带头献哈达、献神灯、献全羊时，祝颂者吟诵《哈达祝祷词》《神灯祝祷词》《全羊祝祷词》。然后，雅木特德走到金殿门前举行"芒赖拉呼"（为"领先""带领"之意）仪式。

由芒赖雅木特德将放在祭祀桌上的两瓶圣酒倒入朝尔古特（酒壶），再由朝尔古特倒入查古（双杯托盘）里，雅木特德双手捧着查古，返回金殿。这时两位雅木特德站在门的两旁，一个拉马头琴，一个敲查尔盖（马头琴响板），唱 12 首"查尔给之歌"。扮演济农角色的雅木特德将圣酒捧到圣主灵柩前的时候，芒赖雅木特德接过去再回酒。这样重复 3 次，献圣酒 6 次。唱完 12 首歌时，献酒要献够九次。

招福仪式：三月二十一日晚上举行。在成吉思汗金殿中举行珠太渗酒、抹画呼固克、招福致祥仪式。当扮演济农角色的雅木特德走进金殿的时候，图利雅木特德将酒浇酒在牲羊四褶的肠子、肥肠、胃之中，使其渗透，这叫作珠太渗酒，为祭香火所准备。当图利雅木特德将珠太和阿木苏（五谷）一起拿上，走到火撑前的时候，雅木特德吟诵《珠太赞》。

在吟诵《珠太赞》时，图利将珠太和阿木苏一起放入火中，进行祭奠。这一仪式，是以肠肚为祭品祭香火的简便形式。将牲羊的左前腿根蹄子一起煮熟，将肥尾、胃、肥肠等装入招福桶里，由格赫庆雅木特德唱《成吉思汗招福歌》。咏唱时，格赫庆雅木特德挥动羊前腿，表示招福致祥之意。至此，春季大典的主要祭奠仪式全部结束。

三月二十二至二十四日没有祭祀仪式，主要是来访的个人进行祭拜活动。